U0154879

上海市白玉兰计划浦江项目
《比较哲学视域下反思后果主义与义务论之争》（23PJC064）

香江哲学丛书
丛书主编 黄　勇　王庆节

〔加〕方克涛　著
　　武　云　译

《墨子》的哲学

最早的后果论者

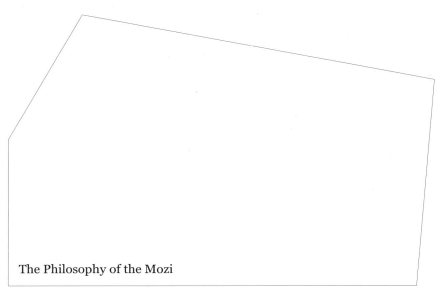

The Philosophy of the Mozi

The First Consequentialists

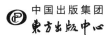

中国出版集团
东方出版中心

图书在版编目（CIP）数据

《墨子》的哲学：最早的后果论者 /（加）方克涛
著；武云译. 一上海：东方出版中心，2023.8
（香江哲学丛书 / 黄勇，王庆节主编）
ISBN 978 - 7 - 5473 - 2030 - 3

Ⅰ. ①墨…　Ⅱ. ①方…②武…　Ⅲ. ①墨家②《墨子》
－研究　Ⅳ. ①B224.5

中国国家版本馆 CIP 数据核字（2023）第 096338 号

《墨子》的哲学：　最早的后果论者

著　　者　[加]方克涛
译　　者　武　云
丛书策划　刘佩英
特约编辑　刘　旭
责任编辑　冯　媛
装帧设计　周伟伟

出 版 人　陈义望
出版发行　东方出版中心
地　　址　上海市仙霞路 345 号
邮政编码　200336
电　　话　021 - 62417400
印 刷 者　山东韵杰文化科技有限公司

开　　本　890mm×1240mm　1/32
印　　张　12
字　　数　268 千字
版　　次　2024 年 6 月第 1 版
印　　次　2024 年 6 月第 1 次印刷
定　　价　98.00 元

总 序

《香江哲学丛书》主要集录中国香港学者的作品,兼及部分在香港接受博士阶段哲学教育而目前不在香港从事哲学教学和研究的学者的作品,同时也集录与香港近邻并在文化上与香港接近的澳门若干大学哲学学者的著作。

相对于内地的城市来说,香港及澳门哲学群体较小。在由香港政府直接资助的八所大学中,实际上只有香港中文大学、香港大学、香港浸会大学和岭南大学有独立的哲学系;香港科技大学的哲学学科是其人文社会科学学院中人文学部的一个部分,而香港城市大学的哲学学科则在政治学和行政管理系;另外两所大学——香港理工大学和香港教育大学,虽然也有一些从事哲学教学和研究的学者,但大多在通识教育中心等。而且即使是这几个独立的哲学系,跟国内一些著名大学的哲学院系动辄六七十、七八十个教员相比,规模也普遍较小。香港中文大学的哲学系在全港规模最大,教授职称(包括正教授、副教授和助理教授)的职员也只有十四人,即使加上几位全职的高级讲师,也不到二十人。岭南大学是另一个有十位以上哲学教授的大学,其他几所大学的哲学教授的数量都是个位数。相应地,研究生的规模也不大。还是以规模最大的香港中文大学为例,硕士和博士项目每年招生加起来就是十个人左右,其他学校则要少很多。

当然这并不表示哲学在香港不发达。即使就规模来说,虽然跟内地的大学无法比,但香港各高校的哲学系在国际上看则并不小。即使是在(至少是某种意义上)当今哲学最繁荣的美国,除了少数几个天主教大学外(因其要求全校的每个学生修两门哲学课,因此需要较多的教师教哲学),几乎没有一个大学的哲学系,包括哈佛、耶鲁、普林斯顿、哥伦比亚等常青藤联盟名校成员,也包括各种哲学排名榜上几乎每年都位列全世界前三名的匹兹堡大学、纽约大学和罗格斯大学,有超过二十位教授、每年招收研究生超过十位的,这说明一个地区哲学的繁荣与否和从事哲学研究与教学的人数多寡没有直接的关系。事实上,在上述的一些大学及其系科的世界排名中,香港各大学哲学系的排名也都不低。在最近三年的 QS 世界大学学科排名中,香港中文大学哲学系都名列亚洲第一(世界范围内,2017 年排 30 名,2018 年排 34 名,2019 年排 28 名)。当然这样的排名具有很大程度的主观性、随意性和多变性,不应过于重视,但至少从一个侧面也反映出某些实际状况,因而也不应完全忽略。

香港哲学的一个显著特点,同其所在的城市一样,即国际化程度比较高。在香港各大学任教的哲学教授大多具有美国和欧洲各大学的博士学位;在哲学教授中有相当大一部分是非华人,其中香港大学和岭南大学哲学系的非华人教授人数甚至超过了华人教授,而在华人教授中既有香港本地的,也有来自内地的;另外,世界各地著名的哲学教授也经常来访,特别是担任一些历史悠久且享誉甚高的讲席,如香港中文大学哲学系每个学期或至少每年为期一个月的唐君毅系列讲座,新亚书院一年一度的钱穆讲座、余英时讲座和新亚儒学讲座;在教学语言上,除香港中文大学的教授可以自由选择英文、普通话和粤语外，其他大学除特殊情况外一律用英文授课，这为来自世界各地的学生在香港就读，包括就读哲学提供了方便。但更能体现这种国际化的是香港哲学教授的研究课题与世界哲学界直接接轨。

香港哲学研究的哲学传统主要包括中国哲学、分析哲学和欧陆哲学，其中香港中文大学在这三个领域的研究较为均衡，香港大学和岭南大学以分析哲学为强，香港浸会大学侧重宗教哲学和应用伦理学，而香港科技大学和香港城市大学虽然哲学项目较小，但突出中国哲学，即使很多学者的研究是跨传统的。以中国哲学为例，钱穆、唐君毅和牟宗三等缔造的新亚儒学传统将中国哲学与世界哲学，特别是西方哲学传统连接了起来，并得到劳思光和刘述先先生的继承和发展。今日的香港应该是世界上（能）用英语从事中国哲学研究的学者最多的一个地区，这些学者中包含那些主要从事分析哲学和欧陆哲学研究的，但也兼带研究中国哲学的学者。这就决定了香港的中国哲学研究大多具有比较哲学的特质：一方面从西方哲学的角度对中国哲学提出挑战，从而促进中国哲学的发展；而另一方面，则从中国哲学的角度对西方哲学提出问题，从而为西方哲学的发展作出贡献。相应地，香港学者对于分析哲学和欧陆哲学的研究，较之西方学者在这些领域的研究也有其特点和长处，因为他们在讨论西方哲学问题时有西方学者所没有的中国哲学传统可资利用。当然也有相当大一部分学者完全是在西方哲学传统中研究西方哲学，但即使在这样的研究方式上，香港哲学界的学者，通过他们在顶级哲学刊物发表的论文和在著名出版社出版的著作，可以与西方世界研究同样问题的学者直接对话、平等讨论。

香港哲学发达的另一个方面体现在其学院化与普及化的结合。很多大学的一些著名的系列哲学讲座，如香港中文大学新亚书院每年举办的钱穆讲座、余英时讲座、新亚儒学讲座都各自安排其中的一次讲座为公众讲座，在香港中央图书馆举行。香港一些大学的哲学教授每年还举办有一定主题的系列公众哲学讲座。在这些场合，往往都是座无虚席，到问答阶段，大家都争相提问或者发表意见。另外，还有一些大学开办自费的哲学硕士课程班，每年都有大量学生报名，这些都说明：香港浓厚的哲学氛围有很强的社会基础。

由于香港哲学家的大多数著作都以英文和一些欧洲语言出版，少量以中文出版的著作大多是在台湾和香港出版的，内地学者对香港哲学家的了解较少，本丛书就是要弥补这个缺陷。我们希望每年出版三到五本香港学者的哲学著作，细水长流，经过一定的时间，形成相当大的规模，为促进香港和内地哲学界的对话和交流作出贡献。

王庆节　黄勇

2019 年 2 月

本书序言

多年以前，我还是年轻博士时，曾经在一所相当有声望的研究单位做了一次关于先秦的论辩理论与行动理论的演讲，内容旨在阐明墨家为了解释思维与行动所发展的理论架构，并指出其在先秦及秦汉时期的深远影响，以至于许多其他的哲人与哲学原典都受到了墨家思想的影响。演讲结束后到了讨论环节，有位中国大陆来的资深客座教授发表了很冗长的评语。这位教授质疑在下提出的诠释价值，指出由于"墨家是整个中国思想史中最肤浅的哲学"，所以不大可能就中国哲学的精义提供深入的洞见。这位教授的意见我当时其实已经很熟悉了，因为在我大学时代熟读的教科书就是北美中国哲学先驱陈荣捷教授所著的《中国哲学文献选编》，而陈教授在该书中对墨家也提出了类似的观点："有一点是很明确的，那就是在哲学上墨家既肤浅又微不足道。"

如果我们也像陈教授一样，把主要的研究焦点放在朱熹思想上的话，那么由于墨家对朱子没有太大的影响，所以墨家哲学的参考价值也许真的就显得很微不足道。然而，假如我们关心更加广义的问题，如先秦哲学的历史演变、中国哲学论辩技巧的发展、中国历史中"法"的概念的发展、中国语言哲学与逻辑哲学的渊源、对思维与行动的结构之理解、伦理理论的演变、政治理论的发展，以及先秦思想共同专业术语的形成，那么我们可以说,没有任何哲学派系比墨家更为重要。墨家的重要角色早已得到秦汉时期学者的广泛重视,如《吕氏春秋》《韩非子》及王充《论衡》等文本,都把墨子与孔子并列为难分伯仲、影响深远的一代宗师。

由于在宋明时期,《墨子》全文没有得到流传,加上《孟子》歪曲了墨家伦理的内容,导致在数百年的历史中,研读《墨子》的学者少之又少,理解墨家思想的人更是凤毛麟角。只有到了清朝时期,毕元、孙星衍及孙诒让等学者发起了突破性的训诂研究。在这之后,胡适、梁启超及梅贻宝等二十世纪前半叶的一群哲学诠释者提出了更为深入的哲学探讨,墨家思想才又开始重新得到重视。然而,到目前为止,无论在学术界或大众读者中,不论在中文学界或国际学界,墨家仍属于较少深入人心的思想派系。对墨家的误解仍然相当普遍,如还是有人认为,墨家伦理不承认特殊关系的价值、不提倡道德修身、只承认自利理由而不承认道德理由,以及提倡素朴、被动的"命令式"伦理与政治理论。本书旨在尝试解消此类对墨家哲学常见的误解,理清墨家知识论、伦理、政治思想及心理学的细节,进而对墨家思想的涵义进行更广阔、深入的讨论。

鉴于此,能把这本书翻译成中文,本人感到无比欣慰和荣幸。希望借此书能够接触到更广泛的读者群,并与更多对中国哲学与墨家思想感兴趣的学者交流。我还要深深感谢有卓越的英中造诣,并对墨家有深入理解的武云教授,武教授能悉心完成此次翻译工作实属劳苦功高。同时也非常感谢刘旭博士协助处理翻译版权及出版相关事宜。通过此书中译版的发行,期待能与更多中文学界的朋友们携手进一步讨论、了解墨家思想,了解其在整个先秦哲学中的地位,以及其对全球哲学发展的贡献。

方克涛(C. J. Fraser)

香港大学哲学系

2021 年 4 月

前　言

　　历史并未善待墨子及其开创的社会和思想运动。墨家是出身于草根阶层的社会改革者，曾经影响巨大；他们也是前帝国时代最著名、最受尊敬的思想学派之一。墨家对于早期中国哲学的形成具有重要影响，其学说和论证在清晰性和严密性上实现了前所未有的飞跃。早期帝国时代的文本常将墨子与孔子并提，将其列为两位伟大道德先师之一①。墨家的核心观念，如兼爱他人，以及清晰、客观的行动之法所具有的重要性，深刻影响了如孟子和荀子等儒家思想家。墨家的兼爱理念似乎最终被儒家吸收到自身之中了②。然而，墨家运动在西汉（前206—前8）式微，这很可能是因为，在公元1世纪的中国，社会、政治和经济因素的变化在很大程度上使其不复具有曾经在思想上的吸引力以及社会政治影响。除《墨辩》外，墨家的哲学不怎么再受重视，其文本也

----

① 我想到的是像《吕氏春秋》《韩非子》《淮南子》和《论衡》这样的文本。前两个文本早于帝国时代一二十年。比如，《吕氏春秋》说，"孔丘、墨翟欲行大道于世而不成，既足以成显名矣"(13/7)。
② 这一论断来自福井重雅(Fukui Shigemasa)，他注意到了儒家文本中对道德理想的墨家式表述。参见 A.C. Graham, *Later Mohist Logic*, *Ethics and Science* (Hong Kong: Chinese University Press, 1978), 64-65n79。

渐渐被忽视了。在整个中国历史上，经典文本得以历久弥新，作为鲜活的、可理解的思想资源，都得益于充满活力的注疏传统。但关于墨家，仅有一部值得注意的古代注解，也就是鲁胜（其鼎盛期为公元 300 年）所作的注，现已佚失，仅涵盖《墨辩》章节。

公元 7 世纪，一些偶然事件使得墨家长达近千年未能得到中国知识分子的严肃对待。未删节的《墨子》文本逐渐不再发行流通，取而代之的是一个删节本，只由七十一章中的前十三章组成。这一删节本是唐（618—907）、宋（960—1279）学者，比如韩愈（768—824）和程颐（1033—1107）读到的版本，他们关于墨子的评论表明他们从未看到过阐述兼爱或非儒的那些篇章。幸运的是，未删节的文本在《道藏》中得以保存，最终在明代得以复原，并于 1552 年得以全本再版①。假使这个文本没有被这部卷帙浩繁的道家作品集收录，那么墨家思想的许多细节，包括对墨家伦理学的主要阐发以及所有的《墨辩》著作，可能就已经永远佚失了②。

随着清代严谨的文献学（philology）的发展，学者们开始厘清或修订《墨子》中许多模糊或受损的片段，解释其经常出现的比较独特的语法，并重构受损、编排有误和残缺的《墨辩》章节。这项工作肇始于毕沅（1730—1797）和孙星衍（1753—1818）的开创性工作，在孙诒让出版于1894 年的全文注解中达到高峰。

清代文献学家为《墨子》的潜在读者提供了一个清晰易读的文本。但提供这样一个文本，并不能保证它会被理解或欣赏。大体而言，《墨子》在近现代并未得到良好的哲学阐释。当然，《墨子》在 20 世纪头几

---

① 关于《墨子》文本历史的详细说明，参见 A.C. Graham, *Later Mohist Logic*, *Ethics and Science* (Hong Kong: Chinese University Press, 1978), 64 - 72。

② 为什么《墨子》会被收录进道家文献集中？一个可能的推测是，道教徒发现墨家关于天和鬼神的信仰与他们自己的信仰非常相似，因此把《墨子》作为自己的遗产。

十年为一些读者所欣赏,那时候像胡适和梁启超这样的著名公共知识分子求助于墨家,在中国思想传统中探索可替代儒家的方案。20世纪中叶,中国的马克思主义者赞赏墨家的平等主义(egalitarian)和社群主义(communitarian)倾向及其对大众福利的关切。一些中国基督徒感觉在墨家的思想那里找到了共鸣。

但总体来看,无论是中国还是国际学界,一直以来对墨家都十分缺少同情的理解。事实上,在任何传统中都鲜有如此受害于负面印象的哲学家。墨家通常都受制于根深蒂固的偏见,这种偏见将儒家的观点和做法视为规范,而由此将墨家的立场视为离经叛道的——哪怕像"三年之丧"习俗这样的做法本身是很值得质疑且对它的反对并非毫无道理的。墨子一而再,再而三地被视为一个陪衬者,乏味无趣、误入歧途,用来对比衬托受欢迎的儒家观点——特别是孟子的观点,他自诩为墨家的主要对手。墨家的观念常遭误解,还常常被扭曲,其夸张程度令人难以置信,极端枉悖常识。孟子本人称墨子为"禽兽",因墨子主张在其看来等同于"无父"的兼爱(《孟子》6.9)。20世纪颇有影响的儒家学者唐君毅接续了相关解读,他认为在墨家的心智观(conception of mind)中,主体缺少任何方式形成关于特定具体的、作为其父亲的人的概念,并对其加以关心,将其区分于"父亲"这个集合,后者由所有这一类的人组成①。另一位著名儒家牟宗三声称,墨家没能认识到任何真正的道德动机的源泉②。

---

① 参见唐君毅:《中国哲学原论导论篇》(台北:学生书局,1984),114-115. 针对唐君毅的解读的讨论,参见 Chris Fraser, "Táng Jūnyì on Mencian and Mohist Conceptions of Mind," *Contemporary Confucians of the Chinese University* (New Asia Academic Bulletin 19, ed. Cheng-yi Chung, Hong Kong: New Asia College, 2006): 203-33.

② 牟宗三:《墨子》,张其昀编,《国史上的伟大人物》(台北:中华文化,1954),121. 蔡仁厚:《墨家哲学》(台北:东大图书,1978)83,一字不差地重复了牟宗三的看法。唐君毅:《中国哲学原论导论篇》,陈述了类似看法。

在西方诠释者中，倪卫德(David Nivison，1923—2014)将一种奇怪的意志主义归于墨子，根据这种说法，主体能像选择活动四肢一样，简单且立即地选择去感受一种情感或相信一种论断[1]。史华慈(Benjamin Schwartz，1916—1999)认为墨家将所有人视为从根本上来说无情且自利的[2]。黄百锐(David Wong)称墨家辩护兼爱的论证不过是"伪装为论证的愿望"[3]，他指责墨家提倡一种"完全外部导向性"的伦理学，只诉诸行为上的服从而不是"确保人们具有正确行事的正当动机"[4]。万百安(Byran Van Norden)认为墨家预设"人类动机和倾向的结构几乎是无限可塑的"[5]。最为众所周知的是，陈荣捷草率而不明就里地摈弃了墨家："可以确定的是，墨家在哲学上是肤浅而不重要的。"[6]本书将表明，所有这些关于墨家的刻画都是没道理的。

在以英语出版著述的学者中，为墨家思想的重要性进行辩护的人少之又少。我已经提到过胡适，在其出版于 1922 年的开创性著作《先秦名学史》中，他赋予墨家以突出地位。早期倡导墨家重要性的另一位重要人物是梅贻宝，身为第一部关于墨子的英文专著的作者，他恰如其

---

[1] David Nivison, *The Ways of Confucianism*, ed. Bryan W. Van Norden (La Salle, Ill.: Open Court, 1996), 83, 130.

[2] Benjamin Schwartz, *The World of Thought in Ancient China* (Cambridge, Mass.: Harvard University Press, 1985), 145; cf. 262.

[3] David B. Wong, "Universalism vs. Love with Distinctions: An Ancient Debate Revived," *Journal of Chinese Philosophy* 16, no. 3-4 (1989): 263.

[4] David B. Wong, "Mohism: The Founder, Mozi (Mo Tzu)," in *Encyclopedia of Chinese Philosophy*, ed. Antonio Cua (London: Routledge, 2002), 454. Schwartz, *World of Thought*, 147, 提出了类似看法。

[5] Bryan W. Van Norden, "A Response to the Mohist Arguments in 'Impartial Caring,'" in *The Moral Circle and the Self: Chinese and Western Approaches*, ed. Kim-chong Chong, Sor-hoon Tan, and C. L. Ten (La Salle, Ill.: Open Court, 2003), 53.

[6] Wing-tsit Chan, *A Source Book in Chinese Philosophy* (Princeton: Princeton University Press, 1963), 212.

分地称墨家的兼爱学说为"人类关系发展史上划时代的发现之一"①。
在该书的前言中出现了以下评论,与他在 1934 年写下这些评论的时代
相比,还好这些评论对于现状而言,不是那么确切了,但仍是中肯的:

> 贯穿本书不断增强的一种确信是:儒家不是中国曾经拥有和
> 能够提供于世的唯一一种有价值的生活方式;这一思想体系获得
> 至高无上的地位,除了其内在价值外,还依靠了具有偶然性的环
> 境;一直以来,西方对中国各思想体系的关注在其导向上大有不
> 同——仅就其对三个最原创性的思想家的关注而言,大部分关注
> 给了孔子,少许关注给了老子,而没有任何人谈及墨子。(ix)

梅贻宝称他的工作是"改变这种局面的积极努力,使这位在很大程
度上被忽略的作者为人所知"(ix)。近些年致力于这一事业,作出重要
贡献的是葛瑞汉(A. C. Graham, 1919—1991)和陈汉生(Chad
Hansen)。② 葛瑞汉出版于 1978 年的《后期墨家的逻辑、伦理学和科
学》(*Later Mohist Logic, Ethics and Science*)一书,承认了墨家在中国
传统思想发展中起到的关键作用,还说明了,对《墨辩》进行详细阐释,
对于我们充分理解早期儒家、道家和其他思想家的伦理学、语言哲学、
知识论和心理学至关重要。陈汉生出版于 1992 年的《中国思想的道家
之论》(*A Daoist Theory of Chinese Thought*)一书,进一步阐释了墨家
的作用,它是中国传统智识论辩中的驱动力,可能是最具影响的推动
力。他发现了儒家和墨家共有的许多预设,并说明了早期墨家如何清晰

---

① Yi-pao Mei, *Mo-tse, the Neglected Rival of Confucius* (London: Probsthain, 1934), 193.
② E. R. Hughes, *Chinese Philosophy in Classical Times* (London: Dent, 1942), 也认识到了墨家的一些贡献。

表达了前帝国时代思想共有的大部分概念框架。陈汉生可能是第一个指出这一点的人，即依据我们当代对于哲学的理解——它不只是道德教导，而是批判性地质疑价值、概念以及信念，并寻求具有好论证支持的答案的过程——墨子，而非孔子，才配得上中国第一位哲学家的名号①。

本书旨在为陈汉生所谓的在哲学上"为墨家平反"作出贡献②。本书并不旨在立论说明墨家的观点在任何特定领域是正确的——我本人不赞同墨家伦理学的许多方面——而只是要表明，如果加以恰当理解，墨家思想的许多方面都是引人入胜、富有教益和值得关注的。正如方岚生（Franklin Perkins）为最近出版的关于墨家的论文集作序时评论所言："在全球哲学对话中，《墨子》有很多有价值的见解要说。"③本书的目的之一就是让我们更清楚地看到这样一些见解。

我尤其希望阐明，墨家的伦理学说是十分重要的，它是历史上最早的一种后果论，而且或许是最早的一种系统性的规范性理论；我还说明它不仅比人们通常认为的更有道理，而且对于我们考虑一种具有说服力的规范性理论应该采取何种形式而言，极具启发性。墨家的伦理学并不像通常被认为的那样导向一个毫无吸引力的推论，即我们具有同等的道德义务去促进所有人的福利，无论他们与我们处于何种关系④。相反，

---

① Chad Hansen, *A Daoist Theory of Chinese Thought*（Oxford: Oxford University Press, 1992）, 97.

② Ibid., 95.

③ Franklin Perkins, "Introduction: Reconsidering the Mozi," *Journal of Chinese Philosophy* 35, no. 3（2008）: 380.

④ 认为墨家承诺于这一主张的包括，Nivison, *The Ways of Confucianism*, 133；唐君毅：《中国哲学原论导论篇》, 115；蔡仁厚：《墨家哲学》, 44；Wong, "Universalism," 251；JeeLoo Liu, *An Introduction to Chinese Philosophy*（Oxford: Blackwell, 2006）, 110；以及 Bryan W. Van Norden, *Virtue Ethics and Consequentialism in Early Chinese Philosophy*（Cambridge: Cambridge University Press, 2007）, 179。

它强调特殊的亲属关系和政治关系在人类生活中的重要性,同时也系统地形成了一个重要的道德洞见,即正确的生活方式必须不仅要考虑那些与我们处于这些特殊关系之中的人,还必须考虑那些与我们完全没有个人或政治关系的人。我将详细论证,墨家伦理学的一个特别重要的成就在于发现了对伦理理论而言,"不偏不倚(impartiality)"——与之间接相关的"可普遍性(universalizability)"——至关重要。尽管他们在这一点上具有重大贡献,但墨家阐释不偏不倚性时采取的进路,构成了其伦理学的主要缺陷。我将详细考察这一问题并论证,墨家对不偏不倚性的处理不当,是其伦理理论最具有启发意义的特点之一。

　　我特别关注的第二个主题是墨家那极具吸引力的非心灵主义(nonmentalistic)、非主观主义(nonsubjectivist)的心理学,这种心理学贯穿了其知识论、政治理论以及伦理学。墨家认为,感知、推理和行为并不以一种内在能力为基础,形成内在心理表征或把握命题之间的逻辑关系,而是以一种公共的,通常是社会性的、后天形成的能力为基础,对不同种类的事物做出辨别并以一贯的方式对每一种作出反应。这一模式为一种颇有道理的心灵和行动哲学提供了基础,很有趣的是,它与我们熟悉的从犹太-基督教传统以及启蒙时期的概念论(conceptualism)而来的个体主义、主观主义以及再现主义式的图景不同。这种模式颇有价值,不仅因其本身就是引人入胜的,还因为它对当代心理哲学很可能具有启示意义。未能认识到这一模式在墨家思想中的地位是造成对墨家道德心理学广泛存在误解的主要原因之一①。

　　本书试图通过从哲学的视角对墨家进行详细、深入的讨论,从而填补关于早期中国思想研究的文献中存在的空白。据我所知,这是为数

---

① 很少有作家认识到墨家关于感知、推理和行动的后果论式的看法,最突出的例外是 Hansen, *Daoist Theory*, 140 - 43。

不多的几本关于墨家的英文专著之一，而且是第一次由哲学家来撰写[1]。本书的目的在于哲学性的研究，而非思想史的工作。因此，关于墨家的历史背景、文献学的议题及其与其他思想家之间的关系，我关注有限。本书在内容上有意保持一种不平衡，因为我主要关注墨家思想中在我看来哲学性强的那些方面，而只是简要涉及或者有时完全跳过了其他方面，尽管这些方面具有历史学或人类学的价值，但从哲学上讲似乎并不那么有意思。另一个不平衡之处在于，为了给予墨家的伦理和政治思想以其应得的充分对待，我不得不放弃原计划中的一章，其内容是后期墨家的语言哲学、知识论和逻辑。这一权衡也合情合理，因为我之前已经发表了一篇关于后期墨家思想的长达一章的解读，易于获取，欢迎读者自行参考[2]。

本书力图针对广泛的读者群，使大学生、普通读者以及专家都能从中受益。因此，在有些地方，专业学者可能会觉得阐述过于简易，而在另一些地方，普通读者可能会觉得过于专业。不过，我希望本书总体而言在可读性和深度之间保持了令人满意的平衡。

书中所有中文资源的翻译都出自我自己之手。作为这一哲学性研究的补充，我还完成了一个新的《墨子》简译本。读者可能也希望参考其他已有的关于墨家伦理和政治著作的英译本：包括 Yi-Pao Mei, trans., *The Ethical and Political Works of Motse*，在 Ctext.org（由

---

[1] 其他的有 Mei, *Neglected Rival*；Augustinus A. Tseu, *The Moral Philosophy of Mo-Tze* (Taipei：China Printing, 1965)；Graham, *Later Mohist*，主要关注《墨辩》；以及 Scott Lowe, *Mo Tzu's Religious Blueprint for a Chinese Utopia* (Lewiston, N.Y.：Mellen Press, 1992)，它是一篇汉学论文，而不是哲学性的考察。

[2] Chris Fraser, "Mohist Canons," in *Stanford Encyclopedia of Philosophy*, http://plato.stanford.edu/archives/sum2009/entries/Mohist-canons/（文章发表于 2005）。

Donald Sturgeon 创建的一个丰富的电子资源）上可以访问；Ian Johnston, trans., *The Mozi*；以及 John Knoblock and Jeffrey Riegel, trans., *Mozi: A Study and Translation of the Ethical and Political Writings*. 节译本可见 Burton Watson, trans., *Mo Tzu: Basic Writings*，以及 Philip J. Ivanhoe and Bryan W. Van Norden, eds., *Readings in Classical Chinese Philosophy*. 读者会发现，我对墨家核心哲学术语的翻译往往与以往的作者有所不同，比如，在大多数翻译是"universal love"或"impartial love"的地方，我使用的是"inclusive care"。关于为何选择这样的翻释，我将在后面的相关章节中加以解释。

我用汉语拼音来呈现所有的中文术语。对于英语使用者来说，汉语拼音的正确发音通常不是那么显而易见的，因此我鼓励读者参考网上提供的许多有用的发音指南。核心术语的汉字在每一章第一次出现时进行了标注，而且所有中文术语和名称的汉字都出现在书末的索引中。

致　谢

　　从事学术写作的人无不极大受益于家人、朋友、同事及师长的支持与鼓励，及他们对观点和构思的启发。我对墨家的许多理解因与许多人的讨论受益匪浅。我特别感谢陈汉生(Chad Hansen)、丹·罗宾斯(Dan Robins)、方岚生 (Franklin Perkins)、王启义(Kai Yee Wong)、李翰林(Hon Lam Li)、慈济伟、威廉·海恩斯(William Haines)、李国伟(Kwok Wai Lee)，以及参加我的《墨家思想与中国伦理》课的许多富有想法和热情的学生。我还要感谢黎辉杰(Hui chieh Loy)、方岚生、戴卡琳(Carine Defoort)和凯伦·德斯米特(Karen Desmet)与我分享他们在墨家研究许多方面正在进行的一些工作。陈汉生、黎辉杰、方岚生、威廉·海恩斯、蒂莫西·奥利里(Timothy O'Leary)、艾文贺(P.J. Ivanhoe)和戴卡琳，还有哥伦比亚大学出版社的三位匿名评审人都对后来编入这本书的材料提供了有益的评论，他们使我免于犯好几个错误。

　　我尤其要感谢陈汉生，其《中国思想的道家之论》一书最早激发了我对《墨子》的兴趣，我在 1994 年读了这本书。我也极大受益于葛瑞汉(A.C. Graham)，其《后期墨家的逻辑、伦理学和科学》一直以来都为我提供了必不可少的资源。我还受到了白妙子（Taeko Brooks）的影响，从她那里我学到了很多关于如何读《墨子》的方法。

我要感谢香港中文大学哲学系的同事们在此书还在准备阶段时，为我提供了友好的工作环境，还有在我经历健康危机期间给予我的温暖支持。我也要感谢我现在所在的香港大学哲学系（当时）的同事们所提供的宜人而鼓励性的氛围。我还要感谢我的妻子 Flora Chi，她的热情鼓励自始至终贯穿于此书的撰写中。

此书中一些材料的早期版本出现在《斯坦福哲学百科全书》（*Stanford Encyclopedia of Philosophy*）、《中国哲学期刊》（*Journal of Chinese Philosophy*）以及三本编著中。三本编著分别是由我和丹·罗宾斯（Dan Robins）、蒂莫西·奥利里（Timothy O'Leary）编著的《早期中国的伦理学》（香港大学出版社，2011）（*Ethics in Early China* [Hong Kong University Press, 2011]）；戴卡琳和钟鸣旦（Nicolas Standaert）编著的《〈墨子〉作为一个逐渐形成的文本：早期中国思想中的不同声音》（*The "Mozi" as an Evolving Text: Different Voices in Early Chinese Thought* [Brill, 2013]）；以及李晨阳和方岚生编著的《中国形而上学及其问题》（*Chinese Metaphysics and Its Problems*）（剑桥大学出版社，2014）。我感谢《斯坦福哲学百科全书》、《中国哲学期刊》、国际中国哲学学会、布莱克威尔出版社、香港大学出版社、布里尔大学和剑桥大学出版社的编辑们允许我使用这些材料。

最后，我要感谢温迪·洛克纳（Wendy Lochner）、克里斯汀·邓巴（Christine Dunbar）、麦克·阿什比（Mike Ashby）、安柏·莫雷纳（Amber Morena），以及哥伦比亚大学出版社制作人员对我的大力支持和帮助。

目 录

导

论

不妨设想，你生活在古代社会，是一个成功、自立的工匠，比方说，一个木匠。你打造的器具结实而有用，你因此备受赞誉。你勤奋、手巧又正直，由此赢得了市场需求，确保你有足够的收入来养家。你的祖辈是农民和劳工，你所处社会中的大多数人仍从事农耕。他们的生活很艰难，贫穷和饥饿的威胁从未远离。但是经济的发展和人口的增长使你能够凭借手艺过上体面的生活，你甚至很幸运地接受了基本的教育，因此，与祖辈不同，你会读会写，哪怕只是磕磕巴巴的。在你的社会里，像你这样有些文化而又努力、在城市生活、有着中等收入的人员——工匠、商人、教师、公务人员——正在迅速增加。与以前不同的是，对于你，以及那些在商业、贸易、官府或军队中的同辈人来说，真的存在晋升机会。

　　不过，在政治上，你几乎无能为力。你的国家和其他国家一样，由世袭的君主及其亲信统治。这些贵族控制军队、法庭和治安，他们征税，提供有限的公共服务——在最好的情况下，这些公共服务表现为国防和治安、修建公共工程和饥荒救济。你其实并不反对少数精英来统治。你只知道这种制度，而且作为一个工匠，你认为最好的领导制度——无论是对于一个建筑工程还是对于一个共同体而言——都是让称职的内行专家来负责。人们说，很久以前，能干诚实的领导者确实治理有方。制度管用、社会繁荣、人民富裕。而如今，许多身居高位的人尸位素餐，还不诚实，政治治理和经济都搞得一团糟。他们任命无能的亲戚和唯命是从之徒来管理法庭和公共事务。最糟糕的是，许多贵族完全就是好战的恶霸，根本无意建立一个稳定、繁荣的社会。他们贪恋战功，妄想征服世界，像古代传说中的诸王一样赢得声名。他们不惜对人民、财产甚至自身利益造成损害，募集大批军队，开赴他国，掠夺财富，奴役别国的人民。

> 今知氏大国之君，宽者然曰："吾处大国而不攻小国，吾何以为大哉？"是以差论爪牙之士，比列其舟车之卒，以攻罚无罪之国，入其沟境，刈其禾稼，斩其树木，残其城郭，以御其沟池，焚烧其祖庙，攘杀其牺牷，民之格者，则刭拔之，不格者，则系操而归，丈夫以为仆圉、胥靡，妇人以为舂酋。则夫好攻伐之君，不知此为不仁义，以告四邻诸侯曰："吾攻国覆军，杀将若干人矣。"其邻国之君，亦不知此为不仁义也，有具以皮币，发其总处，使人饯贺焉。……则夫好攻伐之君，不知此为不仁不义也。其邻国之君，不知此为不仁不义也。是以攻伐世世而不已者。(Mz 28/46 - 55)①

你自己也看到或听说过许多国家在无端的袭击中被消灭，战争双方的生命和财富往往都蒙受了巨大损失。最终，即便对于胜利者而言，假使他们不去打仗的话，其实也会过得更好。

---

① 对《墨子》的引用给出了"哈佛燕京"词汇索引中的章节和行号。可以利用它们在Ctext.org 网站的《墨子》电子文本中，通过"附加信息"这个选项卡来查找文本段落。这一网站也提供了梅贻宝的翻译。

侵略战争不仅直接造成损耗,统治者的好战心态还渗透到社会中,滋生了一种自私自利和目无法纪的普遍氛围。不是每个人都无视别人,但相当多的人都是如此,犯罪和混乱让你深感忧虑。

今诸侯独知爱其国,不爱人之国,是以不惮举其国以攻人之国。今家主独知爱其家,而不爱人之家,是以不惮举其家以篡人之家。今人独知爱其身,不爱人之身,是以不惮举其身以贼人之身。

是故诸侯不相爱则必野战。家主不相爱则必相篡,人与人不相爱则必相贼,君臣不相爱则不惠忠,父子不相爱则不慈孝,兄弟不相爱则不和调。天下之人皆不相爱,强必执弱,富必侮贫,贵必敖贱,诈必欺愚。(Mz 15/4 - 9)

以自我为中心的贵族对臣民课以重税,以维持其奢侈的生活。他们赤裸裸地炫富,比如举办大型音乐盛宴。仅仅为一个宫廷管弦乐团准备的一套大钟就可以大如屋舍,所耗之资比你和你所有邻居终其一生能挣的钱还要多。这些表演是繁复的国家仪式的一部分,主持仪式的是另一个著名的精英团体,他们自称"儒者"(the Erudites)。儒者穿着特有的老式长袍,戴着帽子,说着装腔作势的古话,皓首穷经,练习仪式和舞蹈,随着乐声吟诵诗歌。他们沉迷于古老的仪式,偏好传统而非创新。尽管他们就美德大做文章,但就改善事情而言,却似乎什么也没做。比如,他们声称,君子不会主动劝阻其统治者放弃糟糕的政策。他们认为,无论如何,一切都是命中注定的,所以积极行动(activism)是毫无意义的。

更糟糕的是,作为葬礼专家,儒者提倡厚葬久丧的习俗。一个国家的君主死后,国库可能会因此被耗尽,用以建造巨型陵墓,里面装满财宝、兵器、家具、车马。殉葬的可能多达数十人，以陪伴死去的君主。由于流行的习俗是将随葬品装满陵墓，即便只是一个平民死去，也可能致其家人倾家荡产。与此同时，送葬者要远离正常生活，住在简陋的棚子里，睡在地上，穿薄麻布的长袍，只吃粥，如此这般他们就会恰如其分地显得饥寒交迫、虚弱悲惨。儒者认为，应在君主、父母、妻子或长子去世后守丧两年以上；在叔叔、兄弟或其他儿子去世后守丧一年；在其他近亲去世后守丧五个月；在远亲去世后守丧数月①。

这些政治和社会环境会激起我们许多人的沮丧或愤怒。但我们该怎么做呢？我所描述的大概是两千五百年前生活在几个"中原诸国"——后来它们被统一，形成了中华帝国——的人所面临的情况。许多人接受现状并非出于心甘情愿，他们希望能出现一位明智、有德的领袖来改善现状。孔子是中国第一位伟大的道德导师，也是儒者的领袖②，他主张回到辉煌的周王朝的道路上来，周王朝的衰落使天下突然陷入了国与国之间的争战。与此同时，据说他赞成在天下无道——"道"指的是正确的社会、政治和道德方式——时，不出任公职（LY 8.13）。（其他被归为他的言论，特别是较晚一些的文本中的言论，表明早期儒者在是否应该在腐败的政府中任职的问题上存在分歧③。）我们现在与道家传统联系在一起的那些文本——特别是《道德经》和《庄子》，其作者倾向于建议，如果可行的话，应避免政治活动和担任官职。还有一些作

---

① 这些习俗从《墨子》第 25 卷《节葬》改述而来。有些可能是平民很少实行的贵族仪式。公平地说，儒者本身并不赞同人祭。

② 当然，"Erudites"只是"儒"。"儒"这一词常被误译为"儒家"（Confucian），但其内涵更接近于"饱学之士""文人"或"学者"。孔子是儒者中最著名和最具影响力的，但语义上"儒"并不暗示他或他的教诲。他不是第一个儒者，而且并非所有儒者都是他的追随者。为了避免把儒家（Ruism）和孔子的思想混为一谈，我一般不翻译"儒"这个词。

③ 参见，比如，LY 6.9, 11.17, 14.3, 15.7, 17.1, 18.6, 18.7。

者甚至主张抛却文明社会,移居山野。

　　相比之下,一位名叫墨翟的富有感召力的工匠,生活在公元前5世纪中叶,认为对这些问题唯一可以辩护的回应就是公众的积极性。他谴责残忍、不道德的统治者和习俗,捍卫穷人和弱者的利益,并倡导按照客观的道德标准改革社会,在他看来,这种标准与木匠用来锯出一条直线或车匠用来塑造车轮的标准一样客观、可靠、可公共验证。他周游列国,试图说服统治者和官员采取旨在结束战争、减轻贫困和促进所有人福利的一系列政策纲领。在此过程中,他成为了中国历史上第一位真正的哲学家,发展出了系统的伦理、政治和知识论理论,并提出了清晰而有逻辑的论证加以辩护。作为一个有感召力的领袖,他所吸引的拥趸逐步推动形成了前帝国时代中国最具影响力的社会和智识运动之一。他与其追随者——墨者——在塑造和阐明中国早期思想的概念框架方面发挥了关键作用。墨家成员撰写了大量文本,介绍、阐发和扩展了其创始人——他们称之为墨子——的思想①。到了汉代(前206—220),这些文本被整理成一本名为《墨子》的文集,这是我们了解墨家思想的主要来源。(在更老的韦氏拼音中,墨子被写成Mo-tzu或Mo Tzu。)

　　本书探讨了墨翟及其学派的思想。作为理解其思想的第一步,至关重要的是记住墨家出现的起因:反对不仁不义的好战君主、寄生虫般的贵族、浪费而愚蠢的习俗,以及罔顾他人——特别是那些挣扎度日、以图温饱的穷人和弱者、农民、苦力和工匠的人。墨家首先是一个社会和政治纲领,旨在解决外战内乱、犯罪频发和社会贫困的问题。在有些地方,墨家的言辞可能会有些夸张,或者他们的论证过于简单化。但他们的目的并不在于作出适合发表在当代分析哲学期刊上的论证。

① "Mohism"是对中文"墨者"或"墨家"——指墨子的追随者的两个词——的一个英文翻译。"h"在发音上是多余的,但照惯例加进来,用以使元音的发音更清晰。

它是要引导人们——特别是有钱有势者——关心他人的利益，特别是穷人和无力自卫者的利益，减轻贫困、杜绝犯罪、消除积怨，结束毫无意义的战争。他们的雄辩促使一些商人向穷人捐赠粮食，一些好战君主取消侵略计划，在这种意义上，他们的计划已经取得了部分成功。他们到底取得了多大的成功则是无法估量的，比如，我们无法计算他们的积极行动可能阻止了多少战争。我们可以说的是，墨家帮助改变了中国古典道德和政治文化的基调，使战争的正当性和平民的福利成为任何人都不得忽视的问题。最重要的是，他们传播了这样一种观点：行为应该由客观的道德标准来评判，而不仅仅是以流行的习俗来评判，还有就是关心他人是道德生活的核心。

墨家的动机及其方案的特征使他们的一些观点令人非常信服，因为通常来说，他们实际上主张的是关于行为的基本准则，反对完全无视他人。其动机和目的自然而然地引起了尊重和赞赏。墨子及其追随者的动机出自对他人的深切关怀，以及纠正天下之不义的愿望。他们是中国第一批真正的社会评论家和政治活动家，他们发现了社会上各种各样的问题，发展了一整套理论来解释这些问题，并着手改变现状。但与此同时，了解他们的动机也可以帮助我们明确指出墨家的一些弱点。作为对其所感知到的社会、经济和道德危机的回应，墨家的伦理和政治学说注入了一种道德紧迫感，而这种紧迫感在大多数人的生活中——至少在较为安稳的时代——可能是不必要或不合适的。这种危机气氛有助于解释为什么墨家的政治哲学把秩序和一致性（unity）置于一切之上，为什么墨家的经济方案仅仅针对的是如何在困难时期生存，而对在非必需品上的支出可能会提高人们的生活质量或促进经济增长这一点则一无所知。最重要的是，正如我们将看到的那样，它易于把墨家变成圣人和英雄而非普通人的伦理学。

战国时代

墨子及其追随者的鼎盛期是在战国时代(前 481—前 221),战国时代这个词是历史学家对曾经辉煌的周王朝(前 1045—前 256)漫长而逐渐分崩离析的后几个世纪的称呼。到了墨家所处的时代,周王朝已经式微。皇帝,或者说"天子",仍然踞于洛阳,各个封地和诸侯国名义上仍然是他的附庸。但权力事实上掌握在大约十几个诸侯国的世袭贵族手中,这些诸侯国将大部分小的封地以及南边的楚、吴和越等非周王朝的诸侯国收入囊中。到了墨家所处的时代,这十几个国家已经演变成了通过不断变换的结盟而联系在一起的群雄争霸体系。其中一小部分诸侯国特别庞大、强盛、野心勃勃,个个都渴望征服他国,一统天下。

众所周知,这是一个社会大变革和经济扩张的时期。旧的封建和宗族制度的衰落导致了社会流动性和经济机会的增加。耕地面积的增长和农业生产力的提高促使人口迅速增长。技术创新和大规模的生产制造导致了更大程度的职业专业化和贸易扩张。诸侯国之间稳定可靠的交通运输和贸易往来促生了一批成功的商人,其中一些人的财富和权力终能与贵族相匹敌。识字越来越普遍,而且机会向那些受过教育、有能力的平民敞开,使之可以在官府中获得有影响力的职位①。

---

① 关于早期社会流动的经典研究有 Cho-yun Hsu, *Ancient China in Transition* (Stanford: Stanford University Press, 1965). 关于最近的概述,参见 Mark Edward Lewis, "Warring States: Political History" in *The Cambridge History of Ancient China*, ed. Michael Loewe and Edward L. Shaughnessy, 587 - 650 (Cambridge: Cambridge University Press, 1999). 对墨家所处历史环境的概述,参见 Scott Lowe, *Mo Tzu's Religious Blueprint for a Chinese Utopia* (Lewiston, N.Y.: Mellen Press, 1992)。

尽管存在这些积极的进展，战国仍是一个剧烈动荡并被认为文化衰落的时代。大国激烈争夺权力、土地、人口和财富，经常挑起战争以征服弱小邻国。这些冲突不是像此前的那种短暂的小规模冲突，而是庞大的步兵军队之间的长期战斗。身强力壮的男子常被征召服兵役或徭役，与此同时，不断有人成为战俘，从自己的家园被俘、遭受奴役。由于要给专制统治者的豪华宫殿和奢侈品买单，人们不得不缴纳重税。失去土地的农民意欲谋生而不得，组成了四处流窜的强盗团伙，恐吓旅人和村民。许多国家和封地的统治者被视为无能或无德的。周王朝的社会和政治秩序正在分崩离析，而一个可唤起同样尊重和忠诚的新政权却遥不可及。教师和学者们认为这个时代道德沦丧——传统秩序崩塌，道不复振。

具有讽刺意味的是，许多哀叹道之不振的人，其生计可能正有赖于破坏了周王朝秩序的那些社会和经济因素。因为这些因素也促成了一个并非出身贵族，由政治家、谋士和学者组成的"士"阶层的崛起。这些人——据我们所知，都是男性——通常要么是作为政府行政人员、谋士和家臣，要么是教导那些渴望担任官职的年轻人来谋生。孔子和墨子就是最早的这样的老师，这一声名一直流传至今。他们和其继任者很少能成功地让学生就任高位，但似乎常常帮他们谋到了中级或低级职位。与墨子一样，这些教师和谋士中的许多人致力于社会和政治游说，试图说服统治者采纳其政策建议，这些建议通常是人道主义的，虽然并非总是如此。

这些教师和谋士也受益于国家的资助，因为渴望声名的统治者竞相吸引具有远见卓识或声名在外的人物加入其扈从。他们中的许多人属于被称为"辩者"的那个阶层。他们彼此辩论，还在诸多王公的庭前座上就哲学和政治问题展开辩论，竞相吸引追随者，赢得社会和政治影响。尽管据称这个时代是衰退的，但它实际上是中国历史上智识最活跃、最多产的时期之一，后来的学者称之为"百家争鸣"的时代。正是在这种智识环境中，墨子发挥了早期的、塑造性的影响，他的后继者迅速蓬勃发展壮大，历经了公元前 221 年秦统一中国，一直到公元 1 世纪的汉代。

墨翟及墨者

历史上几乎没有保存关于墨翟或其学派成员的生平信息。汉代的《史记》告诉我们，他是宋国的一位大夫，与孔子（前 551—前 479）生活在同一时期或在其之后，汉代文本将其与孔子并提为战国时代两位伟大的道德导师（SJ 74, 2350）。然而，《墨子》中没有任何证据支持他在宋或其他地方任职这一说法①。他有可能是齐国人，因为有几件轶事将他置于齐国，还有一件事是他从齐出发去见楚王。但一个更有力的假说是，跟孔子一样，他来自鲁国，由三角定位法来看，鲁似乎是文本中记载的他的许多旅程未曾言明的起点②。《墨语》（《墨子》第 46—50 卷）反复提到他去往其他国家，但只提到他从鲁国出发，而从不是去往鲁国。鲁在《墨语》中出现的频次很高，在《鲁问》这一卷的标题中被提到，鲁国也是墨子经常与之对话的巫马子的家乡（Mz 46/52 - 55）。因此，它最有可能是墨子的家乡。

---

① 这一点最早是在梁启超的《墨子学案》（上海：商务印书馆，1923）中提出的。墨家的著作从来没有提到墨子是政府官员。其中有一段描述了他派遣一名追随者受雇于宋国（Mz 49/64 - 71），暗示了墨子并不住在宋。第 50 卷刻画他从齐国赶去劝说楚王不要攻击宋。在他回来经过宋时，宋国守门的人不让他进去避雨，再次暗示他不是宋人。
② 张纯一：《墨子集解》（台北：文史哲，1982）。

参照《墨子》中提到的几位君王在位的日期以及几场战役发生的日期，墨子的鼎盛期很可能在公元前5世纪中后期，大致与希腊的苏格拉底同时期。墨，意为"油墨"，是一个不常见的姓氏。因此，学者们推测，这可能是"墨子"的绰号，因为他像劳工一样，肤色黝黑，也有人说是因为他遭受了墨刑。但我们很难想象墨翟真的犯了罪。《墨子》中有段话引用了一位算命先生对其肤色黑所做的评论（Mz 47/49‑53），尽管这还不足以得出任何定论。如果"墨"真的是某种绰号，其起因和意义已不可得知。

尽管《墨子》中有许多关于他的轶事，但墨翟这个人在很大程度上仍是一个谜。墨翟可以说是墨家关于哲人或道德圣徒这一观念的代名词。在文本的刻画中，他致力于道德和德育，并追求墨家在道德、政治和经济改革方面的目标。他聪明睿智，并非完全没有幽默感，但除了全力为义之外，几乎没有任何个性或兴趣。就此而言，他可谓墨家伦理的化身：正如我们将看到的那样，墨家伦理就没有怎么着力于个人美好生活这一观念。墨家著作对其创始人的处理，与《论语》中对孔子形象更为丰满的刻画形成了鲜明对比，后者展现了孔子个性的多个方面。

墨家文献只提供了为数不多的关于墨翟生活的线索。有一段话突出了他社会地位低下这一特征，据描述，一个大臣质疑楚献惠王（前488—前432）是否应该接受一个低贱平民的建议（Mz 47/6‑16）。据可能后经润饰的一则轶事描述，墨子是一位杰出的军事工程师（50/1ff.）。据《淮南子》这本汉代文献记述，他是儒家的叛教者，抛弃了孔子的教导，因其认为礼令人疲惫不堪，厚葬久丧挥霍浪费、有害民生（Hnz 1459）。然而，这一说法似乎仅仅是《淮南子》著者的猜测。在《墨子》或任何其他前汉代文献中，都没有任何根据可以支撑他最初作为儒者求学的这一说法。《墨子》将他刻画成熟悉儒者实践和其格言警句的人，但跟任何一个生活在中原诸国的人相比，他也并没有更为熟悉。

　　关于墨翟的背景，一个更有说服力的推测是，他最初是一个工匠，也许是一个木匠或车匠①。这一提议解释了为什么《墨子》经常把他刻画为拿木匠和车匠的工作来举例子和作类比。许多文本中提到的劳作、手工艺、贸易、农牧业、战争和百姓之利无不强烈表明，墨家的兴起是由于战国时期新兴的中层手工艺人、商人、小地主和士兵阶层在规模和政治影响力上不断扩大。

　　这种社会背景使墨家与大多数其他早期中国思想家不同，后者通常来自精英或特权群体，如官员或谋士、王亲贵胄或司仪。正如葛瑞汉猜想的那样②，墨家的社会出身低下可能有助于解释为什么他们没有运用儒家《论语》中那种典型的"君子""小人"道德对比，这些术语最初专指社会等级（王公贵族对比平民）。这也可能有助于解释墨家为什么经常批评君子在判断上出错误，很多君子被他们视为道德上短视的上层社会墨守成规者。与儒者一样，对于墨家而言，理想的榜样在道德教育和实践推理中发挥着作用。但他们的榜样，如"仁人"或"仁者"，并不直接指与庶民在社会地位上相对的精英③。

　　这些关于墨家起源种种假说的推论是，墨翟及其许多早期追随者——包括《墨子》很多部分的著者——可能只受过有限的正规教育，这使他们相对来说并不精通古汉语的书面语言。《墨子》的有些部分似乎是用口语化、地域性的语言，而不是用更简洁、优雅的书面语言撰写

---

① 这一观点来自方授楚：《墨学源流》（上海：中华书局，1989）。
② A. C. Graham, trans., *Chuang-tzu: The Inner Chapters* (London: Allen and Unwin, 1981), 34.
③ 同上，19。表明对周代贵族而言，"仁"和"人"最初都表明高贵身份。但在墨家著作中，任何这样表示阶层的含义都没有了。

的。《墨子》确实刻画了墨子引经据典的情况，有一则轶事强调了他热爱学习典籍，说他带着一车卷轴旅行（Mz 47/32-36）。然而，这些段落可能是后来添加的经过美化的内容，在这种刻画中，他所受教育要比实际情况更多。《墨子》最早的那些部分——如《尚同》《兼爱》和《天志》三篇的上篇——并没有描述他引经据典。考虑到这些著作看起来更口语化而非书面化，墨子本人可能是一个雄辩的演说家，但只勉强识字。口头创作也有助于解释《墨子》最早那些章节不断重复而程式化的风格，这些章节非常好记忆，也很上口，但作为书面文本，却明显冗长单调。《韩非子》中的一则轶事表明，朴素、重复的风格是墨家刻意为之的，因为墨家担心即便只是在修辞方面，润饰也会干扰效用①。考虑到墨家一般来说对审美价值漠不关心，这个故事听起来似乎具有可信度。然而，其独特的大白话风格也可能在某种程度上是由于强调精确和清晰。墨家著作是最早的论证性文本，而且可能是中国传统中最早的说明文写作的范例②。

墨家的社会出身可能也是促成其思想具有某些特征的原因，比如，他们关注百姓的物质福利，并且重视运用客观的行为标准。对于作为精英的儒者来说，日渐衰落的周王朝的贵族礼仪为在道德判断上达成共识提供了依据。墨家来自较低的社会阶层，他们对周的高级文化认同度较低，并因此寻找其他更具有普遍性的指导方针。他们对贵族的

---

① 陈启天：《增订韩非子校释》（台北：商务印书馆，1969），478。

② Chad Hansen, *A Daoist Theory of Chinese Thought* (Oxford: Oxford University Press, 1992), 97-98，正确反对了针对墨子的"文体诽谤"，它常常妨碍我们理解墨家论证的深度和丰富性。（一个例子是 Burton Watson, *Mo Tzu: Basic Writings* [New York: Columbia University Press, 1963], 11.）不过，《墨子》最早的章节格外单调和重复乏味，我们应该预料，它们的来源是不是作为用以进行反复说明的口头创作。《墨子》的后半部分，如《墨语》（第46—49卷），《概论》（第4—7卷）和《小取》（第45卷）有更精致的风格。

习俗——比如厚葬久丧与礼乐表演——没有多少留恋，这些对他们来说都是挥霍浪费和毫无意义的。作为务实而脚踏实地的工匠、商人、士兵和农民，他们重视效用，而且相信有客观上对或错——或者至少可以说可靠或不可靠——的做事方式。他们的亚精英（sub-elite）出身也与其致力于穷人和被压迫者的利益这一点相吻合，那些人最有可能因经济上的管理不善或专制统治者的穷兵黩武而忍饥挨饿、白白送命。墨家著作反复重申的一个主题是必须满足老百姓的基本生存所需。他们将天看作人格神的看法，以及他们相信天和鬼神能惩恶赏善的信念，可能也反映了大众的信仰，这些信仰对来自社会上层的儒家和道家思想家的影响较小①。

　　然而，正如葛瑞汉指出的那样，没有证据表明墨家代表了具有自我意识、试图重建或推翻现行政治制度或社会秩序的中下层阶级所具有的意识形态②。相反，墨家是具有雄心壮志、大有能力的平民，对他们来说，旧的分封制度的传承，以及中央集权式的精英官僚制度的发展，使其真的有可能晋升到"士"阶层。和大多数早期中国思想家——除了道家之外——一样，墨家主张建立一个由有德政长领导的强大的中央集权官僚体系，他们渴望在这样的体系中任职。因此，他们的"尚贤"学说主张提拔包括农工在内的一切有能力的人。

　　随着墨家运动在公元前 5 世纪到公元前 3 世纪的蓬勃发展，墨家分成了几个分支，每个分支都由一位"巨子"领导。两个早期的资料来源，《韩非子》（第 50 卷，约公元前 233 年）和《庄子》（第 33 卷，约公元前 2 世纪）总共提到了六个这样的墨家群体。另一个早期文本《吕氏春

① 这一关于其宗教信仰的假说来自 Fung Yu-lan, *A Short History of Chinese Philosophy*, ed. Derk Bodde（New York: Macmillan, 1948），52。
② Graham, *Disputers of the Tao*, 35.

秋》(约公元前 239 年)提到了至少另外三个墨家巨子[①]。《墨子》和《吕氏春秋》中的证据表明，这些墨家团体是纪律严明的组织，致力于道德和实践教育、政治宣传、行政服务，在某些情况下还提供军事服务。在成员的学习和训练期结束后，墨家组织会为他们在政府或军队——或许是墨家军团——谋一职位。他们应向墨家组织进献资金，以备公用，并可能因不能履行职责而被开除。墨家以其伦理原则、对墨家运动的热忱、简朴的生活方式和勇敢而闻名。《淮南子》说，墨子的追随者"赴汤蹈刃，死不旋踵"(Hnz 1406)。《庄子·天下》篇——汉代的一篇思想史著作——声称，当时许多墨家认为他们有义务效法传说中的圣王禹，从事利他性的苦工：

> 后世之墨者多以裘褐为衣，以跂蹻为服，日夜不休，以自苦为极，曰："不能如此，非禹之道也，不足谓墨。"……使后世之墨者必以自苦腓无胈、胫无毛，相进而已矣。(Zz 33/27-32)

这样的外部证据——尽管来自并不对其表示同情的资料来源——对墨家思想的解释让人不禁困惑，因为保存在《墨子》中的文本并没有提倡无私的利他主义。一些狂热墨者的理想主义可能超出了正统墨家伦理的要求。《庄子》中的同一段话说，不同的墨家群体就教义细节有争执，互称对方为"别墨"。自我牺牲有可能是他们未能达成一致的议题之一。

虽然墨子及其追随者谴责军事侵略，但他们并不是和平主义者。

---

① 《韩非子》确定了墨家的三支。《庄子》提到了其中两个，还确定了另外三个群体。《吕氏春秋》粗略提到了墨子的十几个追随者，其中三个拥有巨子的头衔。总的来说，早期的资料来源提到了墨子的第一代、第二代追随者中三四十个人的名字，其中一些人可能是其他支派的首领。详见，比如，蔡仁厚：《墨家哲学》(台北：东大图书，1978)，10—15，以及孙诒让：《墨子间诂》(北京：中华书局，2001)的附录。

贯穿《墨子》中后期文本的言论表明,他们认为强大的国防对国家之利至关重要,他们自己在军事方面也相当专业①。一些墨家显然得出结论认为,既然无端的战争是错误的,而社会秩序是至高无上的价值,他们的责任就不止于通过游说来援助侵略战争中的受害方。他们组建了专门从事防守的民兵组织,驰援受到侵略威胁的城郭。这些军事专家制作了一系列关于防御战术和城防工事的手册,它们保存在《墨子》的最后 21 章中②。民兵组织对于墨家赢得影响力可能是很重要的,因为小城郭和封地的领主会热衷于结交墨家并争取其支持。

还有一批墨家可能是《墨辩》的作者,《墨子》中的这六卷是中国伦理学、语言哲学、知识论、本体论和逻辑学历史上最重要的文本之一。《墨辩》的作者属于中国最早的一批科学家,他们从事几何学、力学、光学和经济学领域的研究。《墨辩》的思想与核心章节的思想密切相关,而且很可能是从中发展而来的,但其独特性足以使其作者能够代表这一运动的一个单独的分支。

《墨子》

我们关于墨子及其追随者思想的主要资料来源是收录到名为《墨子》的文集中由匿名作者所撰写的一些文本。其他不太直接的资料来源包括与墨家有关的轶事和评论,存于像《吕氏春秋》《韩非子》《庄子》和《淮南子》这些早期文献中,还有其两大反对者——儒家的孟子(约前

---

① 参见 Mz 9/13, 12/40, 25/49, 以及 5/1ff.《墨子》第 50 卷是一则关于墨子通过展示墨家已经准备好的不可战胜的防御战术,从而成功说服楚王取消攻宋的轶事。
② 有关概述,参见 Robin D. S. Yates, "The Mohists on Warfare: Technology, Technique, and Justification," *Journal of the American Academy of Religion* 47, no. 3 (1980): 549-603.

372—前 289)和荀子(约前 289—前 238)对他们的批评中。《墨子》是一部由论辩性的文章、简短对话、关于墨子的轶事和紧凑的哲学讨论组成的多样化的文献汇编。这一文集的不同部分所涉时间跨度可能是从公元前 5 世纪到公元前 3 世纪。即使是单个的"章"或"卷"也往往包含来自不同来源的材料，其中有些可能是在不同阶段汇编而成的①。这本文集没有哪一部分标榜出自墨子本人之手。

根据汉代或汉之前编纂的一个目录来看，《墨子》最初由 71"篇"或"卷"组成，其中 18 篇现已佚失。这些书可以大概分成六组，它们可能有着不同的来源，也许是墨家不同支派的著作。第一组包括七卷书，主要包括的是对公元前 3 世纪中后期或其后的墨家学说的简短总结②。第二组是文集的核心，由《三论》组成，十组《三论》阐述了该学派的十大学说。《三论》中的每一篇都有着相同的书名——可能是后来的编辑者加上去的——篇名后分别标有"上""中""下"。在这 30 篇文本中，有 7 篇丢失了，使得四组《三论》不完整。这些文本可能包含了墨家文献中最早的那部分，其中一些篇或章节，可能可以追溯到公元前 5 世纪中后期墨翟在世之时。然而，这些文本似乎有着不同的日期和来源，而且

---

① 参见 Erik W. Maeder，"Some Observations on the Composition of the 'Core Chapters' of the *Mozi*，"*Early China* 17 (1992)：27 - 82，以及 Chris Fraser，"Thematic Relationships in MZ 8 - 10 and 11 - 13，"*Warring States Papers* 1 (2010)：137 - 42。

② 第 4—7 卷总结了墨家关于天、政治管理、经济、防御以及音乐的学说。第 3 卷《所染》是关于环境，特别是与之交往者如何影响人们的性格的轶事。同样的轶事出现在 *LSCQ* 2/4；它可能并不源于墨家。《墨子》版本的开头似乎是试图将"子墨子言曰"拼接在已有文本上的一个错乱不清的尝试。)第 1、2 卷阐述了中国早期主流的关于修身以及贤士之价值的看法。这两卷都没有提到墨子或具有墨家特点的学说。其内容可能并不源于墨家，因为它们赞美了"君子"的理想，而在《墨子》的其他地方，"君子"几乎总是用来表示社会等级，而非道德地位。由这七卷组成的这一部分可能是文集中最新的部分。第 3 卷提到了一位已知死于公元前 286 年的王的倒台。(D. C. Lau, *Lao Tzu: Tao Te Ching* [London：Penguin, 1963]，99.)

语言、组织和主题上的特征表明它们分属几个不同的时期。对这些特点的一个颇有道理的解释是，这些篇章代表了墨家思想发展的不同阶段。其中有些篇可能比另一些要晚得多，可能著于墨翟死后一个世纪或更久之后①。每一组《三论》中的独立篇章也可能代表墨家不同分支的观点，也许与其所处地理区域的不同有关。

第三组包括谴责儒者的 2 篇，其中只有 1 篇幸存下来。与《三论》中的那些篇章不同，《非儒下》这篇没有提出建设性的墨家学说，因此可属一个单独的范畴。它的上半部分类似于一本辩论手册，对儒者的观点作出了常见的反驳。后半部分是一系列对孔子具有中伤性的轶事。

第四组——第 40—45 卷——被称为"后期墨家"文本或者《墨辩》。其中包括 2 卷短小的《经》，2 卷较长的《经说》——这部分是关于论证和逻辑的简短却内容丰富的文本，还有 2 篇或更多已经佚失的关于伦理和语言的论文组成的残篇集。这几卷涉及各种各样的主题，包括语言、知识论、类比推理、伦理学、几何学、力学、光学和经济学，具有极高的哲学和历史价值。不幸的是，这些文本也是所有中国古典文献中最难懂和损坏最严重的。文献集中的这一部分可能比大多数教义性的书卷在年代上都更晚。根据这些文本包含的智识背景，一个合理的推测是，它们是在公元前 4 世纪末到 3 世纪中叶之间写就的。

第五组由 5 卷组成，我称之为《墨语》，它们呈现了归于墨子名下的一些教海，以及他与弟子、反对者以及君主或官员之间的简短对话。这几卷展现了墨家组织的蓬勃发展，它培训学生，推荐他们担任公职，并派

---

① 关于其年代的一个线索是，第 18 卷属于一个相对较早的时期，肯定是在公元前 431 年之后写的，因为它提到了当年发生的一场战争（Graham, *Disputers of the Tao*, 44）。另一个是第 19 卷，属于中间的时期，可能写于公元前 334 年之前，因为在交战的同时代国家中，它提到了越，而越在这一年被其敌对方楚国吞并。

遣他们执行军事任务。考虑到这几卷刻画的墨家在组织结构上的发展及这几卷与《三论》在风格和教义上的差异，一种可能的推测是，这些文本可以追溯到公元前4世纪的中后期。其所呈现的许多对话可能是经修饰或虚构的，很难判断其中有多少内容可以追溯到墨子本人。从理论上讲，这些卷——尤其是第47卷《贵义》——包含了墨家伦理学关于最高要求的表述。它们可能是墨家中的一个不同支派的作品，而不是那些撰写《三论》的支派的作品，或者它们可能表明了墨家运动在后面的世代倾向于更高标准的伦理理想的趋势。正如我在第五章中表明的那样，它们似乎也针对不同于《三论》的听众——坚定的墨家信徒，而不是士君子。

最后一部分的21篇专述防守被困城郭的军事工程和战术。其中有10篇佚失了。许多篇都是由墨子回答一个主要弟子禽滑厘——他被称为禽子——的问题。这表明这些文本可能是由禽子的追随者写的。这些著作对研究中国古代战争史的历史学家来说很有价值，但由于本书的重点是墨家的哲学，我在此就对其略过不表了。

《三论》篇中除了三篇之外都以"子墨子言曰……"开始。由于这些篇的大部分内容都是以这种方式归于墨子名下的，因此读者传统上把它们当作对他的言论的记录，并把他视为作者。然而，汉代之前中国的大多数作品都是匿名的，而且作者借德高望重的师长或前人之口发己之论是很常见的现象，一定程度上是出于尊重，同时也是为了赋予自己的想法更多的权威。《三论》可能提出并发展了墨子首先提出的思想和学说，而最早的那些部分可能记录了他真的说过的话。然而，《三论》诸篇表现出明显的语言差异，而且有时呈现出不同甚至不相容的观点。在有些篇中，如在《兼爱》上篇和下篇，或在《非攻》下篇，许多论证以一个叙述者的声音提出，而不是归于墨子。因此，文本中的许多陈述、学说和表述很可能并非墨子自己的，而代表了其追随者做出的发展、修订或提出的新思想。与此相应,越来越成为惯例的是,我们不说墨子的思想,而是用墨家学说这种说法,我们将其理解为一组相互关联但不断发展——而且有时相互冲突——的观点,这些观点由墨家学派的不同成员经年累月,甚至在长达几个世代的时间里记录下来。这是我在此将采用的方法。我将时不时指出文本中存在的差异和发展,而不是把它们当作一个统一的、完成了的哲学体系。一般来说,关于某些特定观点的作者是谁这一问题,我将保持不可知论的态度,不指明这些观点可以回溯到墨子本人,还是由其后继者提出的。同时,我将借鉴最近的研究成果,初步对《三论》做出分期①。关于这种分期,在解释上并不存在可一锤定音的见解,但它有助于解释各篇之间的差异,并为勾勒墨家思想的发展提供一个可靠的框架。

墨家思想:概述

作为对接下来各章节讨论的一个介绍,现在我对墨家思想的核心议题粗略作一全景式说明。后文各章节将会对这里的概述展开详细阐释。

墨家运动源自墨子及其早期追随者对所处时代的忧虑,那个时代战事频繁、纷争不断、犯罪频发、充满剥削、经济萧条,不法行为屡见不鲜。墨家深信古代圣王曾实现天下大治,急切地试图使社会复归于治。他们认为,人天生是社会性的、天然关心自己的家庭和共同体,而且往往致力于去做自己认为对的事情。然而,如果人们对于什么是对持有不同看

---

① 有关分期和其他文本问题(包括《三论》的性质和意义)的进一步讨论,参见对"文本和作者"的补充,Chris Fraser, "Mohism," in *Stanford Encyclopedia of Philosophy*, http://plato.stanford.edu/archives/fall2009/entries/mohism(文章发表于 2002)。

法，或者如果他们无法恰当地分辨善恶，冲突就会产生，导致社会混乱。针对"乱"，墨家提出了两个主要诊断结论："乱"的第一个且更为根本的原因是道德分歧。如果没有合适的政治领袖，关于道德对错，人们会有不同看法，并依此行事。其中许多看法对正确的道德规范很可能一无所知，它们很可能彼此冲突，最终诉诸暴力；墨家的第二个诊断结论，某种程度上也由第一个而来："乱"起因于无视恰当的道德规范，一些人做事不考虑他人，不惜害人利己。

作为道德行动主义者，墨家志在改变道德分歧与无知这一现状，由此达到社会大治。为此，他们提议的是，由一条单一的道德准则来统一社会，这条道德准则可以包纳对他人和对自己的福祉的关切。在理想情况下，这一计划将由政府贯彻执行，由德才兼备的领袖（他们身居从乡里直至朝堂的各级职位）引导所有人依据统一规范分辨价值。教化的主要方法是效仿典范。由于德才兼备，一些人被选为领袖，他们树立的是善言善行的榜样，可供所有人效仿。为加强教化，正确的行为将得赏，错误的行为要受罚。

政治和教育制度将教化每个人遵循统一的道德规范。但为实现"治"，共有的规范必须是正确的。因而，墨家试图寻求客观的道德标准，或者说，在其看来可靠而又易于运用的"法"来对判断和行为加以指导。"法"将指导所有人明辨是非，就像矩尺指导木匠画出直线那样。"法"为统一的道德规范规定了内容。

当然，在选择"法"的时候，我们必须小心谨慎。作为榜样的人，还有传统习俗都有可能出错或不可靠。因而，墨家提出，不应效法它们，而应以天这一宇宙中最"贵且智"的主体的意志作为终极的"法"，他们将天敬为类人的神。对墨家而言，天是理想的、不会出错的道德主体，我们可以将其视为"法"，用以确定客观正确的道德规范，因为它可靠地树立了关于什么是对的范例。天并没有授予我们任何经文以作为其指示。但是通过观察天的行为,我们可以明确其意志,而天志就可以作为我们的指导。墨家认为,从天的行为,我们可知它爱利所有人,它给予所有人生命及其生存所需的资源。从传说可知,它奖赏兴天下之利的古代圣王,而惩罚恶待臣民的暴君。这样的例子表明,天欲人"兼相爱交相利",道德对错可以依据"兴天下之利、除天下之害"的标准得以辨别。道德上对的规范、做法、政策和行动正是那些有助于兴天下之利、除天下之害的。

墨家"天下之利"的观念是关于公共善的概念,以物质福利、充足的人口以及"治"为内容。关于为人们提供物质福利,墨家强调应满足穷人的基本生活所需,使"饥者得食、寒者得衣、劳者得息"。"治"的核心特征是没有战争、内乱、犯罪和敌意,每个人都根据君臣父子兄弟这些不同的核心社会角色,依德行事。从更宽泛的意义上说,"治"可能包括了一些善,比如睦邻分享知识、余力和余财,以及赏罚分明。墨家对这些善的列举表明,其伦理是社群主义的,而非个人主义的。作为道德标准的诸种善主要是集体性的或公共性的——这就与西方古典功利主义所说的作为基本善的个体幸福不同。尽管墨家强调集体性的善,但其伦理并不是有些人所认为的"国家后果论"①。对和错是根据能否造福天下所有人(或者在一些《墨子》章节中,要根据是否利天、利鬼、利人)

---

① 给墨家伦理学所贴的"国家后果论"标签来自 Philip J. Ivanhoe, *Confucian Moral Self-Cultivation* (Indianapolis: Hackett, 2000), 15, 以及 Philip J. Ivanhoe and Bryan W. Van Norden, eds., *Readings in Classical Chinese Philosophy* (New York: Seven Bridges Press, 2000), 56。墨家只在某些政治和经济背景下专门关注对国家而言的有利后果,比如在讨论招募贤士或增加人口的重要性时。总的来说,其关注点是"天下"——世界上的所有人,被视为一个集体或一个共同体——之利,而不是像国家这样的政治实体的利。其后果论的任何主要表述中都没有提到国家之利。参见,比如,*Mz* 15/1, 16/1, 26/36, 27/49, 28/35, 32/1-2, 以及 47/16-18。

来决定，而不是由能否造福国家来决定的。

根据这一伦理、政治、知识论和宗教理论的框架，墨家为在其看来对总体福利有利的规范做出了系统论证，与此同时反对在其看来有害于总体福利的行为和做法，比如军事侵略、厚葬以及挥霍公款。墨家由后果论发展出了由十大伦理政治学说构成的纲领，他们志在说服当时的王公大人采纳推行。

十大学说

随着墨家运动的发展，墨家最终将其教义总结为十大学说，它们又可分为五组。这十大学说（大致对应于十个《三论》的标题）概括了墨家道德和政治改革的纲领。

根据"尚同"学说，政府的目标在于推行关于道德正当性的统一观念，从而实现社会、经济和政治上的稳定有序①。道德教化的贯彻实行在于鼓励每个人"上同"于社会政治领袖设立的好榜样。上同于榜样的人得赏，没能做到的人则受罚。在有德君主的领导和层层任命的官员管理之下，政府成为中央集权化的官僚体系。根据"尚贤"学说，任命应当基于候选者的能力和道德品质，而不考虑其社会地位或出身。

"兼爱"是墨家的标志性学说。为了兴天下大利，人们应当"兼相爱"，像关心其身、家、共同体那样，关心他人的身、家、共同体，这样在与

---

① 这一学说的名称"尚同"可以有两种方式加以诠释。一种是将"尚"当作动词，意为"提升"或"褒扬"，而"同"作为其对象，这就得出"促进同一性"或"提高一致性"。另一种是将"尚"作为副词，而"同"作为动词，这就得翻译为"向上服从"或"向上确认"。支持第一种解读的是，它与墨家的另一主要政治学说"尚贤"相对应。然而，《尚同》三卷中的讨论专门用"尚同"一词来指与上级一致或与服从上级。因此，第二种解读似乎更合理。

他人往来时,他们试图"交相利"。几乎同样著名的是"非攻"学说。军事侵略在道德上是错误的,正如偷盗、抢劫和谋杀是错误的那样:它在追求自利的时候伤害了他人,因此没能做到兴天下之利。

根据"节用"学说,铺张浪费的奢侈品和无用的花费应当被取缔,从而使所有人得到基本的物质福利。"节葬"学说呼吁废止厚葬久丧(儒者坚定卫护这些传统),从而有益于社会繁荣有序。

"天志"学说认为,既然天是宇宙中最"贵且智"的道德主体,天志就应当被视为可靠的客观道德标准,必须遵循。天奖励顺天志者,惩罚反天志者,所以人们应当努力做仁人,行义事。"明鬼"学说认为,鬼神赏贤罚暴信仰如加助兴,就可有益于社会和道德秩序。

"非乐"学说公开谴责统治阶层享受由国家耗资承担的奢靡娱乐及奢侈品,这些浪费的资源本可使穷人得温饱。"非命"学说认为,必须拒斥宿命论,因为它不符合古代圣王的榜样,不符合人们的目见耳闻,也不能兴天下之利。实际上,好运或坏运由命定,而人的努力无用,这种教导对社会有害,因此在道德上是错误的。

根据情况的不同,墨家会向君主和官员有所偏重地提出某部分学说:

> 国家昏乱,则语之尚贤、尚同;国家贫,则语之节用、节葬;国家喜音湛湎,则语之非乐、非命;国家淫辟无礼,则语之尊天、事鬼;国家务夺侵凌,即语之兼爱、非攻。(Mz 49/61-64)

正如这段话表明的那样,墨家自视为道德、政治和宗教改革运动,致力于追求在其看来道德上正确的、兴天下之利的社会以及生活方式。他们特别关切保障最不利者的基本福利,在他们看来,这些人的需求常常没得到满足。由于这种实践性的导向,其十大学说纲领只是间接涉及作为基础的伦理理论和知识论。接下来的几章将聚焦这些理论基础，在此过程中也会与墨家的一些核心改革提议联系起来。然后我会在第八章讨论其改革方案的其余部分。

墨家哲学的意义

为什么要研究墨家这一差不多两千多年前就销声匿迹且在其后对中国哲学传统几乎没有直接影响的古代学派？这出于两种考量：墨家很重要且富有趣味，研究墨家既有思想史的价值，又有哲学意义。

墨子及其追随者对古典时期中国的智识讨论产生了巨大影响。我们可以作出一个强的论断：是墨子而非孔子，配得上中国第一个哲学家这一名号。在墨家学派兴起之前，儒家思想似乎主要由智慧格言组成，旨在教导学生有德地履行传统社会角色和礼仪。墨子及其追随者开启了中国的哲学反思和论辩。对传统道德观念，他们开了反思性批判之先河，也最早为其观点提供清晰而结构严谨的论证，就像古希腊的苏格拉底那样。他们明确阐释了中国最早的系统化的伦理、政治、知识论和逻辑理论。他们的伦理学说是世界上最早版本的后果论，而这是一种重要的伦理理论，根据这种理论，一件事在道德上正确或好，是因为它能比其他替代方案产生更好的后果①。在西方，后果论的典型是

---

① "后果论"是指对相关后果（如幸福、快乐）和主要评价焦点（如行为、规则或动机）给出不同解释的一系列伦理理论。最常见的后果论类型可能是行为功利主义，根据行为功利主义，行为的对或错，取决于其增进幸福或其对立面的程度。边沁和密尔的古典功利主义常常被认为是行为功利主义的一种。另一种著名的后果论类型是规则功利主义，这种观点认为，只要行为符合那些如加以普遍遵循，最能促进普遍幸福的规则，就是正确的。后果论与其他两种观点形成鲜明对照，一种观点认为道德价值由性格特征决定——这是德性伦理学的核心观念；还有一种观点认为某种行为或规则具有不受其后果影响的内在道德价值——这是义务论伦理学的核心观念。

边沁(Jeremy Bentham，1748—1832)和密尔(John Mill，1806—1873)的功利主义，而墨家比他们的伦理观点还要早个两千多年。不仅如此，墨家的理论是后果论一个复杂而间接的版本，结构严密，在有些方面比古典功利主义更为高级①。墨家可能还是世界上最早围绕一种明确的"不偏不倚性(impartiality)"观念建立起系统伦理学的思想家，这从"兼"以及"天下之利"这样的观念中得到了体现②。

因此，墨家仅凭伦理学就已经在哲学史上占据了重要地位。除伦理学之外，在阐释和塑造许多重要概念、背景性理论以及中国古典哲学论辩的诸论题方面，他们都起到了重要作用。通过比如"是—非""辩""治""法"这样的概念，他们影响了古典时期后来所有的思想家，特别是荀子、《庄子》的著者以及法家。他们将"道"看作用以辨别区分从而指导行动的一套娴熟做法，这种观念成为早期中国思想共有概念框架的核心要素，由儒家和法家思想家以不同方式加以发展，还激发了道家文本中富有洞见的元伦理学反思③。他们的政治理论开启了中国基于贤能任命官员、由中央集权的行政部门进行治理的传统。他们的逻辑学阐发了对于古典时期所有中国思想家来说共同的关于推理和辩护的观点，这又延伸为一种共有的关于实践推理的观念以及道德心理学上的

---

① 根据直接后果论，道德上对或好的东西之所以如此，是因为它直接产生了比其他选择更好的结果。行为功利主义是直接后果论的一种形式。间接后果论认为，对或好的东西之所以如此，是因为它从其他东西——比如，一套规则或原则——而来，反过来又由良好的后果证成。规则功利主义是一种间接后果论。它没有指示我们直接寻求幸福的最大化，而认为正确的行为是那些符合一套规则的行为，这些规则如果加以普遍遵循，将比任何其他规则更好地促进普遍幸福。

② 一种隐含的"不偏不倚性"观念体现在儒家的"消极金律"："己所不欲，勿施于人"(LY 12.2，15.24，5.12)中。然而，《论语》并未系统展开这一观点。

③ "道"指的是生活或进行某种活动的方式、风格或模式。它可能包括了实践、制度和传统，以及规则、技巧、风格和态度。作为一种生活方式，它还包括气质和习惯，因此也包括美德。

共有预设。他们的语言哲学和知识论差不多被荀子全盘采用了，荀子以有意思的方式将其进行了扩展，而且他们在这些领域的理论促使《道德经》和《庄子》做出深刻的批判性回应。作为学说上的竞争者，墨家激发了孟子、荀子及其后继者思想的发展，他们还和儒者共同代表了一种被道家加以彻底批判的生活方式。墨家的政治学、伦理学和心理学还明确表达了社群主义的、功利主义的以及非心理主义的预设，一直到社会主义时代对中华文明都产生了巨大影响①。

由于墨家在汉代衰亡了，有时候它被描述为一种孤立非常态的学派，而非早期中国哲学主流的真正构成部分。然而，这种说法可谓谬以千里。墨家学说的许多特征直接体现了成为主流战国思想论辩要素的概念、预设和问题。理解墨家，对于充分理解儒家、道家和其他早期中国学派的思想来说是绕不开的。

除历史影响外，墨家的很多观念在哲学上本身就是富有趣味的，对于发展我们自己的观点可能也很有益。墨家伦理学强调了基本性的问题，比如，如何阐释不偏不倚性；不偏不倚的辩护与道德主体的行为动机之间应当具有何种关系；以及何种价值应当作为道德判断的基础。墨家认识到，道德要求不偏不倚地考虑所有人的利益，而且道德理由具有一种普遍性的形式——对于一个人来说对的东西，对于处于类似处境的其他所有人而言同样是对的。他们甚至认为陌生人的利益可以构成我们行动的原因。然而，以一种切实可行的方式来阐释这些洞见对他们来说却是吃力的，这在一定程度上是因为他们往往将行为的不偏

---

① 陈汉生（Chad Hanse）探索了这些预设，"Punishment and Dignity in China," in *Individualism and Holism: Studies in Confucian and Taoist Values*, ed. Donald Munro, 359 - 83（Michigan Monographs in Chinese Studies, no. 52）（Ann Arbor: Center for Chinese Studies, University of Michigan, 1985）。

不倚标准与一种理想的不偏不倚、造福他人的主体之态度混为一谈——而这样的主体根本不是通常意义上的主体。

墨家似乎认为,道德和人类利益或福利之间存在一种根本关联。他们将这一观念发展为一种有意思的社群主义版本的后果论,这一版本以尖锐的形式提出了任何后果论理论——即便是细致入微、更高级的后果论——都会面对的一些问题①。真的只有后果才对决定道德对错有意义吗?我们何以决定何种后果算数?更深层的问题产生于他们的这一信念——"天下之利"作为支配一切的"法"为道德提供了系统的、决定性的指导。我们能期待某个单一的、决定性的标准来解决所有的道德问题吗?应以产生最大利益为准这一指示,可能在有些情况下并无助益,比方说,当两种或多种相互冲突的做法似乎具有同样有利的后果,关于什么算作"利"产生分歧时,或者一种做法可能产生什么后果并不明确的时候。

墨家之道倾向于将"义"作为人生要务,提出了道德在我们生活中具有何种角色这一深刻的问题。("义"可以指道德,什么是正义的或合适的,道德法则,行为规范,或义务。)我们可能会忍不住将墨家伦理理解为完全聚焦于权利或义务的,而非聚焦于善或者对于个人而言什么可算可敬或兴旺发达的生活②。然而这种刻画可能不尽准确。墨家的

① 墨家的方法也引发了一个有趣的问题,即当代后果论者要如何捍卫个人主义式而非社群主义式的后果论。

② 关于从权利优先于善这样的角度对伦理理论加以刻画的讨论,参见 Charles Larmore, *The Morals of Modernity* (Cambridge: Cambridge University Press, 1996)。对于西季威克(Henry Sidgwick, 1838—1900)的著名概括——即古代伦理理论往往是吸引性的,或者说聚焦于善这一观念的,而不是像现代理论那样是强制性的,或者聚焦于正当这一观念——而言,墨家伦理学似乎是一个颇有意思的例外(Henry Sidgwick, *The Methods of Ethics*, 7th ed. [Indianapolis: Hackett, 1981], 105)。事实上,我觉得墨家和儒家结合了吸引性和强制性两种因素。

确考虑了什么是好生活这一问题，但其回答似乎是，最好的生活在于务于义。在对义的强调上，墨家思想比中国传统中的其他任何观点都更接近康德伦理学。然而，在辩护的方式上，它却没有类似于康德的这一观念，即主体由于其理性本性，内在受道德律约束。墨家那里是：我们致力于义，因为"万事莫贵于义"，人们"贵义于其身"(Mz 47/1)，"义可以利人"(Mz 46/29)，而且最"智且贵"的天"欲义"(Mz 26/12)。与许多早期中国思想家一样，墨家认同个人成圣的理想，而对他们而言，成圣就等同于完完全全地"从事于义"。

道德可能是重要的，但我们可能想知道，它是否应当像对墨家那样主宰我们的生活。一种好的生活很可能也包含了对其他价值的承诺，比如发展个人的天赋、追求有意义的事情、智识探索、与亲友一起休闲娱乐，还有艺术创造和欣赏。在有些方面，墨家之道危及我们对这些价值的追求。实际上，它可能使我们远离任何有碍于兴天下之利的个人计划。

墨家思想的其他领域在哲学上也是有意思的。墨家提出了一种至善论式的政治理论，最重要的目标是通过推行统一的价值体系来实现天下大治。国家的主要角色在于道德教育。对于考察国家的证成与目标、国家权力的合法限度，以及个人利益与共同体利益孰轻孰重这些议题而言，评估墨家的政治理论是值得一做的事。针对以实现天下之治为目标的威权主义制度所具有的局限性，这一理论也是颇有洞见的。墨家自身似乎得出结论认为，即便大量资源投入社会教化，人们真心实意的拥护对于政治制度的运行而言才是至关重要的，而赢得这种拥护，统治者需证明其承诺于公共善。

相比较而言，知识论既是墨家思想中并未充分展开的领域，但同时也是最引人入胜的领域。墨家将知识视为一种技能或能力，也就是正确辨别不同种类事物的能力。在一个主体能够知道某事物而无需对其进行辩护的意义上,他们的知识观是外在主义的。(内在主义的知识观认为知识的必要条件是,主体具有明确的辩护可供选择。)墨家的进路表明,知识和辩护的关系可以不那么紧密,这就与西方知识论的典型看法不同。的确,二者可能具有不同的角色,知识更多是一种与世界打交道的能力,在形成信念的步骤中,辩护只是其中一种,它并不是知识的构成要素或条件。墨家的知识论认为,辩护可能主要是获得知识或检查一个人是否具有知识的方式,而不是知识的组成部分。

在墨家看来,心智与世界的相互作用不在于心智内容和外在事物之间再现式的关系,而在于可靠、娴熟的活动的模式。知识不仅仅关乎在孤立的例子中正确辨别事物,而且是一种在不同情形下以恰当的方式做辨别的可靠能力。因此,墨家知识论使得潜在批判质疑的关注点从一个人的信念是否为真(或正确再现了世界),转换为辨别某些模式是不是与世界打交道的正确或最有效方式。我们作为认知者与世界处于紧密联系之中,并且可以找到*某种*路径,对此毋庸置疑。这种关于知识以及"心智—世界"关系的进路,对更一般意义上的早期中国哲学而言具有代表性,值得研究和阐发。

最后,墨家的道德心理学提出了值得推敲的议题,它们关乎实践推理、道德教育和动机,以及指导行为的道德标准或原则所具有的作用。与其知识观一样,墨家关于像推理或慎思这些心理过程的看法是以技能模式为基础的。他们与早期中国思想家共有关于心智(mind)——或者更准确地说是心(heart)——的预设,即心主要是指导行为的官能,而不是像在"笛卡儿—经验主义"传统中那样是一个内在的、隐秘的领域,个体主体在其中思考和处理有关外在世界的表象。心辨别事物并对事物作出反应,行为由这种能力指导,而且我们所遵循的"辨别—反应"模式主要在社会实践中训练习得。慎思和判断被视为做出辨别的过程。这些并不一定要涉及内在理性化或通过一个人头脑中的论证步骤来进行。如果技能达到高水平，它们就不过是看到诸种情况之间的相似和不相似并相应作出反应的事。

因此，墨家对实践推理和行为结构的理解就与近来西方哲学常见的看法不同。墨家运用了一种关于行为的"辨别—反应"模式，而不是我们熟知的根植于亚里士多德实践三段论和休谟动机理论的"信念—欲望"模式。在墨家心理学中，欲望和情感状态并没有像在由"信念—欲望"模式支配的进路中那样起到明显作用。对于墨家而言，"欲""恶"对比只是一种指导行为的"辩"。它不是核心的或主导性的动机状态，也不是道德教育或教化的焦点。驱动行为的主要是能力或者"知"，它主要是技能训练的结果。道德教育和教化因此在一些重要方面类似于技能发展的过程。其主要意图不是改变主体的动机（被理解为欲望或其他情感状态），而是训练他们以某些方式辨别不同情形并作出反应。其心理学和逻辑的一个结果是，墨家将伦理理论构想为以一系列技能来指导行为，而这些技能的习得是通过效仿"法"，而不是根据一般性的原则进行推理①。无疑，人们有时候依据明确的道德推理以及实践三段论来指导行为：主体从一个一般性的原则推理得出要怎么做的一个特定结论。但也很可能的是，我们常常以墨家设想的方式行动，即效仿榜样或学习如何对典型情形做出反应，得到"辨别—反应"的技能，并凭借这种技能来行动。

墨家的进路提出了一些引人入胜的问题：欲望、情感和推理对于

---

① 最早明确指出早期中国伦理学中效仿榜样之作用的学者似乎是胡适（《中国哲学史大纲》上卷［上海：商务印书馆，1919]）以及孟旦（Donald Munro, *The Concept of Man in Early China* [Stanford: Stanford University Press, 1969]）。

指导行为具有或者应当具有怎样的角色;以及人们如何开启和维系道德完善的过程。一个与孟子相关,常常被讨论的关于道德完善的进路,强调激发和培育与道德相关的情感,这些情感被认为可靠地导向恰当的行为。另一个与康德相关的进路强调推理或理性劝说,在其他事情相同的情况下,可期待推理或理性劝说可靠地驱使理性主体做对的事情。墨家的观点与两者都不同,它提供了一种独特的、引人入胜的视角,而这种视角在最近关于道德动机的讨论中往往被忽视了。

对有些人而言,墨家的理论图景可能看起来十分类似于心理行为主义的一个变种。但是,墨家的著作并没有表明行为只由有条件的反应指导,也没有表明内在心理过程在解释上是多余的。他们只是提出了一种关于心理过程所具有的结构的不同看法,这一看法在一定程度上为其他早期中国思想家所共有,而且很有意思的是,与西方的著名观点,比如亚里士多德、休谟或康德的观点不同。一个相关的问题是,墨家是否可以解释道德自主——主体根据其独立判断(基于他们认为可作客观辩护的道德规范)——作出行动的能力。如果行为由通过社会训练习得的倾向和技能指导,那么人们可能会担心,主体的行为会被归结为机械性的、程序化的反应,而不是自主选择的行动。但是,墨家的构想并没有威胁自主性,而只是展现了人们较不熟悉的一种关于判断的观念。以技能为例,它们最初常常通过机械效仿他人而习得。一旦我们掌握了一种技能,执行这种技能就既不是机械的也不是程序化的了。娴熟的执行要求独立的判断来对特定语境作出评估和反应,尽管这种判断常常是即刻做出且不是自觉意识到的。由于将技能作为判断和行动的“法”,墨家思想可能提供了思考主体性和自主性的一种独特而引人入胜的进路。

本书纲要

本书第一、二章探讨了墨家思想背后的一些关切及背景预设。第一章说明了墨家对秩序、客观性和不偏不倚性的关切，及其认为宇宙支持人的能动性的看法。第二章概述了墨家的知识论和逻辑学。这二者塑造了墨家伦理学理论及其心智观的结构，这一结构又相应体现在其政治理论、伦理学和道德心理学中。接下来的三章考察了其道德和政治哲学。第三章论述了其政治思想，探讨了墨家如何在个人的价值和动机与我们对稳定政治社会的需要之间保持平衡。第四章讨论了墨家关于天的观念，并探讨了天在其伦理学中的角色，特别是它如何为其关于客观性、不偏不倚性观念奠基。第五、六章介绍并批判了墨家的伦理理论，包括其基本的后果论、关于兼爱的学说以及针对反对者之意见所做的回应。与之前的许多解读不同的是，这些章节论证指出，墨家认可常识性的倾向，将我们的亲属和有交情的人所在团体的福利置于相比于陌生人福利优先的地位。但这一讨论显示了墨家的观念与实践之间尚未克服的张力，并批判了墨家伦理学中狭隘的关于价值的看法。

第五章和第八章还考察了墨家与早期儒家之间的关系。墨家通常被刻画为以反对儒家伦理学为主要动机。我认为这种刻画是不准确的。尽管墨家强烈批判了儒家的某些做法，但对儒家的反对仅仅是激发其思想的诸多因素之一。事实上，他们与儒家共有一些重要的核心价值。墨家的批判主要针对早期儒家的一些被现代阐释者明显做了轻描淡写处理的学说和做法，比如儒家的宿命论和礼制主义，而且墨家对此的拒斥在很大程度上是令人信服的。

第七章考察了墨家关于道德心理学的观点，道德心理学可能是墨家思想中遭受最多误解的一部分。墨家一直以来被批评说缺少一种可行的关于道德发展的理论。一些著者声称,墨家认为人的动机和倾向几乎是完全可被塑造的。另一些著者则认为,他们无法解释道德如何与人们的自然倾向相连贯。我认为这些批评都是没有根据的。《墨子》提出了关于人类心理丰富且很有道理的看法,在墨家看来,大多数人具有强烈的原初倾向去做其认为对的事。墨家承认个人道德自主的能力,也强调了人类生活的社会属性。其道德心理学在有些地方是过于乐观的。但其主要缺点不在于对道德动机或发展的解释,而在于其对人们觉得有利且可辩护的生活所做的预设。

第八章探讨了墨家的反战和经济改革学说。这些学说对于墨家自身而言很重要,但当代读者则少有兴趣,因为激发这些学说产生的历史情境不复存在。但这些学说实际上提供了对墨家伦理和政治观点加以运用的一些有意思的例子,而且那些反战的文本展现了世界上最早的义战理论。结论章简明扼要地提出了一些推测,解释墨家运动消亡于秦汉之际的原因。

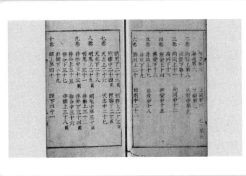

第一章

秩序、客观性
及效力

本章概述了墨家思想中三个贯穿始终的重要主题，从而为后面的章节奠定基础，这三个主题分别是：墨家对社会政治之治的关切、对实现社会政治之治的客观道德标准的寻求及基于其神学对人类行为所具有效力的信念。

治

正如我们在导论中已经看到的那样，墨家思想的根本动机是实践性的，而不是理论性的。墨家的要务在于社会和政治改革，而不在于为探究而探究。墨子及其追随者并没有打算考察伦理学、政治学或知识论方面的哲学议题，并发展有关这些议题的理论。他们主要对社会和政治问题感兴趣。其理论应运而生就是解决这些问题并说服他人采纳其解决方案的一种合理尝试。哲学探究是其事业的重要组成部分，却不是主要目的。

那其目的何在呢？归根结底在于实现一个人人都切实守"义"的世界。更切近的目的在于阻止不可容忍的军事侵略、争斗、犯罪和对他人的伤害，墨家认为这些具有破坏性的行为使社会百孔千疮。他们将这样的不道德行为称为"乱"，这个词指的是扰乱、干扰或混乱。在中国古代思想中，"乱"不是一种价值中立的描述。把一种情形称为"乱"，就是在表达一种规范性的判断：它出了问题。与此相反的良好状态被称为"治"，这个词指的是事物有序、治理良好或在控制之中。对墨家来说，"治"与"义"交叠，因为有序的事物通常在道德上是正当的，而当事物是正当的时候，它们也是有序的。

《墨子》中的几段话有助于阐明墨家关于"乱"——以及与之相反的"治"——的观念，还表明了在他们看来，产生"乱"的两大相互关联的起因是什么，在墨家的两大教义中，这两大致乱原因得到了解决。根据《兼爱上》——它可能是墨家最早期的著作之一——"乱"指的是一系列引起混乱的行为，包括臣民和儿子没有对君父表现出适当的"孝"、君父反过来也没有对臣民和儿子表现出"慈"；弟兄之间不相互体谅；抢劫和盗窃等罪行；宗族间不和以及军事侵略。对于每一种情况，墨家做出的诊断都是说"乱"源自造成问题者自私地无视他人，只关心自己或其圈子——自己的家庭、宗族或国家——的利益，并为了自己的利益而随意伤害他人：

> 臣子之不孝君父，所谓乱也。子自爱不爱父，故亏父而自利；弟自爱不爱兄，故亏兄而自利；臣自爱不爱君，故亏君而自利，此所谓乱也。
>
> 虽父之不慈子，兄之不慈弟，君之不慈臣，此亦天下之所谓乱也。父自爱也不爱子，故亏子而自利；兄自爱也不爱弟，故亏弟而自利；君自爱也不爱臣，故亏臣而自利。是何也？皆起不相爱。
>
> 虽至天下之为盗贼者亦然，盗爱其室不爱其异室，故窃异室以

利其室；贼爱其身不爱人，故贼人以利其身。此何也？皆起不相爱。

　　虽至大夫之相乱家，诸侯之相攻国者亦然。大夫各爱其家，不
爱异家，故乱异家以利其家；诸侯各爱其国，不爱异国，故攻异国以
利其国，天下之乱物具此而已矣。察此何自起？皆起不相爱。

(Mz 14/4－12)

　　这是对"乱自何起"的一个诊断，而不是对人类做出的一般性的控
诉，也不是对未开化的人性做出描述。这一文本并不是说人天生自私，
也不是说每个人都倾向于为了自己的福利而牺牲他人的福利。这里的
论断仅仅是：乱是人们自私的不"相爱"而引起的。这个问题是由作为
墨家核心伦理教义之一的兼爱来解决的（在第六章得到了讨论）。

　　有趣的是，在描述人们无视、不考虑他人时，这段文本还表明墨家
同样持有早期中国特有的预设，即人在本质上是社会性的。人们被视
为自然而然身处等级式的政治和亲属关系之网中，核心关系是父子、君
臣、兄弟之间的关系①。人们主要作为履行这些社会角色的人与他人
进行互动。理想情况下，他们的行为由适合每个角色的行为和态度指
导，主要是在下位者（儿子、弟弟、臣民）表现出对在上位者（父亲、哥哥、
君上）的孝和忠，而在上位者反过来又对他们表现出慈（这种关于亲属
关系和政治关系的典型看法有时被错误地贴上"儒家"的标签，但正如
这段话所表明的那样，它对于墨家伦理也是基本的）。人们通常不仅关
心和认同自己，也关心和认同各种社会单元：直系亲属、宗族以及国家。
有些人可能是自私的，但总的来说，人们并不被视为原子式的或以自我

---

① 母亲、女儿和姐妹未被提及。像大多数中国古代思想家一样，墨家将女性角色边
缘化了。例外的是妇女所具有的经济角色：生育和生产纺织品，这些增加了人
口和财富这些基本善。

为中心的个体。

如前文所述，"乱"主要包括两种行为：未能对亲属和政治关系圈内的人履行孝或慈，以及以犯罪或暴行伤害圈子外的人。在此基础之上，墨家的政治理论又从几个方面对"乱"进行了进一步刻画。在家庭之外，"乱"包括不遵守针对君臣、上下、长幼的行为准则，而在家庭内部，"乱"则包括不守父子、兄弟之礼（Mz 12/5）。在"乱"的最极端情形下，人们生活在自然状态中，"若禽兽然"（Mz 11/5）。家庭成员彼此怨恨、分裂，无法和谐相处；人们"以水火毒药"互相侵害；共同体成员拒绝分享"良道""余力"和"余财"（Mz 11/3 - 4）。

由于"治"与"乱"相对，墨家对"乱"的描述也说明了他们是如何理解"治"的。"治"至少要求人们关心他人福利，不致伤害他人，而且在家庭内外都要有德性地履行社会角色，忠于在上位者，善待在下位者。"治"也可能要求家庭成员和睦相处，共同体成员共享良道、余力和余财。然而，由于这些情形的缺失是极端混乱的特征，我们不能确定墨家是不是将其视为"治"的最低条件的一部分。除了这些特征之外，《三论》的中下篇文本告诉我们，"治"要求"贵且智者"统治"愚且贱者"，而不是与此相反（Mz 9/2），奖惩分配得当，善得赏，恶受罚（Mz 13/6）。此外，由于墨家政治思想的核心主张是通过引导每个人遵循统一的道德规范来实现治，他们可能认为只有在这些规范得到普遍遵守的情况下，才能有真正的"治"。因此，在最充分意义上实现"治"，就与对义的普遍实践一致。

除了把"乱"与无视他人联系在一起，墨家就"乱"的原因提出了第二个更广义的论断。在其政治理论中（第三章有更详细的说明），他们将"乱"归根为道德规范或正当性标准上存在的普遍分歧。他们认为，在自然状态中，在有政府之前，人们有关于"义"的不同看法，并依此行动。社会成员都固执地认为自己的观点是正确的，而别人的观点是错误的，这种分歧导致了仇恨、暴力，从而致乱。因此，"乱"的根本原因在于人们对于什么算作"义"意见不合。

墨家认为每个人都会同意"乱"对所有人都是灾难性的。此外，他们还暗示，人们通常认定应该有一套单一、统一的道德规范。在自然状态下，"乱"的产生正是因为人们不停地互相指责对方遵循了在其看来错误的规范，也就是不同于自己的规范。由此，在墨家看来，人们对"治"的重视足以使他们抛开在其他任何方面的歧见来支持消除混乱的政策。墨家的政治纲领旨在通过统一每个人关于"义"的规范，消除产生"乱"的第二个基本原因，即道德规范上的分歧。这样人们会在价值判断上达成一致，消除潜在造成冲突的原因。该计划在于利用政治制度来颁布统一的、得到客观辩护的道德规范。如果每个人都能被说服或训练来遵守这些准则，社会就可以恢复秩序。同时，由于墨家认为被采用的规范不允许不考虑他人而行动，因此导致"乱"的第一个原因——自私不考虑他人的行动——可以得到解决。在他们看来，自利本身并不能提供切实可行的关于"义"的标准（关于这一点的更多展开，请参阅第五章）。

对"治"的强调体现了墨家事业的社会性的或社群主义的取向。对墨家来说，伦理问题主要是整个社会层面上而不是在个体层面上提出的。在这一点上，陈汉生正确地将墨家与苏格拉底作了对比，后者是第一位像墨子在中国所做的那样，批判地反思传统道德的希腊思想家①。苏格拉底的问题是个人式的：一个人应该如何生活？墨家的问题是社会性的：我们应该遵循什么样的制度？因此，墨家的《三论》主要针对

———————

① Chad Hansen, *A Daoist Theory of Chinese Thought* (Oxford: Oxford University Press, 1992), 108.

的并不是思考过怎样的生活或寻求自我完善的个人，而是针对"天下之王公大人士君子"——即统治者、高层官员、低层官僚和其他社会精英——的政治短文，如果这些人被说服了，他们就有权力去改变社会的运行方式，并使"天下"有治。在这方面，墨家的文本也与儒家或道家的文本形成了鲜明对照。尽管《论语》和《孟子》等儒学文献集，还有《荀子》的部分内容都密切关注政治问题，但它们更多针对的是践行儒家之道的个人，其主要目的之一在于指导他们依道而行。《庄子》也着手讨论了对于个人而言什么是好生活这一问题。相比之下，除了《墨语》中的某些部分，甚至对个人道德完善的讨论，《墨子》都是从整个社会的角度来看的，不是问，我作为一个个体如何才能成为一个更好的人，而是问，我们所有人一起如何得以践行道。这并不是说墨家认为个人道德发展不重要；其学说确实涉及个体性的主体，尤其是各级官员。但其理论和实践的焦点是社会性的和集体性的。他们认为道在本质上是社会性的，人类生活在本质上是公共性的。通过贯彻道而使世界恢复"治"的事业是一项集体性的政治事业，只有在坚定、明智的政治指导和共同体的广泛参与下才能取得成功。

客观性和不偏不倚性

墨家很清楚，我们赖以统一社会和实现"治"的道德标准并不能随意加以选择，因为如果人们看到这些标准并不能真正促成社会和道德之治，就会违抗这些标准（见第三章）。所以一个关键的问题是，我们如何确定"义"的统一规范的内容？

一个可能的答案是诉诸礼，礼是传统仪轨，对适于各种不同社会角色和情形的行为加以规定。儒者以及可能还有被墨家批判的其他"世之君子"坚持认为,我们应以礼的规范作为行为的标准,这些礼的规范以有德君子情境化的判断为指导。《论语》中有一句名言,孔子说"仁"在于"克己复礼"。当他被要求对此进行详细说明时,他说,"非礼勿视,非礼勿听,非礼勿言,非礼勿动"(LY 12.1)①。这表明礼的规范和实践为有志于成为道德高尚之士的人提供了一个全面的行为指南。许多段落把君子描述为通过礼严格规范自己行为的人②。有一段话把礼说成是一个人行义的具体手段:"君子义以为质,礼以行之,孙以出之,信以成之。"(LY 15.18)。践行礼是有效政治治理的关键之一:"能以礼让为国乎,何有?"(LY 4.13)。因为"上好礼,则民易使也"(LY 14.41)③。对于一些早期儒者来说,社会混乱可能在很大程度上等同于不守礼,而礼对他们来说是正确行为的基本指南④。

礼在墨家思想中占有一席之地,但只是一个附带性的问题。例如,在前面引用的一段话中,"乱"与不遵守调节规范社会关系的礼有关(Mz 12/5)⑤。因此,这段话要求将至少在某种意义上履行礼作为"治"的组成部

———————————

① 《论语》历来被视为孔子言论的集锦。然而,由于这一集锦的有些部分可能是孔子死后很久才形成的,所以我将其看作早期儒家思想一个分支的记录。除了孔子自己的一些言论,它可能还包含了其几代追随者的评论,有时是明确呈现出来,有时则借作为文学形象的孔子之口说出来。关于《论语》一书的形成发展,这些理论尽管是推测性的但富有启发性,参见 E. Bruce Brooks and A. Taeko Brooks, *The Original Analects* (New York: Columbia University Press, 1998), along with John Makeham, review of *The Original Analects*, *China Review International* 6, no. 1 (1999), 1-33。
② *LY* 6.27, 8.2, 8.8, 9.11, 及 12.15. 相比之下,有些章节,比如 3.3,意味着仁是恰当履行礼的前提。
③ 关于礼在政治治理中的作用,也参见 *LY* 2.3, 3.19, 13.3, 13.4, 14.41, 以及 15.33。
④ 基于这个原因,人们可以质疑,最早的儒者,也就是《论语》之主体的作者,是否充分认识到了礼节或礼仪与道德对错的区别。一种规范伦理理论,如果是以《论语》那样的程度来强调礼,似乎就不足以成为一种道德理论。
⑤ 《墨子》中还有一些其他章节以积极的态度提到礼作为行为之恰当指导,包括 6/3, 48/41, 49/3, 49/63, 以及 *MB* A9。

分。由于（我们将在第五章看到）墨家认为"治"是一种基本的善，它在某种程度上决定了道德价值，那么他们可能把礼的某些方面作为道德上正确的社会之道的要素①。

不过，总的来说，墨家认为，礼中所体现的那种保守的、传统主义的立场并不是一种令人信服的道德指南。只有在存在一种大致的共识，认为礼的规范是正确的或可被允许的情况下，习俗性的礼才可以作为行为标准发挥作用。早期的儒家思想似乎将这样的共识视为理所当然的。因此，《论语》和《孟子》几乎没有致力于制定明确的规范理论，以对道德规范加以阐释②。相反，他们聚焦的是道德发展，是如何引导我们自己和他人切实地遵循道。其关于道的内容，并不以要求阐述和辩护为主旋律。相比之下，在墨家看来，就某些礼的做法是对是错而言，存在分歧。对他们来说，精英式的礼，比如厚葬久丧以及辅以乐舞的铺张的国家仪式等，是浪费的，有损于大众福利。面对影响广泛的社会变革和政治动荡，把礼作为使社会恢复良好秩序的准则似乎是徒劳的。周代的社会政治制度正在分崩离析。由礼为指导实际上是一种被尝试过、结果却并不令人满意的道。其失败加剧了现在的混乱。

更重要的是，墨家拒绝将礼作为基本的道德准则，因为他们注意到习俗和道德之间存在至关重要的区别，这一点是哲学上的飞跃③。从概念上看，礼根本不能起到道德规范的作用，因为某事物符合关于礼

---

① 一般来说，墨家避免将其认可的行为规范描述为"礼"。这可能在某种程度上是为了将他们自己与儒者区分开来，在某种程度上是为了将其声称得到了客观辩护的规范与狭隘的礼仪区分开来。在人们可能称之为"礼"的一些语境中，例如对葬礼的描述，墨家文本说的却是"法"；比如参见 Mz 25/83。墨家非常重视敬拜天、鬼神和祖先的宗教礼仪，但他们称之为"祭祀"，而不是"礼"。

② 在流传下来的儒家文献中，我们在公元前 3 世纪的《荀子》中第一次发现这样的理论。

③ Hansen 第一个注意到墨家在作此区分时所作出的重大概念性突破。（*Daoist Theory*，107）。

节、仪式或礼仪的流行观点这一事实,并不能说明它在道德上是正当的。公认的社会习俗在道德上可能是错误的,尤其像是精英的礼仪习俗,其中许多只由社会中的一小部分特权阶层践行。墨家使人们注意到不同文化在习俗上差异很大,并非所有习俗都可以被合理地认为是道德上正确的,从而对这一点加以了说明,而差不多在同时,希罗多德在希腊提出了类似观点。

> 今执厚葬久丧者言曰:"厚葬久丧,果非圣王之道,夫胡说中国之君子,为而不已,操而不择哉?"
>
> 子墨子曰:"此所谓便其习而义其俗者也。昔者越之东,有骇沐之国者,其长子生,则解而食之。谓之'宜弟';其大父死,负其大母而弃之,曰'鬼妻不可与居处。'此上以为政,下以为俗,为而不已,操而不择,则此岂实义之道哉?"(Mz 25/74 - 77)

其他文化可能会践行我们在道德上厌恶的习俗。因此,仁义这样的道德观念与单纯的习俗(无论是我们的还是另一种文化的习俗)有着重要区别。一种习俗,比方说礼,是因袭传统或习以为常的,但这并不表明它在道德上就是正确的,因为其他文化中在道德上可悲的行为,比如,吃长子或抛弃祖母,或缠足、奴役或女性割礼等行为,可能与我们最珍视的礼仪观一样,都是因袭传统和习以为常的。既然其他文化的习俗在道德上可能是错误的,我们自己的习俗也可能是错误的。因此,礼不能作为道德的权威指南。就这一点而言,多数人的共识也不能使某事物在道德上正确。正如鲁君在回应墨子对无端军事侵略的批评时所说的那样,"吾以子之言观之,则天下之所谓可者,未必然也"。(Mz 49/24)。我们需要另寻得到了客观辩护的标准。

寻求指导行动和改革社会的客观标准，正是墨家哲学和政治事业的核心①。推动墨家思想的一个主要信念是：我们在伦理和政治领域，就像在其他任何实践领域一样，必须找到并应用这样的标准，墨家称之为"法"。《法仪》是在相对较晚的时期对墨家学说所作的一个概述，解释了"法"的作用，如下：

> 子墨子曰："天下从事者不可以无法仪，无法仪而其事能成者无有也。虽至士之为将相者，皆有法，虽至百工从事者，亦皆有法，百工为方以矩，为圆以规，直以绳，衡以水，正以县。无巧工不巧工，皆以此五者为法。巧者能中之，不巧者虽不能中，放依以从事，犹逾己。故百工从事，皆有法所度。"
>
> "今大者治天下，其次治大国，而无法所度，此不若百工，辩也。"(Mz 4/1-5)

墨家认为"法"类似于用来指导和检查技术性任务——就比如锯一个直角或画一个圆——的执行情况的工具。"法"提供的是明确的标准，我们可以将事物与"法"进行比照，以判断它们是否正确、是不是恰到好处，就像我们可以使用"矩"或"规"来确定某物是方是圆。"法"客观可靠、易于使用，这样只要稍加训练，任何人都可以运用它们来执行任务或检查结果。"法"主要被理解为范例，而不是抽象的原则或规则——尽管这些也可以是"法"。它们可以是榜样、原型、例子或类似物，也可以是工具或测量装置。任何有助于我们作出正确判断，或者采取正确行动的标准或范式都可以成为"法"。"法"本身并不能确保成

---

① Hansen 强调了这一要点及其与墨家对传统主义之批评的关系。

功,也不能消弭技术熟练者和不熟练者之间的区别,或者有德者和仍在致力于追寻美德的人之间的区别,但对我们大多数人来说,它们至少确保我们会比在无"法"可依的时候做得更好。

因此,治理或组织社会的首要任务是找到可靠客观的法来指导我们的行动、实践和政策。然而墨家指出,任何特定于我们某个家庭、教育或共同体的法仪——与礼一样——可能都是不可靠的。《法仪》篇继续道:

> 然则奚以为治法而可?当皆法其父母奚若?天下之为父母者众,而仁者寡,若皆法其父母,此法不仁也。法不仁,不可以为法。(Mz 4/5 - 6)

在拒绝以父母作为基本的道德之法后,这段话接下来以同样的理由拒绝以"学"(或"师")和"君"作为道德之法。我们不能确定我们所追随的教师或政治领袖是否真的"仁"。这个文本的结论是,"故父母、学、君三者,莫可以为治法。"我们需要一个可靠客观的标准,一个不像任何特定榜样或习得传统那样可出错的标准。墨家认为,如果我们设想合乎理想的不偏不倚、仁慈可靠的道德主体——天,或者说自然本身——具有什么态度,就可以找到这样一个标准。

> 然则奚以为治法而可?故曰:莫若法天。天之行广而无私,其施厚而不德,其明久而不衰,故圣王法之。(Mz 4/9 - 10)

显然,我们不能直接或全然效仿天,因为我们不是神祇,缺乏超人的力量。墨家的要点在于,我们可以在符合其"欲"或"志"的意义上把天作为法。因为天是典范性的道德主体，其"欲"或"志"总是体现正确的道德规范。在墨家的神学中，天一般不会直接告知人们其"欲"或"志"，通常只有在危急时刻才会这样做。然而，墨家相信我们可以从其行为中推断出天"欲"什么。

> 既以天为法，动作有为必度于天，天之所欲则为之，天所不欲则止。
>
> 然而天何欲何恶者也？天必欲人之相爱相利，而不欲人之相恶相贼也。
>
> 奚以知天之欲人之相爱相利，而不欲人之相恶相贼也？以其兼而爱之、兼而利之也。奚以知天兼而爱之、兼而利之也？以其兼而有之、兼而食之也。
>
> 今天下无大小国，皆天之邑也。人无幼长贵贱，皆天之臣也。此以莫不犓羊、豢犬猪，洁为酒醴粢盛，以敬事天，此不为兼而有之、兼而食之邪！天苟兼而有食之，夫奚说不欲人之相爱相利也！（Mz 4/10-16）

墨家此处提出的论证主要只是对其宗教信仰的一种粗略表达，几乎不足以成为对其立场的有力辩护。尽管如此，对于共有其关于神圣的天的信仰的听众——其大部分听众都具有这样的信仰——而言，这一作为基础的神学观点可能是强有力的，而且也不难以一种更缜密的方式加以重新表述。假设存在创造世界并统治世界的天，就像墨家所相信的那样，那么，所有人实际上都平等地是"天之臣"，而且这一点似乎也有道理的：在其他保持不变的情况下，所有人的利益对天来说同样重要。我们可以假定天是关心其臣民的，因为它创造了一个可以养活所有人的世界。因此,它应该是希望所有人都过得好的,而且事实上它似乎也是这么做的,提供养活每个人的自然资源来使所有人都受益。这样,正如墨家所言,天可能也意欲人们都"兼相爱交相利",因为如果我们这样做,每个人都更有可能过得好。此外,墨家认为有确凿证据证明这是天的态度,因为他们相信天惩罚那些轻视和伤害他人的人,奖赏那些关心和帮助他人的人(Mz 4/16)。例如,据其对历史的理解,天奖赏了禹、汤、武、文这四位利人民的伟大圣王,并惩罚了桀、纣、幽、厉四个恶贼人民的无道暴君(Mz 4/18 - 22)。①

　　这段话的主要哲学趣味在于它如何体现了墨家对不偏不倚性在伦理学中所起作用的发现。从天这一无偏见和始终如一的道德之法的立场来看,所有人和所有共同体都享有平等的地位。人不分长幼贵贱同等重要,国不分强弱也同等重要。所有人都平等地是天之臣民,它不偏不倚地爱利所有人。② 因此,正如墨家所见,无论用以组织社会的正确规范是什么,它们都必须在某种形式上以天不偏不倚爱利全体人类为法。因此,墨家对客观性的追求使得他们发展出一种基于不偏不倚的关怀和所有人利益的伦理和政治理论。这是一个有意思但存在潜在问题的基础。它包含了不偏不倚性这一观念,这一观念似乎在任何有说

---

① 墨家文本经常赞扬六位传说中的远古圣王：尧,传说中的人物,据说其统治时期为公元前 2356 年到公元前 2255 年之间；舜,作为其继任者,据说其统治时期为公元前 2255 年到公元前 2205 年；舜的继任者禹,据说是夏的创始人,统治时期为公元前 2205 年到公元前 2197 年,承担了中国第一个大规模防洪工程。汤是商的创始人,据说其统治时期为公元前 1766 年到公元前 1753 年；武是周的创始人,其统治时期为公元前 1122 年到公元前 1115 年；还有武的父亲周文王。墨家赞扬圣王的同时,常常连带谴责四位同样出名的暴君：桀,是夏被汤推翻之前的最后一个统治者；纣,是商被武推翻之前的最后一个统治者；幽、厉是周代的两个暴君。

② 这一段用的是"兼",而不是"无私"。然而,考虑到对所有人平等地位的强调,以及在此之前的几句话将天描述为无私的,我认为爱和利的所指确实是无私的。

服力的伦理或政治理论中都起着重要作用。墨家以天为理想主体的看法，为论证从道德上讲每个人的利益都应得到不偏不倚的考虑这一点提供了有力理由。然而，这段话也将不偏不倚性与爱人利人捆绑在一起。如果说正确的伦理理论要求我们不偏不倚地爱利每一个人，我们很多人会觉得这一点似乎不合情理。因此，看看墨家如何分析"法天"这一观点是很有意思的。

"法天"可能意味着效仿天的态度并采取相应的行动。我们会力图平等地爱利每一个人，就像上天平等地爱利其所有的臣民一样。然而，对人来说，效仿天的意图或行为是一种不太可能甚至是不合逻辑的道德理想。由于时间和资源有限，我们几乎不可能平等地"为彼犹为己"。（我不可能每天早上为每个人做早餐，而只能为我自己、家人以及最多几个邻居做早餐。）直接"法天"很可能也会妨碍我们获得一些我们通常认为能促成好生活的善好，比如，友谊和家庭关系、有意义的职业或有创意的事业。所有这些似乎都需要对我们自己、亲属圈和亲密伙伴——而不是对外人——给予更多的关心和利益。直接"法天"的态度和行为，很可能会要求对他人的福利给予过多的关注，以至于我们没有足够的资源来过好自己的生活。事实上，行事要同等地为每个人这一指示可能会让我们根本无法采取任何行动，因为关于先做什么的任何选择似乎都已经把某些人的利益置于其他人的利益之上，从而违反了这一指示。

好在《法仪》并未提倡任何接近于这种程度的利他主义的东西。文本声称的只是天意欲人们"兼相爱交相利"，但并未说明要做到何种程度。天本身可能会平等地爱利每一个人，但文中没有任何内容暗示说其他所有人也必须这样做。

另一种发展"法天"这一观念的方法就是精心安排我们的实践和制

度,使整个社会符合天所遵循的一般性规范。天致力于平等地爱利每一个人。我们不是作为个人去试图完成平等地爱利每个人这项不可能完成的任务,而是可以建立社会实践和制度的框架,以确保每个人都能得到平等的爱利。这一框架可能意味着,在不同的情况下,主体具有不同的态度和行为。例如,一个国君可能被要求平等地爱利所有臣民,因为他对所有臣民负有特殊的责任。然而,他的臣民可能并不被要求平等地爱利彼此。如果人们爱利的主要是自己、家人、朋友和有交情的人,而对陌生人只给予基本的、最低程度的关心和帮助,那么总体来说,每个人都会过得更好。尽管如此,如果整个制度符合天意,确保所有人的福利,君民的态度和行为就都是得到了客观和不偏不倚的辩护的。这一类型的伦理理论——间接后果论的一种形式——可能是有道理的,取决于如何阐发。正如我们将看到的那样,墨家确实朝着这个方向发展了其伦理学,尽管并未完全解决“法天”这一观念所带来的潜在问题。

因此,“法天”的提议给墨家留下了一个挑战,即如何以一种有说服力的方式阐明不偏不倚性这一概念。与此同时,它使墨家承担一种风险,也就是将不偏不倚的标准或辩护与不偏不倚的动机和行动混淆起来。不偏不倚、客观的标准是其寻找可靠的道德之法的明确目标。在其理论框架中,这些“法”主要起认知性的指导作用,指导我们判断应该采取什么样的行为或做法。然而,为了讨论之便,我们可以设想他们也为判断和行动提供了不偏不倚的辩护。不偏不倚的辩护很可能是任何看起来合理的伦理理论都具有的一个核心要素。对行动和实践的道德辩护只有在它是不偏不倚或无偏见的情况下——即给予所有道德相关的要素以应有的考虑,包括所有受影响者的利益——才是有说服力的。从这个意义上讲,不偏不倚的辩护具有一种普遍性。依据推理的本质,对于我来说在某些条件下做某件事的好理由，也会是其他任何人在类似条件下做同样事情的好理由①。因此，一个令人信服的辩护在第二种意义上也是不偏不倚的，因为它不仅可以为你或我，也可以为任何处于类似情况下的人提供辩护。

然而，认识到辩护在这些方面必须不偏不倚与声称我们的动机或态度必须是不偏不倚的——这就跟像天那样神圣的主体所具有的动机和态度一样——十分不同。说别人的利益与我们自己的利益在道德上同样有意义，因此必须不偏不倚地加以考虑，并不等于说我们必须不偏不倚地关心每个人的利益。这更不是说我们必须像天大概会做的那样，给予别人的利益与我们自己的利益同等的权重。他人的利益是他们的而不是我们的，这一事实也是决定我们应该做什么的一个在道德上相关的因素。② 我们可能有不偏不倚的理由去更多关心包括我们自己在内的一些人，而不是其他一些人。举一个简单的例子，从不偏不倚的角度来看，友谊是一种好东西：人类生活如果得到了友谊的充实就会变得更好。但友谊的本质要求我们比起关心陌生人来，更多地关心朋友，所以对于有时更关心朋友这一点，我们具有不偏不倚的辩护。

因此，墨家伦理学提出了一些基本性的问题：他人的利益对我们产生了怎样的道德要求，不偏不倚性在道德中具有什么作用，以及美好生活具有哪些要素，这些问题在今天的道德哲学中仍然是至关重要的。我在第五章和第六章着手处理这些问题以及墨家对这

---

① T. M. Scanlon 将这种特征称为"理由判断的普遍性"（*What We Owe to Each Other* [Cambridge, Mass.：Harvard University Press, 1998], 73)。

② 正如 James Griffin 所说，"认为不论谁的痛苦同样是产生理由的考虑因素，并不是说无论是谁的痛苦，对于一个主体决定应该做什么时同等重要"（*Value Judgment* [Oxford：Clarendon Press,1996],77)。

些问题的回应。

"命"与"力"

发布"义"的规范——它们以可靠而不偏不倚的天之法为依据——从而实现"治"的这一墨家事业，以一套并未言明的形而上的看法为基础，这些看法在其思想中起着至关重要的根基性作用。这就是他们关于天、鬼和命的理论，我们可以认为这三个主题构成了其神学。关于这些理论的详细介绍和评价将留待第四章。在此我的目的主要是勾勒出它们在墨家体系中所起的构造性作用。

墨家认为，天本身符合在其伦理理论中得到了阐明的那些道德规范。此外，作为宇宙中社会政治等级最高的统治者，天奖赏那些遵守道德规范的人，惩罚那些不遵守的人。例如，自然灾害就是天对人不遵守统一的"义"标准的惩罚（Mz 11/23）。鬼神也施行赏罚，它们实际上充当了天的盟友或代理。所以墨家坚信神圣的赏罚。好的行为得到天和鬼的支持、鼓励和奖赏；不道德的行为会受罚。

如果天确实是一个遵循并执行客观道德规范的不偏不倚、仁慈、始终如一的道德主体，那么就不可能因为人们无法控制的后果而施以惩罚。这样的惩罚将是武断而不公平的，不是一个具有不偏不倚、仁慈和始终如一本性的神祇会做的事。如果人们信仰神圣的赏罚，直觉上往往也会秉持这样一种信念：总体来说，人们控制着自己的行为，而且至少控制着所做事情的直接后果。因此，我们可以预料，墨家坚决反对前定论或宿命论。他们坚称，不存在定数或盲目的命这样的东西，即某种决定着我们是富是贫、人口是多是少、有治或有乱、长寿还是短命的神秘力量，以至于我们自己的努力于事无补（Mz

35/3－4)①。无论我们选择什么样的行动，没有一种神秘的力量能决定会发生什么。总是有实现繁荣和成功的可能性，它们可以通过勤勉和坚忍来实现。墨家认为，既然天以及自然秩序本身应该符合并实施促进所有人利益的道德规范，那么宇宙的安排就是这样的，即实现诸如繁荣和社会秩序这样的利益，一定在我们的控制范围之内，至少从集体层面和从长远来看是这样②。

天，还有宇宙的道德执法者鬼神，在墨家伦理学中所具有的核心性和根本性的作用是显而易见和毋庸置疑的。相比之下，墨家"非命"的重要性很容易被低估。自然主义、科学式的世界观深刻地塑造了现代读者的态度，以至于我们倾向于将墨家的立场看作不值一提的常识。此外，《非命》三篇并没有使人特别注意拒斥宿命论在墨家学说体系中所具有的结构性作用。这三篇在内容上的显见部分引人注目，主要是因为它们提出了墨家的知识论原则（在第二章得到了讨论），他们将这些原则运用于反对"命"的存在。

然而，事实上，拒斥宿命论与关于天的理论一起构成了整个墨家事业的基础。这些观点一同刻画了这样一个世界，其中发生在我们身上的事情，从原则上说在人的控制之中。只要在明智的领导下团结起来，我们就能实现社会大治并解决社会问题。如果我们努力遵循正确的道德规范，天——也就是自然本身——就会赞赏和支持我们的努力，使之不会受到像"命"这样说不清的影响的干扰。反过来，失败是我们自己的错，因为我们在追求那些提供给我们的机会时疏忽大意。因此，墨家

---

① 宿命论应当与决定论区分开来，后者是指每个事件都有原因，并因此在因果上是被决定的。决定论并不意味着人的主体性是无效力的。

② 详见 Chris Fraser, "The Mohist Conception of Reality," in *Chinese Metaphysics and Its Problems*, ed. Chenyang Li and Franklin Perkins, 69－84 (Cambridge: Cambridge University Press, 2014)。

的神学担保了人的能动性所具有的效力，而这反过来又是其整个伦理和政治计划的一个并未言明却至关重要的前提①。如果我们的行为对于决定我们身上发生什么只有微乎其微的影响甚至没有影响，那么像墨家这样的后果论伦理学将不堪一击。正如我们将在第五章中看到的那样，墨家认为仁人寻求兴天下之利，而"义"在于遵循那些有助于增进物质财富、人口数量和社会秩序这些善品的那些做法。在他们看来，宿命论消除了我们的意图或行动与增进这些善品之间存在的任何可靠因果关系。因此，它产生了两种尖锐的张力，一种是动机上的，另一种是概念上的。从动机上讲，当你无法控制自己是否会成功时，为什么要尽力做道德上正确的事情呢？在墨家看来，假使宿命论是真的，那么有志于做根据后果论伦理来说是对的事这一想法就不受青睐了。尽管有良好意图、周密的计划、彻底的执行，我们的行为最终仍然可能产生不良后果，从而在道德上错误。从概念上讲，宿命论将我们所做事情的后果置于我们可控的范围之外，这使得我们很难或不可能区分哪些行为能够可靠地产生好的后果。对于墨家来说，这便有可能破坏在道德上对或错的行为之间的区分②。

因此，人的能动性具有效力是墨家式后果论的重要前提。在他们看来，一个自然而然的推论是，心理上相信我们的行动具有效力是承诺于道的先决条件。事实上，根据他们的诊断，一些古代政府未能实现富裕、人口众多和社会有治的原因在于宿命论者在其民众中大行其

---

① A. C. Graham 作出了类似的观察：*Disputers of the Tao* (La Salle, Ill.: Open Court, 1989), 50。

② 墨家的立场可能过强了，因为一个连贯的后果论可能只要求某些行动通常或很可能产生更好的后果，而不是总会产生更好的后果。然而，墨家认为宿命论打破了我们的行为和后果之间有规律可循的因果关系，从而使好或坏的后果无法预测。例如，他们认为宿命论将赏罚与善行恶行割裂开来（Mz 35/30‑36）。

道(Mz 35/1 – 3)。对墨家来说，宿命论作为一种形而上的学说，其主要问题并不在于它在事实上错误，而在于其有害的实际后果。在他们看来，宿命论滋生了被动和懒惰。它剥夺了人们的积极性，使人认为努力和美德没有意义，因为不管他们做什么，有益或有害的结果都会产生①。那些相信宿命论的人就会玩忽职守，导致混乱和贫穷：

> 群吏信之，则怠于分职；庶人信之，则怠于从事。吏不治则乱，农事缓则贫，贫且乱政之本。(Mz 39/11 – 12)

墨家的社会和道德改革计划若要取得成功，统治者和普通民众必须都不得接受宿命论。人们必须相信，他们为确保政治稳定和经济繁荣所作的努力会有回报。

> 今也王公大人之所以蚤朝晏退，听狱治政，终朝均分，而不敢怠倦者，何也？曰：彼以为强必治，不强必乱；强必宁，不强必危，故不敢怠倦。……今也农夫之所以蚤出暮入，强乎耕稼树艺，多聚叔粟，而不敢怠倦者，何也？曰：彼以为强必富，不强必贫；强必饱，不强必饥，故不敢怠倦。(Mz 37/30 – 36)

政治秩序和物质财富是墨家关于"义"的标准——"天下之利"——的一部分。如果说宿命论阻碍了人们对这些善品的追求，那么对墨家来说，它就不仅是对事物本质的错误描述，而且是如加以宣扬，在道德上错误的教义。

---

① 墨家并不考虑这一可能性，即有些人命中注定贤良勤劳，从而获得善果，而另一些人命中注定不肖且懒惰，从而遭遇恶果。

不幸的是，根据墨家的说法，宿命论在其所处的时代盛行。比如，他们声称儒者积极宣扬宿命论教义，而宿命论的确集中体现了墨家在儒墨两种运动中的不同之处。墨家对儒者的主要抱怨是，他们所知的儒家学说和做法（孟子和荀子之前，甚至可能在孔子的形象占据儒家主导地位之前），已经妨碍了兴天下之利，不是浪费了物质资源、阻碍了物质生产，就是错过了造福人民的机会。两个学派关于宿命论不同看法值得探讨，因为这些看法体现了墨家思想的取向，并彰显了儒墨的鲜明对比：儒家倾向于对性格的内在关注，而墨家倾向于对后果的外在关注。

根据墨家的记述，儒者的立场是这样的：

> 寿夭贫富，安危治乱，固有天命，不可损益。穷达赏罚幸否有极，人之知力，不能为焉。（Mz 39/10－11）

为什么儒者会持有如此悲观的看法①？有意思的是，答案似乎源于早期中国共有的对天所具有的道德权威的信仰。

这里的"天所定的命"与汉语短语"天命"相对应。"命"通常被解释为"命运"或"命数"。然而，这个词的语义范围很广，有时被恰当地解释

---

① Van Norden 认为墨家对儒家关于"命"的观点的批评是"对孔子思想中命的作用的误解"（Bryan W. Van Norden, *Virtue Ethics and Consequentialism in Early Chinese Philosophy* [Cambridge: Cambridge University Press, 2007], 152)。虽然《墨子》归之于儒者的看法可能并不是孔子的看法，Mz 48/28－29，52－54，以及 39/10－13 归之于公孟子和其他人的宿命论学说很可能准确再现了一些儒者的看法。事实上，48/28－29 中公孟子关于"命"的陈述与 LY 12.5 中所引的子夏的说法明显具有相似性。墨家的主要担忧并不是说儒者本身是好逸恶劳的宿命论者，而是宿命论的教义滋生了对职责的逃避，影响甚广且有害（Mz 39/10－13）。（39/13 以及 39/45－46 两段文本确实由于宿命论的过失而谴责儒者，但这些针对个人的攻击并不属于墨家对宿命论的驳斥。）

为"命令"或"指定"。说某个事件是"命"，就是说它是由超出了我们控制的力量所授权的。"天之命"据说是上天授权的。根据传统，诉诸天命是用来证明周及其后王朝之政治合法性的。据说，一个好的统治者持有天命，因此被授权对他的人民行使主权。解释一个王朝被推翻，是说其失去了天命。昏庸暴虐的统治者会使天不悦，天会撤回其授命，允许挑战者废黜他。周的创立者——文王和武王——被认为有正当理由推翻商王朝最后一个暴君纣王，因为据称天已经把其授命转移给了他们。

《墨子》在几个地方提到并赞同这一学说（例如，Mz 19/38）。墨家的神学因此纳入了在墨家之前关于天作为类似人的、赏善罚暴的神祇的看法。这种观点也大致出现在《论语》所记载的早期儒者的思想中。例如，孔子在回答一个学生质疑他与一个名声不好的女人见面时说："予所否者，天厌之！天厌之！"(LY 6.28)另一段话指出，那些背弃天的人无处祷告(LY 3.13)。还有些章节描述说，天选择孔子来维护周的传统，使世人觉醒从道。天打算用孔子作为金钟木铎来唤醒世界(LY 3.24)，会保护他免受敌人的伤害，因为天生德于他(LY 7.23)，并选择他作为传承周文化的载体(LY 9.5)。

根据这些文本的描述，天是出于道德原因而采取行动，这种观点赋予了宇宙以道德权威。然而，有时候事件的发生出于非道德的原因，比如灾难发生在好人身上。如果天——自然本身——就是一种向善的力量，为什么坏事会发生在不应受罚的受害者身上？儒家的回答似乎是，这样的事件是"命"造成的。例如，当一个贤良的弟子病入膏肓时，据记载，孔子说：生病是由于"命"(LY 6.10)。同样，孔子最有才华的学生颜回的早逝也被归因为不幸的短命(LY 6.3)。这样看来，天是一种善的力量，它至少部分地根据道德应得来决定事情的发生，而"命"指派什么事情发生则超出我们的控制,它们可能是任意发生的①。正如《孟子》中一段著名文本所解释的那样,"命"指的是"求无益于得也,求在外者也"的情况(Me 13.3)。

早期儒家的这些言论意味着像财富、荣誉和寿命这样的实际后果最终是我们无法控制的,因而为它们忧虑是没有意义的。这种思想具有三个作用:首先,它部分地回答了儒者关于恶的难题,即为什么那些献身于儒道的贤良之士可能会遭遇不幸。不幸的发生是因为,除了天的影响,事情也可能由不考虑主体道德价值的"命"所决定。第二,它在逆境中提供慰藉。某些事情是我们无法控制的,由"命"决定,所以我们应该接受它们,而不要为此烦恼或自责。第三,也是最重要的,在儒家伦理的背景下,它将我们作为道德主体的关注从无法控制的实际后果转向我们可以控制的东西:我们的行为和内在的道德价值。根据孟子的说法,注意力从我们之"外"转移到之"内"②。因此,贫困和寂寂无名这些我们无法控制的东西,对于一个好的儒者来说没有任何影响。道在于培养和锻炼美德,同时接受"命"可能带来的任何后果。

这种宿命论对于早期儒者的生活方式几乎没有构成什么实际难题。只要儒者认为做一个好人主要在于培养美德和致力于履行仪式化的行为模式,那么一个人行为的后果在伦理上就并不重要。一个人可以通过真诚地遵守礼以及在被问询的时候提供道德或政策建议,而成

---

① 然而,在早期儒家关于天的看法中存在一种张力,因为天有时也被刻画为以任意或难以理解的方式决定事件。在为颜回之死哀恸时,孔子哀叹:"噫! 天丧予! 天丧予!"(LY 11.9)有一段文本似乎还将"天"等同于"命":在回应司马牛除了他自己,别人都有兄弟的忧虑时,子夏引用了一句谚语:"死生有命,富贵在天。"(LY 12.5)

② 详细讨论,参见 Franklin Perkins, "The Mohist Criticism of the Confucian Use of Fate," *Journal of Chinese Philosophy* 35, no. 3 (2008): 421 - 36, 以及 Edward Slingerland, "The Conception of *Ming* in Early Confucian Thought," *Philosophy East and West* 46, no. 4 (1996): 567 - 81。

为一个贤良的儒者。信奉宿命论可能对大多数儒者的事业和生活几乎没有影响。他们中许多人是官职的可能人选，与此同时也受雇于操持礼仪的工作。官职的任命程序基本上是裙带主义的，不受他们控制，因此他们只能等待和希望得到一个职位。无论一个人是否努力，节令仪式、国家典礼、丧葬之礼和其他礼仪总能提供就业机会。可以理解，儒者的态度可能与我们所看到的墨家将归之于勤勉官员和农民的态度有所不同——对于这些人而言，信仰宿命论可能会给他们带来毁灭性的后果。

然而，在一些早期儒者的著作中，"命"的范围不限于一个人的职业、健康和个人生活的变迁。在一段文本中，孔子通过说"道之将行也与，命也；道之将废也与，命也"（LY 14.36），消除了对子路构成的潜在威胁的担忧。这似乎意味着无论道是否行于天下——社会是治还是乱——都超出了人们的控制。可以想象，这句话与前面提到的"命"在功能上是一致的。既然我们作为个体最终无法控制将要发生的事情，我们应该接受事件的发生，并首先关注我们能够控制的东西，即我们的道德品质和行为。但是，它很容易被理解为，积极地寻求和宣扬道是没有意义的——因为道是否实行是"命"的问题。墨家就会觉得这种观点不仅危险，而且在道德上可恶。

这种强烈的前定论（predestination）可能并不是孔孟这样的儒者的观点。方岚生（Franklin Perkins）认为，这些儒者所持有的可能只是一个相对较弱的立场，即对于发生什么事情而言，我们的努力往往不是决定性因素，因此，我们只能尽力而为，与此同时，通过把失败的后果归因于"命"而自我安慰①。"命"因此成为了超出我们控制之外的那些因果

---

① Perkins, "Mohist Criticism," 429. 我感谢方岚生对墨家命运观的讨论，并与我分享了在这一主题上正在进行的工作。

要素的代名词。正如方岚生所解释的那样,问题是这种观点与"命"在儒家思想中所起的作用相冲突。如果要诉诸"命"来为失败提供慰藉,或证明将我们的关注从物质后果转向个人道德品质是正当的,我们必须将事情视为完全而不是部分超出我们的控制的。否则,我们就无法推卸我们对这些事件的责任。我们只是应该更努力地应对更多相关的因果要素。

后一种态度正是墨家的看法。困境的产生绝不归因为一种神秘的、不可避免的称作"命"的力量。事件可能由多种复杂因素引起,这些因素可能难以理解和控制。然而,从原则上讲,这些因素至少是可能被辨认和管控的。在《墨语》(Mz 48/76 - 79)的一段对话中,患病的墨子被问到他的病是否表明鬼神最终并不会赏善。因为,为何他们会允许像他这样的圣人生病呢?他回答说疾病有很多原因,鬼神的行为只是其中一个。一个人可能使鬼神喜悦,却忽略了其他因素①。

此外,与儒者不同的是,墨家怀疑,如果割裂美德与我们身上发生的事情之间的因果关系,人们是否能够保持其道德承诺。他们关于宿命论如何影响人们对赏罚的反应这一论断就暗示了这种怀疑。《非命》三篇解释说,圣王通过制定法律和法令来给人们道德教诲,通过制定赏罚来鼓励正确的行为,给社会带来秩序。然而,根据宿命论者的说法,"上之所赏,命固且赏,非贤故赏也。上之所罚,命固且罚,不暴故罚也。"(Mz 35/30 - 35)。墨家回应说,如果人们按照这一学说行事,他们将无法遵守基本的社会规范也无法履行与核心社会角色相关的关系性美德——统治者不"义"、臣民不"忠"、父亲不"慈"、儿子不"孝"、兄弟不"悌"。换言之,如果人们认为他们的行为与上级是否施以赏罚不存在

---

① 同样参见此书中的讨论:Mark Csikszentmihalyi, *Material Virtue: Ethics and the Body in Early China* (Leiden: Brill, 2004), 43 - 44。

因果关系，那么他们无法具有德性。这一看法与儒者诉诸"命"，将主体的注意力从对后果的期望转移到培养和锻炼美德形成了鲜明对比。为什么在墨家看来，宿命论对道德实践有如此不同的意义？

一个迅速而简单的回答可能是，他们认为人们只有对赏罚有预期的时候才有动力去做一个有德之人。然而，这种解释最多只反映了一部分情况。一种非同情性的解读认为，对墨家来说，自利是人的主要动机，而美德本身并不是一种奖赏①。如第三章和第七章将要说明的那样，墨家认为人们具有除自利外的一系列动机，他们认为人们通常有动力去做他们认为正确的事情——不管这样做是否直接促进了自己的利益。此外，在批判有关赏罚的宿命论时，墨家并没有提出说只有这些物质后果才能激励人们去做一个有德之人。不如说，他们的观点是，消除行为与赏罚之间的因果关系就剥夺了人们遵守社会规范和履行关系性美德的动力。

这样，墨家的断言是，如果人们的所作所为与他们受罚还是得赏，或是否被无视之间没有规律性的、可预测的关联，那么他们就没有特别的理由以通常被认为有德的方式来履行自己的社会角色②。这一断言是墨家一般性看法的特别呈现，按照一般性看法，我们的所作所为和发生在我们身上的事情之间必须存在某种因果关系，否则我们以这种或那种方式行动的许多理由就都失去了效力，这体现在他们认为宿命论滋生懒惰的看法中。如果不存在这样的关联，我们通常看作行动理由

---

① 我在此文中反驳了这一观点。Chris Fraser, "Mohism and Self-Interest," *Journal of Chinese Philosophy* 35, no. 3 (2008): 437 - 54。

② 墨家在这里可能犯了修辞过度的错。否认这种因果关系会消除追求美德的一些，但不一定是所有的动机。另一方面，很显然，他们所考虑的是普通民众，而不是反思式的、理想主义道德精英。从这个意义上说，他们的主张可以与孟子的这一观点旗鼓相当，即如果没有稳定的经济资源，就不能指望普通民众品行端正(Me 1.7)。

的那些考虑就不再发挥作用，而且的确，基于理由而行动的主体性这一观念就会受到威胁。对墨家来说，赏罚的一个作用是提供激励和抑制来教育和激励人们表现良好。显然，如果人们认为他们的行为和可能得到的任何赏罚之间没有关联，这个作用就会瓦解。正如上一段提及的快速回答所暗示的那样，墨家确实认为公平的公共执法对于激励人们遵守道德或社会规范而言是必要的。但更深层的要点是，如果赏罚与实际行为不存在因果关系，规范本身就会开始瓦解。

赏罚通常表示赞成或反对。墨家的文本把它们与赞扬和谴责联系在一起。墨家认为，如果来自在上位者的赞许和责怪与我们所做的任何事都没有关联，我们就失去了履行关系性美德和遵守基本规范的理由。要做一个正直的统治者、忠诚的臣民、慈爱的父亲、孝顺的儿子、友爱的兄弟，就是要关心自己的臣民、君主、子女、父亲和兄弟，与之互动的方式要能增进其福利，促成和谐、令人满意的社会关系。这种互动预设了关于何种行为值得赞成或反对的一种共识，其所依据的规范支配着这些角色的行为及社会关系。如果主体的行为与其他人的赞同或反对之间缺乏规律性的关联，就会破坏以这些规范作为行动指南，并作为有序社会关系的基础①。它会妨碍主体产生动机以有德的方式对待他人，还会妨碍他们确定何种行为算作"有德"的那种能力。假设这样做只会带来惩罚，为什么要忠诚呢？如果我不知道君主会赞同哪些行为、惩罚哪些行为，我怎么才能忠诚呢？如果我不知道哪些行为会取悦父亲，哪些行为会激怒他，我怎么才能成为一个孝顺的儿子呢？缺失这样

---

① 正如我们将在第三章看到的那样，这也是墨家政治理论的一个核心考虑。赏罚制度是对统一规范的明确表达，借由这些统一规范，我们得以实现社会秩序。如果人们对这个体系失去信心，因为其裁决不公，或者因为他们不同意其所基于的规范，社会秩序就会瓦解。

的相关性，就会使人难以理解规范、相关美德以及这些美德作为令人钦佩的性格特征的地位。因为不清楚的是，某一特定的行为模式是基于什么理由被认为是有德并令人钦佩的或是邪恶和可指摘的。这样的确赏罚便不成其为赏罚，不再是认可和鼓励良好行为或谴责和阻止不良行为的手段，而变成了纯粹偶然的事情——不管我们做什么都可能发生的意外。因此，与儒家——对其而言，"命"的概念是关注美德的原因——不同，墨家认为宿命论威胁了追求美德的动机，甚至威胁到了美德的可理解性，因为它使我们珍视那些所谓有德品质的理由遭到了削弱。

综上所述，在一个对天的信仰盛行以及存在着将逆境归咎于"命"这一明显看法的文化环境中，墨家关于天和宿命论的立场为其对人的效力的信心提供了重要依据，这反过来又加强了其在伦理和政治上的能动性。他们对天的信仰和对宿命论的拒斥共同构成了其伦理和政治的神学基石。在他们看来，拒斥宿命论是其后果论伦理学和伦理政治改革计划成功的先决条件。

后续章节将进一步展开集中探讨。本章作为一个加长版的介绍，概述了墨家思想中三个涉及广泛的根本性主题：对社会秩序的关切、对客观道德标准的追求以及对人类效力的信念。在下一章，我将考察墨家借以支持和应用其他学说的知识论和逻辑学。这一背景将有助于阐明他们拒绝宿命论的理由、其伦理和政治学说的证成及结构及其道德心理学的详情。

第二章

知识论与逻辑学:"辨"

知识可以表现为多种形式。近些年，英美知识论往往关注命题知识或事实性知识，这是一种有时被称作"命题性知识（知道如是）"（knowing that）的知识形式，因为它是我们知道某些命题为真时所拥有的知识。然而，在日常生活中，我们常常运用其他的知识概念。例如，当我们说知道人、地方或事物，通常意味着我们与之熟识或能够对其进行辨识。这类知识可以称为相识、辨识或"辩识之知"（knowing of）。我们也可以说"能力之知"（knowing how），也就是从事某种任务或技能的能力。还有一种不太惯用的说法，我们可能会说"动力之知"（knowing to），比如，知道走进日本人的家时要脱鞋。这种知识相当于遵循某种规范或标准的一种可靠倾向①。

　　自笛卡儿以来，命题知识或事实性知识一直是西方知识论尤为关注的焦点。然而，对于未经现代西方传统训练的人来说，命题知识不

———————————

① 各种形式的知识是相互关联的，而且在某种程度上可以根据彼此的特点加以描述。尽管有各种方式将它们在概念上联系起来，但它们似乎指的是不同的能力。讨论不同类型知识之关系的论文集，可参见 John Bengson and Marc Moffett, *Knowing How: Essays on Knowledge*, *Mind*, *and Action*（Oxford: Oxford University Press, 2011）.

见得特别引人注意，并不一定是最显见的知识类型。一个未受这一传统影响的有智识的人在对知识进行反思的时候，可能会关注另一种形式，而这是合情合理的。如果（而且看起来很可能如此）墨子及其众多早期追随者是工匠或手艺人，那么像知道如何使用工具或者对各种材料加以辨识这样的知识形式，对他们来说可能就是更为重要的。这种不同的关注点甚至可能更为自然，因为他们的语言在句法上与我们的不同，并不在"命题知识"和"能力之知"之间做出明显或一以贯之的区分。

实际上，主要引起墨家及其他早期中国思想家注意的，是我们可以称之为"辨识之知""能力之知"和"动力之知"的那些知识形式。墨家似乎已经通过诉诸一种并未言明的关于"知道如何"的概念，解释了我们所谓的命题知识。其知识论的这一特点对于学习近现代西方传统的人来说特别耐人寻味，因为其方法以一种独特而相对陌生的方式构建了有关知识、辩护和怀疑论的议题。墨家的知识论特别耐人寻味，还因为它是一个引人入胜的观念网络的一部分，这个观念网络由关于语言、心智和行动的看法组成，而这些看法可被看作许多中国古典思想的共同背景。这种认识论对其他学派的思想——尤为明显地体现于儒家著作《荀子》和道家文本集《庄子》——产生了重大影响，它不仅是构建性的资源，也是其他学派加以批评的对象。

本章对早期墨家的知识论和逻辑学提出了一种阐释，解释了其在这些领域所作的预设如何塑造了其伦理学和心理学。为行文简洁起见，本章只讨论了《三论》和《墨语》①。我认为，墨家的知识论和逻辑学

---

① 关于《墨辩》之知识论的详情，参见 Chris Fraser, "Mohist Canons," in *Stanford Encyclopedia of Philosophy*, http：//plato.stanford.edu/archives/sum2009/entries/Mohist-canons/（此文发表于 2005 年）.

是围绕四个核心概念建构的："是"（"这个"或"对"）与"非"（"不是"或
"错"）、"辨"和"法"。我先介绍这些基本概念，然后讨论墨家如何运用
这些概念来处理知识和推理。

"是—非"与"辨"

在墨家哲学以及更一般意义上的前汉思想看来，知觉（perception）、
知识、判断、推理、伦理和行为都以区分"是—非"这一过程为基础。
"是"指的是某物是"这个"，也即加以考虑的那个事物。从技术上讲，
"是"将某事物识别为上下文语境中某个指定的"名"——用于表示该事
物的词或术语——所具有的外延的一部分①。当我们在讨论某物是不
是牛的时候，称之为"是"就是声称它确实是牛——它是用"牛"这个词
来表示的那种东西（墨家常以"牛"和"马"这两个术语为例来说明事物
的不同种类）。"非"与"是"相反。如果这事物不是牛，那它就为"非"。
当中国早期文本在一般意义上谈"是"和"非"而没有具体说明讨论中的
术语的时候，"是"通常指的是什么是对的，而"非"指的是什么是错的。
"是"和"非"也可用作动词，大致意思分别是"赞成""认为正确"或"认为
如是"；"谴责或拒绝""认为错误"或"不认为如是"。称某事为"是"就是
赞同做这件事，并且通常是有动力去做或鼓励这件事。称之为"非"就
是谴责或拒绝这件事，具有不去做或劝阻它的动力。中国早期文本经
常将"是"和"非"并提为"是—非"，可解释为"是和非"或"是相对于非"。

区分是非的行为被称为"辨"，大致可以解释为"区分""分辨"，或者
作为名词的"区分"。"辨"与另一个同样发音为 biàn 但通常写法不同

---

① 我在这里对"词项（term）"的使用与传统逻辑一样，指的是一个普通名词或名词
短语，它可以作为一个断言中的主词或谓词。

的字密切相关。第二个"辩"字可以解释为"争论""辩论"或"辩证"。这两个词从原则上讲是不同的，但古代文献经常互换使用这两个字。早期中国思想家并没有仔细区分这两个概念，很可能是因为他们把辩证看作关于如何作辨别的学问，把辩论看作是试图说服别人以某种特定的方式来作出辨别的过程①。

辨别是非是一个核心概念，它构成了早期中国关于认知和判断模式的基础，并因此在与认知或判断相关的哲学的各领域都发挥着作用。认知被视为针对具有相似性的事物的不同"类"进行是非辨别的过程。认识某物就是指正确地把它辨别为它所属的那类，这是一种态度，表现为我们将相关的"名"或词项运用于这一事物的能力。判断是这样一种态度，它认为某物相对于某一词项是"是"或"非"，也就是说，该事物是或不是属于该词项所表示的种类。因此，"辨"或者说辨别的过程就对应于早期中国作出判断的过程。判断某个动物是牛，就是把它辨别为牛，或者相当于把它辨别为相对于"牛"这个名而言"是"。在遇到某个动物时说出"牛"这个词项或说出代词"是"，在功能上类似于断言"这个动物是一头牛。"然而，从语法上来说，这一断言可能只由"牛"这一个字组成。

墨家基于词项的判断模式与我们今天视为理所当然的基于句子的判断模式截然不同。在句子模式中，与判断相对应的认知态度是信念。信念是命题态度（propositional attitudes），也就是将表达信念内容的句子或命题视为真的态度。与此构成鲜明对比的是，我们可以把早期中国理论家区分某物为"是"或"非"的态度称为"谓词态度（predicate

---

① 对此的详细讨论，可参见 Chris Fraser, "Distinctions, Judgment, and Reasoning in Classical Chinese Thought," *History and Philosophy of Logic 34*, no. 1 (2013): 1-24.

attitudes)",因为这是一种关于某物的词项作断言的态度①。当这个词项所断言的对象的确是主体辨别它所是的那种事物时,这个术语就"当",而与之相关的态度就是正确的。决定该对象是否为该类事物的,是使用词项的规范。在墨家看来,这些规范有两个依据:其一是事物的诸种特征,这些特征使它们以多种不同的方式彼此相似,从而使我们能够将它们进行分类;其二是基于目见耳闻的社会性实践、从明智领袖传承而来的先例以及兴天下之利的道德规范。在早期的墨家思想中,基本上所有的是非之辨都或多或少地基于这一根本的伦理规范。

因此,将事物辨别为"是"或"非"本身类似于技能或能力,是由规范支配的行为。针对像"牛"这样的词项,正确地将某物视为"是"或"非",就是对该词项的使用规范加以遵循,并将牛与非牛辨别开来的实践。在伦理学的语境中正确辨别是非就是可靠地认可和履行道德上恰当的行为,谴责和避免不当行为。

既然"是"和"非"既指什么是"这个"或"不是这个",也指什么是对或错,是非之别既涉及描述性的事实,也涉及规范性价值,它们既适用于某物是否属于某类这样的描述性、经验性问题,也适用于某种行为或实践在道德上是对还是错的规范性问题。实际上,"是"和"非"指的是一种非常基本的、一般性的规范性状态,并不对描述、命令、建议、允许或选择所牵涉的多种不同意义上的正确和错误做出区分。是非之别可能关乎科学、政治、伦理、审慎和礼仪等多个不同领域的议题。由于其规范性用法,它们被视为本身就具有评价性的术语,具有指导行动的力

---

① "谓词态度(predicate attitude)"这种说法来自 Chad Hansen, "Term-Belief in Action," in *Epistemological Issues in Classical Chinese Philosophy*, ed. Hans Lenk and Gregor Paul, 45–68 (Albany: SUNY Press, 1993).

量。在伦理学的语境中，这一特征是显而易见的，因为是非之别对价值作出了表达。然而，即使在并非伦理学的语境中，认为某事"是"或"非"的态度也被看作是可以指导行动。在区分某物是不是"牛"的上下文中，把一个对象视为"牛"的态度通常会促使我们将"牛"这个词项运用于它而"取"。认为它"非"的态度则通常会促使我们就"牛"这个词项而言而"舍"。因此，墨家认为认知本身具有指导行动的力量，至少在指导我们对语言的使用这一点上如此。

是非态度具有复杂的双重性：它既是描述性的又是规范性的，既表达判断，且其本身又是受规范支配的行为产生的结果，这种双重性体现了早期中国语言哲学的共同预设，即语言的一个重要目的在于指导行动，而不仅仅是表达事实或对情况做出报告①。对早期中国的理论家来说，一种特别显著的言语行为（speech act）是发出指导行为的指令、教导或命令。语言是政治治理的重要工具，用来指导和控制臣民的行为。学会使用语言是一个学会辨别不同词语所指称的事物，同时学会以恰如其分的方式对待这些事物的过程。将某人辨识为"君"或"父"会引发一系列与此人进行互动的规范；将某事物辨别为"治"或"乱"会引发对该事物作出反应的规范。我们在第三章将看到，对墨家来说，道德教育的开展主要是让下属效仿社会在上位者如何辨别是非，借由榜样来学习什么应被认可和践行、什么应被谴责和避免。语言中包含了无数具有行动指导力的辨别，其中是非之辨最具一般性和根本性。

---

① Donald Munro, *The Concept of Man in Early China*（Stanford: Stanford University Press, 1969），让人注意到早期中国思想的这一特征，而这一点一直是 Chad Hansen 著作的核心主题。相关的详细讨论，参见 Chris Fraser, "The School of Names," in *Stanford Encyclopedia of Philosophy*, http://plato.stanford.edu/archives/fall2005/entries/school-names/.

"法"

我在第一章已经解释过，墨家把他们寻求的客观道德标准称为"法"。"法"的概念在其伦理学及其关于语言、知识和推理的理论中起着重要作用。"法"具有双重作用，既提供评价性的尺度或者说辩护性标准，又为判断和行动提供实践指导或决策程序。就其辩护性角色而言，"法"的作用是充当标准以判断什么是正确的，我们可以诉诸这些标准来评价和证成判断、行动、实践和制度。就其作为行动指导的角色而言，"法"充当了实践推理和行动的指南或决策标准。就此而言，"法"对于墨家解释我们如何学习语言和道德规范，以及我们做出推理、判断和行动的认知过程是怎样的，具有重要意义。

在第一章引述的段落中，适于作为"法"的不是道德准则或原则，而是有德的主体，如父母或统治者，我们可能会把他们当作"法"。这一观察为理解"法"这一概念，以及在更广义的层面理解墨家关于语言、知识、认知、推理和行动的观点提供了一把钥匙。"法"这一术语表示任何示例、标准或工具，它们用于指导或检查某种由规范支配的活动表现如何。墨家将"法"主要设想为工具、范例或基准；他们最常引用的例子是木匠的"矩"和轮匠的"规"。"法"也可以是测量装置，就比如标尺、量杯或砝码，或者也可以是榜样、具体范例，甚至是图片。这些类型的"法"都是具体实在的物体，而原则、准则、法律或定义也可以是"法"。抽象概念也可以是"法"，比如"天下之利"这一墨家用以确定什么在道德上正确的"法"。简言之，任何能够可靠地指导我们作出辨别和正确行动的标准或范式都可以是"法"。

对实践性的具体的"法"或范例的优先考虑，体现了墨家思想或者可以说整个中国古代哲学的两个基本特征。第一个特征是，认知、判断和推理被视为识别模式的过程，具体来说，就是辨别物体、事件或行为是否相似，从而将它们视为"是"或"非"①。"法"实际上是帮助我们加以参考作出辨别的原型（prototypes）。第二个特征是墨家思想的实践性取向，其关注的是如何正确地去行动，而不是理论性的知识或描述。从结构上来看，中国古代哲学的核心概念是"道"，它指的是规范、模式、技巧或风格②。"道"是需要被实践或履行而不只是由智识把握的东西。实践"道"的目的是能够可靠地遵循规范或正确地开展活动。"法"是我们遵循"道"的辅助，因此任何有助于指导履行"道"的东西都可以充当"法"。一个可供复制的具体范例往往比一个抽象的原则或定义更有用。事实上，墨家是通过类比像"规""矩"这样具体的"法"来理解原则和定义的功能，不是将它们视为基本的真理或对实在的描述，而是用以操作执行以及检查实践性任务的有用基准。

从墨家如何描述对"法"的运用可以说明这些特点。例如，他们通过把天意比作圆规来解释它作为道德之法的作用，在此，圆规就是一个基准，轮匠以它为对照来辨识物体是不是圆形的：

是故子墨子之有天之，辟人无以异乎轮人之有规，匠人之有矩

① Hansen 和 Garrett 已经让人注意到辨别和模式识别在早期中国关于知识和推理的观念中所具有的作用。参见 Chad Hansen, *A Daoist Theory of Chinese Thought* (Oxford: Oxford University Press, 1992)，以及 Mary Garrett, "Classical Chinese Conceptions of Argumentation and Persuasion," Argumentation and Advocacy 29, no. 3 (1993): 105 – 15.

② 正如 Graham 建议的那样，对于早期中国思想家来说，"关键问题……不是西方哲学家的'什么是真？（What is the truth?）'，而是'道在何方？（Where is the Way?）'"(A. C. Graham, *Disputers of the Tao* [La Salle, Ⅲ: Open Court, 1989], 3). Hansen 关于古典论辩的诠释围绕着这一主题展开(*Daoist Theory*)。

也。今夫轮人操其规，将以量度天下之圆与不圆也，曰：中吾规者谓之圆，不中吾规者谓之不圆。是故圆与不圆，皆可得而知也。此其故何？则圆法明也。(Mz 27/63 – 65)

运用天意来辨别道德上的是非，就类似于判断圆不圆，是在视觉上通过与度量圆形物的那个标准进行比照，看是否相似。正如《墨辩》中一段重要文本所解释的那样，"法，所若而然也"(MB A80)。如果某物与这个"法""相若"或者说相似，那么它就算作"然"，或是算作与那个"法"相联系的词项所指示的那类东西。辨别事物是否"相若"是一项实践性的任务，可以通过与某个"法"进行参考对照来得到指导或核查。要想知道什么是圆的，或要核查我们将某个事物视为"圆的"是否正确，我们可以将事物与一个相关的"法"来进行比照。

"法"在墨家关于认知、判断和推理的看法中至关重要，这使其成为理解墨家伦理学、知识论和逻辑学的关键。对行为、知识和推理的解释，都诉诸"辨"，以公共规范为依据。"法"指导我们可靠地遵循这些规范。对于伦理学而言，"法"代替了道德原则，对行为进行指导和辩护。对知识论来说，"法"是公共标准，辩护或反驳知识主张（knowledge claims）。对论证而言，"法"为接受或拒绝某种断言提供了依据。

考虑到"法"具有这一系列功能，将其与我们更为熟悉的道德原则、定义、理由或辩护这些概念进行比较对照是有益的。"法"在某些方面与原则相似，但二者的结构和应用不同。两者都是行动的一般性指南。例如，道德原则可以命题的形式来表达一般性的道德规范。一个原则可被运用为一个论证——就比如实践三段论——的大前提，从中我们可以得出关于某事是对还是错，应不应该做的结论。相比之下，"法"被视为范例（exemplars），我们将事物与其进行比照，看是否相似。一个原则或规则可以被视为"法"的一种，但不是每个"法"都是一个原则或规则，因为有些"法"是像"矩"那样的具体物体①。

就充当如何正确使用词语以及如何分辨词语所指涉事物的指南而言，"法"就像定义一样。我们所谓的定义可以算作"法"的一类。但"法"既不是语义学意义上的，也不是真正的定义，因为它们并不旨在分析概念、把握意义或识别本质。有些"法"的作用可能就像名义上的或者说表面上的定义，它们表明如何使用一个词，却不试图陈述其含义或把握其所指的本质。然而，根据墨家的理解，"法"只是用以辨别词项之外延的范例。

"法"的一个作用是指导行动，广义而言，包括了作辨别，由此也包括了作判断②。但是，把天意的角色比作圆规的这段文本也声称，通过运用"法"，"圜与不圜，皆可得而知也"。正如我们将看到的那样，"法"使我们得以知道是非利害之辨(Mz 35/6)。因此，它们也具有认知性的作用。作为正确作辨别的标准，它们可以指导我们获得知识，并为声称"知道某物"进行辩护。与"法"进行匹配，我们可以确定某物"是"或"非"，从而为"它是"的这一论断进行辩护。与"法"的比照也可以解释我们是如何知道某事物的。比如，墨家声称，通过将人们的"文学""言谈"与天意这个法进行比照，我们就可以知道他们已经偏离了"义"(Mz 26/43)。为了说服听众我们已经正确地将某事物辨别为"是"或"非"，

---

① 《墨子》多次将规则或指南称为"法"，比如 Mz 25/55.
② 在此我可能对 Hui-chieh Loy 的这篇文章稍有异议，"Justification and Debate: Thoughts on Mohist Moral Epistemology," *Journal of Chinese Philosophy* 35, no.3 (2008): 455 – 71. 此文认为，"三法"最好被诠释为辩护的标准，而不是决策制定程序或行动指南。可以确定的是，墨家提出"三法"，是作为辨别言论"是"或"非"的标准。此外，"规""矩"这样的"法"用来检查或评判事物是圆是方。然而，墨家也暗示，"法"用以指导对任务的操作执行(4/2 – 3)。他们将兼爱这样的伦理规范(15/11)以及关于衣食住行、丧葬(21/5 – 19)的指南称作"法"。因此，"法"很可能同时具有评判性的和指导行动的功能。

我们可以引用一个被普遍接受的"法"，并表明这个事物与之相符。

　　然而，就为一个断言进行辩护这一点而言，"法"与理由所起的作用不同。这种差异产生的原因，还是由于这一事实，即"法"主要是示例或范式，充当的是正确判断或行动的标准或范例，而不是与其所支持的某个断言存在逻辑关系的原则或断言。除了"法"被表述为明确的规则或断言的情况外，"法"本身的作用与理由不同，因为理由在论证中充当前提，得出以断言为形式的结论。与此不同，"法"的作用是作为标准或示例，我们可以诉诸它们来支持某个断言。与"法"相符的不是这个断言，而是它所关乎的事物。举例来说，为了证明"这个页面的右上角是直角"这一断言正确，我们可以拿一个正方形比对这个角，看看两者是否对齐。如果是，我们就有理由断言这个角是直角。我们的证明所依据的是一个隐含的类比性推理，其前提是：正方形是直角的，以及这个角与其对齐，从而得出这个角也是直角的结论。但是，这个正方形——这个"法"——并不是这个推理中的前提，而且它并不从逻辑上蕴含或支持结论。如果对我们的推理加以明确表述的话，那么前提将是关于这个"法"的论断而非"法"本身。因此，"法"有时提供类比判断和推论这样的内容，从而间接地起着证明作用。或者，我们可以说，一个"法"的证明力在于它与加以考虑的事物相似或不同，而不在于它与关于该事物的断言之间存在逻辑关系。

　　墨家往往高估了"法"引导人们遵守客观规范的力量。他们认识到"法"本身并不能确保对"法"加以正确操作执行。正如我们在第一章已经看到的那样，他们的观点是"巧者能中之"，而"不巧者虽不能中，……犹逾己"（Mz 4/3 - 4）。然而，其讨论往往强调的是发现恰当的"法"，而没有考虑人们具体如何在实践中如何运用"法"。"法"并不解释自身。我们需要学习如何将事物与"法"进行比照，以判断它们是否符合"法"，而很可能的是，在将"法"运用于特定情形时，存在出错或产生分歧的可能。关于这些要点，儒家的荀子后来修正并完善了关于"法"的理论。荀子认为，运用"法"的技巧通常是从他人那里学到的，就像学徒从师傅那里学会使用"规"或"矩"一样。因此，人们需要老师来指导他们学习如何可靠地使用"法"。在阐述其关于道德教育的看法时，荀子经常提到"师法"。可以说，"师"的角色已经隐含于墨家的"尚同"学说中了，但荀子是第一个明确指出仅仅有"法"还不够的人。他意识到，没有一种"法"能够直接涵盖所有的特定情形。不管是哪种"法"，总会有"法"不能得到完美应用或根本不适用的一些无法预见的情况。正如荀子所看到的那样，在这样的情形下，我们需要依靠我们训练有素的判断来扩展"法"，从而涵盖新的情形。

知识

像其他早期中国思想家一样，墨家从实践的角度来思考知识。对他们来说，知识所关乎的问题不是持有真实的、正确的信仰，不是拥有与世界相对应的心理表征，也不是理解关于某个事物的理论。它主要是一套技巧或能力。知道某个事物就是能够正确做某事——最根本的就是能够做出恰如其分的"辨"。

墨家运用了几个紧密相关的关于"知"的观念，其中可能最常见的是一种认识形式，或者说"辨识之知"，它表现为对一个词项，或者说"名"的指代物加以正确辨别的实践能力，词项或"名"指示知识的对象。主体必须能够可靠地辨识"牛"这个词所指代的那些类别的事物，才能称得上拥有关于牛的知识。知识的对象通常是由词项指代的一个事物或事件，而不是由句子所指代的一个事实或命题。当墨家讨论事实性知识或命题知识时,他们从辨别事物的能力这一角度来对其加以解释。知道 a 是 F,就是知道如何把 a 辨别为 F 这个词项所指代的那类东西。而且,既然知道某事物就是知道如何把它与其他种类的东西区别开来,那么知识的对象有时就是某种区别,就像墨家所说的"知义与不义之别"(Mz 17/13)。我们所认为的对断言进行评判或对某件事的事实或真相加以确定,在墨家看来,就是作辨别的过程,例如辨别是非、利害、有无或同异。例如,针对宿命论者所谓的财富、寿命和其他事情都是由"命"决定的这一说法,墨子认为对于这一有争议的学说"不可不明辨"(Mz 35/5),也就是说,我们必须评估它是"是"还是"非",导致"利"还是"害"。

墨家关于知识的主要看法在下述文本中得到了阐述,它表明,知识不在于陈述正确的命题,而在于有能力"取""名"所指代的事物。知识的对象不是命题,而是具体的对象——"白"和"黑"。

> 子墨子曰:"今瞽曰:'钜者白也,黔者墨也。'虽明目者无以易之。兼白黑,使瞽取焉,不能知也。故我曰瞽不知白黑者,非以其名也,以其取也。"(Mz 47/23 – 24)

根据这段话的刻画,在我们称之为命题知识的意义上,盲人拥有关于白色和黑色的知识。然而,这段话声称盲人不能算作知道白色和黑色,因为他们无法在实践中识别白色和黑色的东西。在此,知识的标准不是陈述事实或正确使用词语的能力,这就像当盲人拥有了视力而"同命白黑之名",而是"分其物"的能力(Mz 19/5)。

对于墨子在此的这种说法的一个自然反应是,他自己含蓄地承认了,知道"名"构成了第二种类型的知识,它不同于知道如何"取"物。墨家应该对二者加以区分,一个是知道如何使用"名"——可以说是命题知识的一种形式，一个是知道如何识别"名"所指称的对象。后期墨家的《墨辩》对知识进行了更精细的分类，意识到了知道如何使用"名"——就像盲人所做的那样——本身就是一种知识形式。然而，知识仍然被视为一种能力，而且关于事实的知识只是间接地被处理为恰当辨识事物的能力。所以对于早期和后期墨家来说，知识从根本上而言是可靠地作辨别的能力。

这种关于知识的看法表明了早期中国思想的实践取向。对墨家来说，知道 x，并不需要知道 x 的性质或本质，不需要知道 x 的定义，也不需要知道关于 x 的理论，只需要有可靠的能力对 x 和非 x 加以分辨。这种实践性的知识观与我们所说的语义学的或实在论的取向形成了鲜明的对比，后者在古希腊传统中，以柏拉图为突出代表①。将墨家与柏拉图进行对比着实有趣，因为二者关心着类似的问题，却又试图以不同的方式来回答它们。与墨家一样，柏拉图早期对话中的苏格拉底也致力于寻找客观标准，以可靠地指导判断和行动。比如，在《欧绪弗伦篇》（*Euthyphro*）中，苏格拉底寻求一个标准，来判断哪些人或行为表现出虔诚的美德。他和墨家使用了相似的比喻。二者都把他们所寻求的东西称为"标准"或"模式"（墨家那里是"法"，柏拉图那里是"*paradeigma*"）。二者都将这些"标准"比作测量工具。苏格拉底寻求的是可以像数字、重量和尺寸那样被运用的标准，它们可以迅速解决在数量、重量和大小这些问题上的分歧（欧绪弗伦 6e，7b‑d）。墨家将"法"比作工匠的规和矩，它们能明确显示某物是圆还是方。

但是，柏拉图的范式和墨家的"法"体现了根本有别的理论取向。苏格拉底寻求的标准是对每一种美德加以定义，这种定义解释的是一

---

① Hansen 凸显了这种对比，并且强调墨家知识论聚焦于语用的特点（*Daoist Theory*，104，139）。

切彰显某种美德的事物具有什么共同之处,从而提供这种美德的逻各斯。他想知道的是,比如,所有虔诚的事物共有什么东西使之成为虔诚的。他对这样的定义提出了几个要求。它不能仅仅陈述大众的或者说多数人的意见,毕竟,我们寻求定义正是因为对美德缺乏共识。此外,它不能仅仅给出美德行为的例子或列出与某种美德相关的属性(欧绪弗伦 11a)。它必须陈述在每一个关于这种美德的例子中所呈现的"理式"(eidos 或 idea)或"本质"(ousia)。苏格拉底假定同一种类的所有事物都共有一种隐含的、本质的形式或属性,它使这类事物中的每一个个体都具有这种性质(欧绪弗伦 6e)。如果没有对这种共有形式的解释,一个人可能或多或少能对一种美德的诸多实例进行可靠的辨识,但可能并不拥有关于它的知识(episteme)。

与苏格拉底的"理式"不同,墨家的"法"并不是要把握事物的形式或本质。它们只是清晰、易于应用的示例或工具,有助于辨别不同种类的事物。墨家以及其他前汉思想家在解释同"类"事物之间的关系时,并不假定每一种类都具有共同本质或性质。事物仅仅由于彼此相似,就可以算作同"类"。对墨家来说,事物具有比如形状或外观方面的独特特征就是一个基本的事实,凭借这些特征我们可以有效地将它们区分为不同种类。对于每种类型而言,并不存在一个单一的、唯一的"法";多种不同的"法"对于辨别它们可能都是有用的。(《墨辩》中提到了关于圆形事物的三种"法":思想或意图、圆规和具体的示例。)与苏格拉底不同,墨家将例子或列举的特征也视为"法"——只要能够可靠地指导我们恰如其分地"辨",任何东西都可以是有用的"法"。

从历史上看,将知识解释为得到辩护的真信念(the justified true belief,简称"JTB")这一做法也可以追溯到柏拉图(《泰阿泰德篇》),在过去一个世纪的大部分时间里,这种做法主导了知识论。从 JTB 观点来看，知识包含了三个组成部分，或者说具有三个条件：要知道猫在垫子上，主体必须*相信*猫在垫子上，这个信念必须是*真的*，对于这个信念，主体必须有充分的理由，持有这个信念才是得到了辩护的（justified）①。与 JTB 解释不同，在墨家的知识观中，没有什么要素与辩护条件（justification condition）相对应。相反，墨家把知识仅仅看作是正确作辨别的能力。在墨家这里，辩护没起作用的一个原因是，很可能他们关于正确作辨别的看法，虽未言明但内含了可靠性。在 JTB 解释中，辩护的作用主要是使那些只是偶然为真的信念（如碰巧猜对）不能算作知识。墨家并未直接言明，其对这个问题的处理是，只将基于可靠能力而作的正确辨别算作知识。知识不仅仅关乎在某一个或两个情况下正确作出辨别，而是始终如一地在各种情况下正确地作出辨别的能力或倾向：

> 今有人于此，少见黑曰黑，多见黑曰白，则以此人不知白黑之辩矣；少尝苦曰苦，多尝苦曰甘，则必以此人为不知甘苦之辩矣。（Mz 17/11 - 12）

在此，墨家关于知识的进路再次反映了，总体而言，他们聚焦于实践性的操作执行。从根本上说，知识对其而言并不在于具有某些特征的智识状态——比如，得到辩护或者符合现实，而是一种始终如一地操作执行某些技能的能力。因此，认知错误——我们所认为的错误信念——并不能被解释为智识状态未能准确地对应或再现世界②。相

---

① 今天很少有哲学家这种简单性的 JTB 看法，因为 Edmund L. Gettier 提出了著名反例，参见 "Is Justified True Belief Knowledge?" *Analysis* 23（1963）：121 - 23. 然而，加以调整修正的版本仍颇有影响。
② 详细讨论，参见 Chris Fraser, "Knowledge and Error in Early Chinese Thought," *Dao: A Journal of Comparative Philosophy* 10, no.2 (2011): 127 - 48.

反,在早期中国思想中,认知错误通常被理解为在作辨别方面的"乱"或"惑",它实际上是没能正确操作执行一项技能。例如,墨家批评那些没有对无端军事侵略加以谴责的人,因为他们在"义"与"不义"之辨上"乱"(Mz 17/14)。

为了指导我们恰如其分地辨别事物,进而评价或证明断言,墨家再次诉诸了"法"。他们发展出了一种通过参照"法"来明辨是非的方法论(见下一节)。因此,关于我们何以知道某物,他们的回答通常是引用"法"作为标准,然后考察某个言论或实践是否与这个"法"相一致,或者一对截然不同的言论或实践中,哪一个才是与这个"法"相一致的。他们用以解释我们如何知道某事物的其他常见方法是,举出例子来支持一个主张,或者在因果性上追溯某个学说或情形的后果,看它们是否符合"法"。然而,这些"法"或范例不是知识的组成要素,参考或引用"法"也并不是知识的条件。与 JTB 解释不同的是,主体不需要能够引用"法"或其他理由以被算作知道如何辨别是非。

以今天的术语来看,墨家的立场可被看作一种认知外在论(epistemic externalism)。"外在论"指的是这样的看法,根据这种看法,哪怕找不到理由来为其信念进行辩护,拥有真实信念的主体可被算作拥有知识的。例如,如果真实的信念产生于可靠的过程,那么即便主体无法为其提供理由,它也可以构成知识①。外在论与认知内在论(epistemic internalism)形成了鲜明对比,根据认知内在论,主体只有在能够为自

① 广为运用的一个例子是鸡的性别鉴定。据说,对鸡进行性别鉴定的人可以可靠地对新孵化的小鸡进行分类,将小母鸡与看起来没什么区别的小公鸡区分开来,尽管他们可能无法给出辨别公母的理由,或者可能给出实际上是错误的理由。假设一个对鸡进行性别鉴定的专家持有一个真信念,即某只鸡是母的,却无法给出一个真理由来证明这个信念。外在论者会认为这位专家知道这只小鸡是母的,而内在论者则否认这一点。

己的真信念提供辩护的情况下才拥有知识。他们必须有内在于其信念体系的充足理由来为其信念辩护，即便他们在形成这些信念时并没有真的考虑或应用这些理由。只要墨家不把辩护作为知识的条件或组成部分，他们的知识观就很可能是外在论的。事实上，其进路表明，与最近西方哲学所做的普遍预设不同，知识和辩护之间的关联可能并没有那么紧密。知识可以主要指与世界互动的能力，而辩护是形成或检验信念的程序，尤其是在不确定条件下。辩护不是知识的组成要素，而可以是获得知识的多种过程中的一种，以及检验一个人是否拥有知识的一个程序。辩护的这两种功能可能主要涉及主体间的活动，如说服、解释、教育和对知识主张的公共评价。我们在下一节将看到，通过明确对辩护加以解释说明，墨家大致论证了这两种功能。

"三法"

到目前为止，我们是通过解读墨家的一种并未言明的知识观来对其知识论进行重构，这种知识观在《三论》和《墨语》的诸多章节中起着关键作用。与《墨辩》不同的是，这些著作并没有明确处理知识这一概念，因此我们的重构工作不可避免或多或少具有推测的性质。另一方面，当我们转向对言论进行评价和辩护这一主题时，我们看到，《墨子》提出的关于"法"的理论虽然有些压缩化，却是明确的。既然在墨家看来，作判断就是辨别是非，那么评判一个言论是否正确就在于确定所做之辨是否恰当。为指导我们正确作出辨别，我们可以将"法"确立为标准。将某物与"法"进行比照，是作出评判的基础，而且可以用来为命题进行辩护。我们可以通过检查一个命题是否符合相关的"法"，来判定它的是与非。

通过阐述一种我称之为"三法"的学说，墨家提出了三种主要标准，以评判他们所说的"言"，也就是命题、说法或声明。这一学说的三种版本稍有不同，分别在《非命》三篇中提出。在第一篇而且很可能也是最早的那篇中，这些标准被称为"三表"。在其他两篇中，它们被称为"法"，这一变化可能反映出墨家后来将术语使用标准化了。《非命》上篇首先声称，过去的一些社会未能实现"富""众"和"治"，其原因是民间有大量宿命论者。这篇是这样引用宿命论者的言论的：

> 命富则富，命贫则贫，命众则众，命寡则寡，命治则治，命乱则乱，命寿则寿，命夭则夭，命，……虽强劲何益哉？（Mz 35/3 - 4）

墨子回应说，"执有命者不仁。故当执有命者之言，不可不明辩。"

要想把握墨子此处评论的意思，就需要了解"言"或"说"在墨家思想中的作用。为墨家伦理学奠基的是这样一种坚定的信念，即恰当的道德和政治之道可以明确地表述和公布为言论、谚语、声明、学说或教义。这些"言"被视为指导行动的声明或指示。《墨子》经常将"言"与"行"作为相对而言的一对概念。人们应当言行一致，而那些赞同某种相反的"言"的人则应有相反的"行"（Mz 16/24 - 29）。在墨家的政治理论中（见第三章），人们被期望遵循统治者的"言"，道德教育包括效仿统治者的"言"和"行"（Mz 11/13 - 22）。因此，墨家在此针对如何评价指导行为的言论或教导——实际上就是对"道"的明确表达——提出了标准。

墨家接着指出：

> 然则明辨此之说将奈何哉？子墨子言曰："必立仪，言而毋仪，譬犹运钧之上而立朝夕者也，是非利害之辨，不可得而明知也。故言必有三表。"（Mz 35/6 - 10）

"表"，在此对应的英译为"标记"（markers），指的是"日晷"，它们是木制标杆，三个一组，用来确定地平线上日出日落的方向，从而确定东南西北①。这一类比的意思是，有了这三个标志杆或路标，沿着东西轴线排列，我们就能从诸多不同方向中分辨东、西。如果人们发表言论，而无适当标准，那就会像是试图在陶工的转轮上，而不是用三根加以精心固定的标杆标记方向一样。由于这些标记随轮子旋转，人们就无法分辨东、西。

这一文本明确说明了此处的核心议题，也就是标准之目的，在于"是非利害之辨"，此处用的是"辨"（"区分"或"辨别"）这个词，本章第一节对其进行了介绍②。对一个命题进行评判被视为"辨"的过程。从形式上讲，其结果并不旨在确定一个断言或学说是否"真"，而是要分辨其"是"或"非"、"利"或"害"，从而说明什么才是对于社会政策和个人行为而言恰当的"道"。这些形式上的细节意义重大，原因有两个。首先，正如我已经解释过的那样，是非之辨可以既是描述性又是规范性的，又或者是两者的混合。因此，这三个标准既适用于经验描述，也适用于规范性规定，未加区分。墨家并不将它们视为特别用于评估经验性的信息说明、道德教导或社会政治政策的标准。相反，他们把这三个领域全都划归为是非之辨。第二，正如我在下文要讨论的那样，这些标准反映了墨家明确关切的不是"真"而是"道"，也即正确的行为和政策，可以是个人或集体意义上的，包括口头声明。事实上，该文本一再将宿命论称为

---

① 首先安插的是中间的那根木杆，然后沿着中心杆与地平线上日出点之间的直线，依一定的距离向东安插第二根杆。随后，沿着前两根杆与地平线上日落点之间的直线，依相同的距离向西安插第三根杆。连接几根杆的直线指示东和西，而连接中心杆到与等距点（即与其他两根杆之间具有相同距离的点）之间的直线指示北和南。

② 根据这一理论的其他两个版本，这一议题被具体表述为，认识什么是"情"、什么是"伪"（Mz 36/2），以及如何"定""辨"，如"朝""夕"之辨（37/2）。

"暴人之道"(Mz 35/36)，因为它据称造成了伤害。这一要点的意义在于，在某些语境下，关乎"真"的议题可能与那些关乎恰当的"道"的议题有所不同。

"三表"或"三法"是说"言"必须具有"本""原"和"用"：

> 何谓三表？子墨子言曰："有本之者，有原之者，有用之者。于何本之？上本之于古者圣王之事。于何原之？下原察百姓耳目之实。于何用之？废以为刑政，观其中国家百姓人民之利。此所谓言有三表也。"(Mz 35/6 - 10)

"本"是历史先例，古代圣王的事迹可供参考，作为道德典范，圣王可靠地明辨是非。为了给其学说一个这样的"本"，墨家通常会引用尧舜禹汤文武这六位圣王的传奇成就和作为，并声称其学说正是以此作为良好的示范基础①。"原"是经验性的根据，在于人们的所见所闻。证明某个言论吻合共同的感知观察，就可满足这一要求。"用"，是指如果某种言论被采纳，成为政府政策和刑事处罚的依据，那么它必须有利于国家和人民。前两个标准清楚表达的是中国古代思想家广泛认同的看法。他们通常预设，古代圣王是智慧和美德的典范，其所作所为可被认为是久经考验、屡试不爽的。感知通常也被视为可靠的知识来源。第三个标准，即对社会有利，很可能被视为得到了天意的辩护。（我在本章后面会回到这些辩护上来）因此，如果某种言论或教义符合圣王的先例、吻合人们的所见所闻，并增进国家和人民的福利，那么它就是正

---

① 历数六位圣王，墨家往往强调的是后四位。墨家与儒者对周文王、周武王都崇敬有加，但与儒者相比有过之而无不及的是，他们还特别凸显禹和汤，这两位是更古老的夏商两代的圣王。

确的。

除了两处例外，这一学说三个版本存在的差异在哲学的层面上很可能是微不足道的。有些差异可能是由于文本残损或誊写错误，而不是在教义上有什么分歧或新发展①。两处例外出现在第二个版本中，从语法上的证据来看，这一版本可能是三者中最晚的。在这个版本中，第一法不仅包括了圣王的事迹，还包括了"天鬼之志"（Mz 36/3）。可以说，这只是对墨家思想体系进行了更完整的表述，而不是在学说上有改变，因为无论早期还是后期墨家似乎都同意圣王的事迹与天意一致。更显著的不同是第二法的"原"从"百姓耳目"观察到的"实"变为了"征以先王之书"，后一短语指的是记录三代圣王之法条、刑律和公告的文书，根据墨家的说法，这些文书从不赞同宿命论（Mz 35/17），甚至明确加以反对（Mz 36/24ff.）。不幸的是，文本错置和残损使我们很难评估这种差异具有什么意义。现存提出新版本的第二法的那一篇实际上引用了人们的所闻所见，而提出第一种版本的那一篇只引用了文书证据。这一变动可能反映出，随着加入墨家运动的成员在文化程度上越来越高，文书证据被赋予了越来越大的权威性。引用所谓的文书证据来支持墨家的立场，似乎在某种意义上是在整个《三论》中篇和下篇呈现出的总体趋势。它可能也代表着从所有人都能获得的经验证据向传统主义或威权主义的转变②，但是《墨子》同一序列中有关政治主题的一篇——第 13 卷——实际上似乎比《三论》中的其他篇具有更少的威

---

① 语法和术语上的证据表明，每一篇中都有多段存在脱位或重组错位的现象，因此现存的三篇中每一篇都包含了原本属于其他篇的材料。第二篇和第三篇开头的段落还可能佚失了。

② 这是 Graham 的建议（*Disputers of the Tao*, 36）。我对此进行了批评，参见 Chris Fraser, "Mohism," in *Stanford Encyclopedia of Philosophy*, http://plato.stanford.edu/archives/fall2009/entries/Mohism（此文发表于 2002 年）一文中关于文本和作者的补充说明部分。

权主义意味。新版本也可能是主要用于与感知证据并不相干的那些情况，就比如对兼爱学说的论证。与第一法的新版本结合在一起考虑的话，这种变动甚至可能并没有如实体现墨家通常是怎么做的，因为事实上，墨家著作经常引用的不是三个法而是五个法，即天意、圣王事迹、古代文献、感知证据和实际利益。（一个典型的例子是"明鬼"的论证，它运用了后四个法。）

墨家在为其十大核心学说辩护时，一以贯之地应用了三法。当所议的学说涉及存在问题时，比如在论证"鬼"存在或"命"不存在时，他们采用了所有三法。例如，在反对宿命论时，他们论道，首先，历史范例表明，安全和秩序取决于政治治理政策，而不是"命"：在同样的社会条件下，暴君制造的无非是动乱和危险，古代圣王则实现了和平与安全（Mz 35/11 - 12,37/7 - 10）。第二，从来没有人真正见过或听说过"命"（Mz 36/7）。第三，宿命论具有有害的社会后果：如果人们听信宿命论者，官员就会疏于治国，平民就会在工作上松懈，从而导致混乱和贫困（Mz 35/42 - 43）①。在论证存在赏善罚恶的鬼神时，他们指出，圣王"务鬼神厚"（Mz 31/45ff.）；有无数的故事讲述了见闻鬼神的故事（Mz 31/14ff.）；还有，有关鬼神奖善罚恶的教义具有有利的社会后果，因为害怕惩罚会阻止人们做坏事（Mz 31/76 - 77）。

在关于某事物存在的感知证据并不相关的情况下，加以运用的就只有第一法和第三法。例如，在谴责奢侈的音乐表演时，墨家论道，为购置昂贵的乐器而征税有悖于圣王的所作所为，因为圣王只会为了购置能够造福所有人的有用物品——比如舟车——而向人民征税（Mz 32/8ff.）。盛大的音乐会和宴会令人愉快，但总的来说，它们并没有使

---

① 墨家并未考虑宿命论者可能会反驳说，暴君的失败和圣人的成功是命中注定的，"命"不是实物，有些人命中注定是勤奋的，而另一些人不是。

民众受益，因为它们干扰了人们的工作，浪费了资源，而这些资源原本可用于满足人们对衣食等善品的需求（Mz 32/12 ff.）。对兼爱教义的辩护是举出它对所有人有什么益处（Mz 15/11 - 15，16/13 - 15），以及举出圣王的事迹（Mz 15/32ff.）或文书依据（Mz 16/49ff.）。

人们可能会质疑说，这些"法"具有模糊性，还有，对"法"的诠释及应用存在潜在分歧。墨家尊崇几位不同的圣王，其中每位都有许多事迹，而其中有些事迹可能相互矛盾。这样，哪一个应该作为"法"？关于哪些行为是相关的，以及它们与当代的问题到底有多大关系，可能会产生分歧。同样，即便我们接受墨家认为"利"就是"富""众"和"治"的看法，还是留有很大的争论空间，例如，一种刑罚方案与另一种相比，是否更有益于社会。此外，墨家似乎忽视了诸种"法"之间产生冲突的可能性，比如，圣王的某些做法可能不会对当今的社会有益。（墨家的辩护是，第一条"法"只规定我们在圣人的事迹中找到某种"本"，而不是去盲从地模仿他们。）

"三法"本身是怎么被证明为合理的呢？提出这一学说的那些文本没有明确作出说明。墨家很可能将第一个"法"视为毋庸置疑的，因为在其所处的文化语境中存在一个共同预设，那就是，古代圣王是可靠的道德和政治典范。这种观点并不像看上去那么幼稚，因为它实际上诉诸的是经验和先例，是过去那些明智而公正的领袖发现的在道德和实践上令人满意的规范和做法。尽管如此，后来的战国文献，如《淮南子》和《庄子》自然而然地提出了质疑：在古代社会条件下制定的政策是否仍然适用于今天，还有，我们是不是真能知道这些政策是什么样的。至于第二个"法"，即人们的所见和所闻，墨家似乎认为，起码由于这一标准与存在问题相关，所以无需对其进行辩护。感知被认为是可靠的知识来源，早期墨家文本对此几乎没有讨论。我们可能提出的主要批评是,墨家自己在多大程度上公正而严格地运用了这一"法"。讲述一系列关于鬼的传说,真的就算证明了百姓对鬼有闻见之知吗?

从《天志》三篇来看,墨家很可能会诉诸天意来证明第三个"法",即对社会有利。而其辩护为什么可以诉诸天志,是通过声称天是宇宙中最明智、最高贵的主体,或者是通过"不偏不倚"、仁爱和一致性这样的独立道德标准,这在第一章已经得到了说明。归根结底,第三个"法"建立在墨家伦理理论的基础上;拒斥这一理论的反对者很可能也会拒绝这一"法"。显然,批评者可能会争辩说将第三个"法"加以普遍运用,以明辨是非可能是有问题的,因为对于在规范性层面上或描述性层面上什么是正确的,良好的后果可能并不总是能提供可靠的指导。此外,批评者可能会争辩说,墨家认定为具体后果的"富""众"和"治"并不适于作为明辨是非的依据,在比如"命"或"鬼"是否存在的经验性问题上尤是。事实上,我们不禁会想,如果后果恰好与其所赞成的观点背道而驰,墨家自身会在多大程度上严格地遵循第三个"法"呢? 举例来说,如果宿命论碰巧产生了好的结果,比如说,通过安慰穷人和被压迫的人,使他们不至于完全自暴自弃,或者说,假如对鬼神的信仰碰巧产生了坏的后果,导致人们在崇拜或仪式上耗费过多时间,那么墨家会反转其立场吗①?

然而,墨家的辩护是,经验性的信念所产生的后果有时与我们对它们的评价有关。坏的后果会使人更有理由拒绝一个事实上错误的学说,因为这使其从道德或审慎的理由方面来看更令人反感了。不妨设想,一个庸医所开展的治疗不仅在事实上是错误且无效的,而且妨碍了患者寻求有效的治疗。宣扬这样的学说,肯定比提出一个恰好是错误

① 《兼爱》篇有段话的确这样的描述,墨子说,如果兼爱不能被实际运用(大概还要有好的后果),那么他也会对其加以反对。

的但并无实际后果的看法更为糟糕。按照这种思路来看"三法"学说，就在一定程度上消除了将后果论的评价标准应用于经验性问题的奇怪之处。墨家很可能认为，运用"三法"中的任一个进行评判，通常都会产生相同的结果。例如，在他们看来，宿命论无法通过三者中任一个的检验：它不是圣王的做法，"命"是经验观察不到的，宿命论也没有产生良好的后果。他们可能认为议题的经验性方面主要是或者说完全足以由第一个和第二个"法"——圣王的经验以及感知证据——来处理了，而第三个"法"则为接受或拒斥某个学说提供了作为补充性的道德或审慎考虑。

然而，这种诠释可能遭遇的障碍是，墨家并没有明确说明如何处理三个"法"之间的潜在冲突，而他们语焉不详的内容表明的是第三法优先。在第 31 卷《明鬼》中有一段话引人注目，根据这段话，墨子认为即使鬼不存在——这就与第二法不符，因为不能被目见耳闻——我们仍应表现得像它们存在一样，因为祭祀祖先的鬼魂会带来好的后果：他们提供了一个社交聚会的机会，并促进了邻里之间的良好关系。（这些好处补充了这一篇已经论证过的那些好处，主要就是由于害怕来自鬼的报复而产生的犯罪威慑。）

> 今洁为酒醴粢盛，以敬慎祭祀，若使鬼神请有，是得其父母姒兄而饮食之也，岂非厚利哉？若使鬼神请亡，是乃费其所为酒醴粢盛之财耳。自夫费之，非特注之污壑而弃之也，内者宗族，外者乡里，皆得如具饮食之。虽使鬼神请亡，此犹可以合欢聚众，取亲于乡里。（Mz 31/99 - 102）

在此，第三个"法"明显具有优先性，因为它表明在某些情况下，墨家可能主张不仅用后果论的标准解决规范性问题,也解决我们认为是经验性的、描述性的问题,比如鬼是否存在这样的问题。或者,这一文本可以被诠释为规避了经验性的问题,并主张即便鬼不存在,当它存在也不是一个坏的错误,因为它具有好的后果①。不管怎样,对墨家立场最好的根本性解释可能是,他们从根本上关切的不是鬼是否存在这样的经验性断言是真是假,而是什么"道"是恰当的,可用来指导社会和个人生活②。这种对"道"的关注使他们在鬼是否存在这样抽象的、描述性的问题上从略,而把注意力集中在实践性、规范性的问题上,即我们是否应该就像它们存在那样去采取行动并传播关于它们存在的教义③。因此,他们对"三法"的运用体现了其思想的实践性取向,特别体现了语言和判断的主要功能是恰当地指导行动这一在早期中国思想家中普遍存在的背景式预设④。"三法"还可以从另一个意义上反映出实践性的倾向:它们之所以能够被选择出来,正是由于其修辞力量,它使听众很可能会承认它们是具有决定性的标准⑤。也就是说,可能在墨家看来,与其说他们自己是在为用以明辨是非的基本理论依据提供解释,不如说是在确定在他们看来令人信服、广为接受的标准。

———————

① 我感谢 Dan Robins 在此所提的建议。
② Hansen 一直强调墨家思想的这一特点(*Daoist Theory*)。
③ Loy 得出了类似结论("Justification and Debate," 460)。
④ 这种实践性取向使得 Hansen 提出,墨家关于如何明辨是非的讨论应当被解读为实用性或规范性的议题,关乎遵循什么道,而不是关乎断言是否为真的语义学议题;早期中国思想家甚至可能并没有"真"的概念。我在前文已经论证指出,"是""当",以及"然"这样的词起到概念性的作用,它们与"真"的作用多有重合,因此说早期文本运用了类似"真"的概念来评估言论的语义状态,可以说是合情合理的。不过,Hansen 在这一点上当然是对的:墨家的主要理论关切在于"道",因为他们认为,无论鬼是否真的存在,恰当的"道"是,为人处世要像它们存在一般。详细讨论,参见 Chris Fraser, "Truth in Mohist Dialectics," *Journal of Chinese Philosophy* 39, no.3 (2012): 351 - 68.
⑤ 在此,我感谢 Loy Hui-chieh 的这一观察。

有意思的是，人们可能会基于墨家自己的立场争辩说，他们应该明确区分描述性问题和规范性问题，因为这样做的话很可能更有利。尽管可以给出反例，但从长远来看，与追求那些只是从工具性意义上而言有用的信念相比，追求真的信念使我们获利更多，这里信念也可以说是"辨"的相应模式。如果用墨家的术语来表达的话，我们可以说，如果我们主要以第二个"法"，即感知观察，而不是以圣王的传统或由当下的利益来指导如何来"辨"，那么我们最终会更好地满足第三个"法"，即实践性的利益。如果鬼神实际上并不存在，并因此不是我们通常所说的感知经验中的一部分，那么指望人们畏惧鬼神发怒而不犯罪，从长远来看，可能并不如发展可靠的道德教育和法律体系那么有效。此外，所谓的社会利益实际上可能不会为怀疑者提供足够的动机，使其心悦诚服，表现得就好像鬼存在一样，或者说使其在没有感知到某些实体存在的情况下，去遵循在某种程度上建立在这些实体存在这一承诺之上的道德准则。实际上，我们可以批评说，在其关于鬼神的学说中，墨家对其"法"的运用不能算作周密准确的。

逻辑和论证

除在墨家知识论中起作用外，"三法"的学说还集中体现了墨家在逻辑和论证上的进路。墨家不研究形式逻辑，也没有明确发展逻辑后果这一概念。相反，由于他们认为判断就是辨别某物属于这一种还是另一种事物的问题，他们往往基于非形式性的、类比性的推理模式来看待一切推理。墨家文本中某些特定的推理可能是演绎式、归纳式、类比式或因果式的。但是墨家自己很可能把这些都看作是更一般性的认知过程所具有的具体情形，在这种认知过程中我们将事物与"法"进行比照,以便辨别种类上相似和不同的事物①。也就是说,他们往往把各种形式的推理看作是模式识别或类比推理的诸种类型②。

在墨家看来,通过给出理由来支持一个言论的过程,以及从一个或多个言论得出结果的过程,二者都属于"辨"的范畴。虽然"辨"可能涉及列举理由,但并不被理解为列出前提并从中得出结论这么一回事。不如说,它是一个辨别的过程,将某事物辨别为与另一个或另一种事物"同",并相应地用一个词项对其进行表述。重点在于判断某物是否属于某一词项的外延,而不是把握某一形式的言论之间存在怎样的逻辑关系。因此,尽管这种"辨"在大多数情况下涉及推理,在大部分情况下是类比式的,在某些情况下是演绎式的或归纳式的,但总的来说,它主要涉及语义学,而不是逻辑学。"辨"所基于的辨别或认知通常是通过对"法"的运用而得到学习、指导和辩护的。如果某物类似于某个"法",那么我们就以类似的方式对其进行辨别和处理。

墨家关于推理的核心看法可被理解为由三个部分组成。首先,我们举出一个或多个"法"来明辨是非,或者来指导某些词项的使用,比如"仁"或"义"。然后,我们说明某个物体、事件或做法是怎么与"法"一致或不一致的。因此,待查之物被辨别为是或非、仁义或不仁、不义。在一个三段论推理中我们视为大前提的东西,对墨家来说,类似于引用一个"法"。我们称之为小前提的东西,他们会视其为认定某事物与"法"相吻合的一个断言。我们视为得出结论的过程,他们会视为辨别某物与"法"是否属于同一类的过程。《墨辩》清楚地表明,这种推理过程被理解为类比式推理的一种形式,其中一段话称之为"推类",也就是说,

---

① 详细讨论,参见 Fraser, "Distinctions".
② 当然,把握一个有效论证中前提和结论之间的逻辑关系也是模式识别的一种形式。

将我们关于什么算作"同类"的判断"推"及新情况。实际上，"推类"相当于把事物在一个或多个方面相"类"的判断作为基础，在其他更多方面将它们视为相"类"。

"三法"的学说通过范例或类比为这种一般类型的论证提供了一个例子。然而，墨家并不只是采用"三法"作为范例。他们经常引用其他范例，比如，仁人或孝子的行为。墨家的论证通常是这样进行的：建立一个这样的"法"或范例，然后声称墨家学说与之相符，因此"是"或者说是对的。例如，对兼爱学说的主要论证首先举出"仁人"为"法"，他们"求兴天下之利，除天下之害"（Mz 16/1）。文本接着论证说，兼爱学说促进了天下之利，并因此符合"仁人"之"法"。因此，兼爱是"仁"且"义"的。第二个例子是反对厚葬的主体论证。这一论证也是首先举出"仁者"作为道德典范，但这里的开场白是通过类比，将孝子对待父母的态度作为"仁者"对天下之态度的"法"："仁者之为天下度也，辟之无以异乎孝子之为亲度也。"（Mz 25/1）。就像孝子设法为父母提供"富""众"和"治"一样，仁者也设法为整个社会谋求这些善品（Mz 25/7）。文本论证说，厚葬久丧与谋求这些善品背道而驰，所以就是错误的（Mz 25/14）①。

兼爱的论证和节葬的论证也说明了另一种墨家常用的修辞策略：看一看一种学说或政策从因果关系来看具有怎样的后果，通常就是表明墨家学说产生的后果符合某种"法"，而与之相反的学说则不符合。有一段文本将这种论证技巧描述为同时推进考察两种可能性方案（"两进之"）（Mz 16/23）。在每一个论证中，墨家都确定两种截然不同的规范——"兼"相对于"别"，"厚葬"相对于"节葬"——并就因果关系探讨

① 参见第五章中对这段话的翻译。

了它们具有怎样的后果。如果一个规范产生的后果与"兴天下之利，除天下之害"这一伦理之"法"相符那就"是"，与之相反的规范则为"非"。

墨家的许多其他重要论证也是基于类比推理。例如，墨家最早期的著作《非攻上》开头的论证。这一文本描述了一系列罪行，其严重程度不断递增，从小偷小摸到谋杀，文本声称每一种后提到的罪行都比前一种更"不义"或"不仁"，因为对受害者造成的伤害更大。所有这些罪行都犯了类似的错误，因为都是为了私利而伤害他人，而且每对具体案例彼此相似，都是其中一个涉及更严重的伤害，因此是更严重的罪行。该文本批评"天下之君子"未能看到与前面列举的例子相比，对另一个国家的军事侵略其实是一回事，只是在程度上更严重：

> 今有一人，入人园圃，窃其桃李，众闻则非之，上为政者得则罚之。此何也？以亏人自利也。
>
> 至攘人犬豕鸡豚者，其不义又甚入人园圃窃桃李。是何故也？以亏人愈多，其不仁兹甚，罪益厚。
>
> 至入人栏厩，取人马牛者，其不仁义又甚攘人犬豕鸡豚。此何故也？以其亏人愈多。苟亏人愈多，其不仁兹甚，罪益厚。
>
> 至杀不辜人也，扡其衣裘，取戈剑者，其不义又甚入人栏厩取人马牛。此何故也？以其亏人愈多。苟亏人愈多，其不仁兹甚矣，罪益厚。
>
> 当此，天下之君子皆知而非之，谓之不义。今至大为不义攻国，则弗知非，从而誉之，谓之义。此可谓知义与不义之别乎？
>
> （Mz 17/1 - 7）

这里并未言明的是如何从类比推理得出结论。这一论证并没有明确指出战争比谋杀更"不义"，而是说"天下之君子"在"辨义与不义"方面"乱"（Mz 17/14）。对于程度较轻的具体案例，比如盗窃和谋杀，他们知道如何辨别义与不义，但对于最严重的案例，即导致无数人死亡的攻战却不知如何明辨义与不义。对我们来说，这段话可能可以被解释为通过举例说明或归纳来支持一个一般性的原则，就比如这里的"亏人愈多，其不仁兹甚，罪益厚"。而在墨家看来，他们是在寻找具有相似性的"法"，以此为依据来明辨像这里所说的"义与不义"。这一论证构建的类比具有两个维度：其列举的所有例子具有相似性，都是由于伤害了他人而不义，而每个前后相连的例子也具有相似性，都是后一个比前一个"更"不义，因为对他人的伤害"更多"。天下之君子没有认识到，伤害程度的不同并不能消除这些行为同为不义的这种相似性；相反，从中可以得出的是，更大规模的犯罪更为不义。墨家在其他地方将这种前后不一称作"知小而不知大"，也就是说虽然理解相对而言较小、较不重要的情形，却不理解更大、更重要的情形究其根本是一样的①。

《兼爱上》开篇提供了关于明确的类比论证的例子，它同属早期文本：

> 圣人以治天下为事者也，必知乱之所自起，焉能治之，不知乱之所自起，则不能治。譬之如医之攻人之疾者然，必知疾之所自起，焉能攻之；不知疾之所自起，则弗能攻。治乱者何独不然，必知乱之所自起，焉能治之；不知乱之所自起，则弗能治。（Mz 14/1 - 3）

正如医生必须知道他所治疗的疾病起于什么原因一样，贤明的统

---

① Mz 26/1；同时参见 9/32 - 34,17/11 - 12,49/25.

治者也必须知道他试图纠正的混乱产生的原因。这段话也典型具有早期墨家著作所具有的那种高度重复性的风格，排比式的分句反复出现。

墨家关于推理的看法在许多情况下都是有效的，特别是在伦理、政治和法律论证中，在这些论证中借助类比或诉诸先例都是常见的推理形式。然而，其进路面临着所有类比推理都具有的局限性。借助类比的论证并不具有可靠的说服力，因为在许多方面相似的两个东西可能在其他方面具有重要的差异，还因为在我们应该用什么标准来确定什么算作相关的相似性这一点上，总是存在争议。这两个议题是《墨辩》中的核心问题，对于其他设法探讨论证的早期中国文本——比如《荀子》《吕氏春秋》以及《庄子》——而言也是如此。

对于伦理学和主体性的意义

本章前文诠释说，在墨家看来，认知、语言和推理以明辨不同类的事物为基础。这种区别通常以代词"是"和"非"来表示。为了指导我们明辨事物，可以将事物与"法"进行比照，"法"是不同类事物的范式。将某物辨别为"是"或"非"，是否属于某一种类，在功能上就等同于作判断。由此产生的态度类似于持有一种信念。知识是恰如其分做出"辨"的能力。为了知道某物是不是 x，或者为了检验说某物是 x 这种说法，我们可以将它与 x 的"法"进行比照。论证最常见表现为引用一个"法"，声称某事物与之相似或不相似，从而相应地将这个事物辨别为"是"或"非"。

一个哲学家关于判断和论证的"法"很可能反映了，也往往会塑造其关于思想、知识、推理和论证的看法。进而言之，它可能也反映和塑造了其关于行动和主体性的看法。因此，墨家的知识论和逻辑不仅本身有意思：它们对其思想的其他领域——比如其关于道德推理的观念、其伦理理论的结构以及其关于主体性的看法——都有着深远影响①。

西方哲学家通常认为推理有一种类似论证的结构。我们可以称之为关于思想的论证模式，根据这种模式，我们的推理是考虑句子形式的前提，并从中得出结论。与这一推理观念相关联的是一种关于知识之结构的看法，根据这种看法，它是一个公理或演绎系统，其中，核心的公理、原则或法则是基点，是关于各种情况或现象的理论或者说对其加以解释的基础。与此类似，伦理理论通常被认为是由几条一般性原则组成，这些原则通过演绎推理应用于具体情形。道德推理的一种范式——当然不是唯一的范式——是引用一个一般性的道德原则以及关于某个具体情况的前提，然后得出关于应当做什么或某些行为是对是错的结论。

如我们所见，墨家认为推理主要是"辨"。他们将道德推理或考量主要视为考虑"法"以及辨别相似性和差异性之模式的过程，而不是从一般原则中得出结论的过程。对他们来说，道德推理通常是类比式的：一个行为或做法与一个"法"进行比照，从而被区分为"是"或"非"②。这是一个扩展我们做出"辨"的"能力之知"，从而涵盖新情况的过程。它不是对每个人所拥有的先天推理能力的应用——就像在康德的伦理学中那样——而通常是在一个社会语境之中一开始就必须会的一项实践技能。

---

① 这一部分几个要点的首次提出是在 Hansen 具有开创性的论述中（*Daoist Theory*, 140 - 143），其中包括"辨"在墨家关于伦理学和主体性的观念中具有核心地位，以及技能和墨家关于行动的观念之间具有类比关系。
② 道德考量的另一种形式，在《墨辩》中有论及，是"利之中取大，害之中取小"。

中国古代数学家没有公理体系的概念。他们将数学视为解决实践性问题的算术研究,对于实践性问题进行了分类处理。墨家也没有公理体系的概念,其将知识作为正确做出"辩"的观念表明他们也可能认为知识具有分类学意义上的结构,而不是演绎性的结构。因此,他们并不认为其伦理理论具有演绎系统的结构——具有像公理一样的一般性原则,从中可以得出次级原则和具体结论。相反,他们认为其伦理理论包含了在普遍性上程度有别的不同的"法",这些"法"为主体明辨是非并相应采取行动提供了可效仿的范例。这些"法"的运用不是凭借作出推断这种意义上的推理能力而是我们的模式识别能力,后者是为了掌握能够注意到相似之处和不同之处并对其作出反应的方法。

我们熟悉的西方主体性观念将主体性与推理和慎思(deliberation)紧密联系在一起,并根据思想的论证模式加以理解。在思考行动时,许多有影响的西方哲学家都把注意力集中在我们在特定情况下决定做什么的过程上①。实践推理的主导模式,即理性主体由以作出此类决定的过程,是"信念—欲望"模式。这个模式通过一个类似论证的结构来表现和解释行为,在这个结构中,前提表现主体的动机状态与信念,诸前提结合在一起,必然地得出关于该做什么的结论。主体性被视为基于这种推理而自主选择其行动的能力。道德尊严与对理性主体性的行使有关。

由于墨家和其他早期中国思想家并不共有这一关于实践推理的论证模式,他们不太可能共有这种关于主体性的观念。不如说,他们看待行动,就像看待知识和论证一样,取法的是对技能的操作执行。技能主要取决于训练有素的、可靠的能力,根据适当的模式辨别和对事物作出

---

① 我将这一表述归功于 Dan Robins.

反应。技能培训的重点不是决定在特定情况下该做什么，而是培养一种能力，在各种情况下都持续稳定地产生出类似而适当的行动模式。如果将技能概念化，认为其具有体现在"信念—欲望"模式中的那种论证结构，就会困难重重。比如，这种结构似乎很难有效解释钢琴家在演奏一首新曲子时是在做什么。但是，如果将技能视为具有"辨别—反应"结构就很自然了。墨家的"辨"对知识和推理的处理就暗示了这种类型的结构。

　　我认为墨家——以及大多数早期中国思想家——将我所称作"辨别—反应"的行动模式视为理所应当的①。行动被看作对事物或情况做出的熟练反应。行动的起因是主体将一件事物或一种情况辨别为某一类，从而引起相关的、规范性层面上适当的反应。这种模式不是将主体性与我们的推理能力联系起来，而是将主体性主要基于我们获取以及行使技能和美德的能力②。自主性在于掌控如何对事物作出辨别和反应——这种掌控力由训练得来，在于对具体特定情形的敏感性，有时候还在于推理。推理在这种关于行动的观念中只起辅助作用。它是在我们的其他技能不足以胜任的复杂情况下，用来指导行动的一种技能。在"信念—欲望"模式中体现出的欲望和其他情感状态也只起到很小的作用，它们只是情境特征，我们可能以多种不同的方式对其作出反应，

---

① 详细讨论，参见 Chris Fraser, "Action and Agency in Early Chinese Thought," *Journal of Chinese Philosophy and Culture* 5 (2009)：217 - 39.
② 我将技能视为可靠的能力，对事物做出辨别和反应，以便成功地完成某些任务。至于美德，我认为是在辨别和回应事物上具有的稳定倾向，在一定程度上是由于拥有特有的在认知、评价和情感上的态度。与技能不同，美德与如何完成特定任务无关，而且美德涉及对某些理由做出持之以恒的反应。在某种意义上，对技能的行使并不具有强制性，而对美德的行使则与此不同。我们可以不去骑自行车，也不至于丧失骑自行车的技能，但若不保持善良的行为和态度，我们则无法避免丧失善良的美德。

比如,采取行动来满足或忽略它们。指导行动的主导因素是技能和美德,以及我们用以培养技能和美德而在实践上进行的习惯化与训练。关于本章提出的这些解读具有什么意义,接下来会在关于墨家政治理论、伦理学和道德心理学的那些章节中展开探讨。

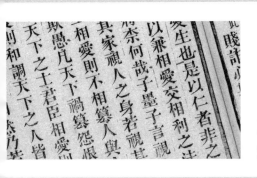

第三章 、

政治理论：由共同规范而来的秩序

正如我们在第一章所看到的那样，墨家运动的一个基本动机是出于对社会之"治"的关切。墨家将国家运行良好视为"治"的必要条件，既是实现"治"的手段，也是其构成"治"的特征之一。因此，对政治的关注是墨家思想的核心。此外，由于墨家的伦理学通常从作为整体的社会而非个体的角度来处理规范性和动机性问题，他们将伦理和政治视为密不可分交织在一起的。基于这些原因，墨家非常重视政治哲学，就国家的起源和证成、政府的组织和目标、谁应当统治、如何统治以及国家权力和个体自由之间的平衡等问题阐述了一系列看法。在特定意义上，他们甚至采取了对财富进行公平分配的立场。他们对人类的组织行为以及国家或任何组织的恰当或不当管理如何影响人们与之合作的动机，提出了深刻的见解。

　　本章探讨了墨家的政治理论，它体现于《尚同》和《尚贤》这两个阐述其两大政治学学说的文本中。我逐一考察了墨家的政治思想如何与政治哲学中更一般意义的议题相关，包括国家的证成与目的、谁应当统治、财富分配以及国家权力范围这些议题。本章最后对墨家式的政治制度作了批判性评论。

政治权威的起源

墨家的文本可能在历史上最早阐述了政治社会起源于自然状态这一假说。他们关于自然状态下不可忍受的情形以及向政治社会转变的假想，与人们更为熟知的霍布斯、洛克或卢梭的现代理论不同，他们之间的差异是很有意思的。与霍布斯不同的是，他们并没有将社会混乱描述为源自个人在对有限资源的争夺逐利时捍卫自身。与洛克或卢梭不同的是，他们并不将这种混乱与源自对私有财产的索求而来的冲突联系起来。与三者不同的是，他们并不诉诸社会契约来解释政府的起源。他们也并不将政治义务建立在人们的自愿同意之上——尽管我们将看到，人们的选择和支持对他们来说是很重要的。

在墨家的假想中，自然状态中的极度混乱源自价值观的分歧。人们倾向于做他们所认为正确的事。问题在于，对于什么是对的，每个人意见各异。正如墨家所说的那样，政治权威起源之前，在假想的自然状态，每个人都有自己的义，即他们自己关于什么是正义的看法（Mz 11/1, 12/1）。墨家通常使用"义"这个词来指称道德或什么是道德上正义的。然而在这一语境下，它泛指任何在人们看来恰当的任何行为规范或标准，即便在此感到某事恰当与道德正当性并不完全是一回事。为方便起见，我在本章中一般不翻译"义"，将它理解为关于正义或合宜行为的规范或观念。根据墨家的假设，混乱的根源在于人们具有不同的"义"，即不同的规范，但人们同时假定"义"内在具有社会性，人人共有，因而任何不同于他们自己"义"的看法都是错误的。根据这些文本的描述，忠于自己的"义"，坚决谴责别人的"义"，使得连家庭成员都无法和谐共处。人们对他人的"义"的相互批评导致了怨恨、好

斗和资源浪费，最终将社会推向暴乱。墨家关于这一假想有三种版本，
其中第一个版本这样描述陷入混乱的过程：

> 古者民始生，未有刑政之时，盖其语"人异义"。是以一人则一
> 义，二人则二义，十人则十义，其人兹众，其所谓义者亦兹众。是以
> 人是其义，以非人之义，故交相非也。是以内者父子兄弟作怨恶，
> 离散不能相和合。天下之百姓，皆以水火毒药相亏害，至有余力不
> 能以相劳，腐朽余财不以相分，隐匿良道不以相教，天下之乱，若禽
> 兽然。(Mz 11/1 - 5)①

这里所说的混乱体现于家庭破裂、戕害他人，以及拒绝分享劳力、
资源或知识。矫正这些恶的必要性为政治权威提供了根本的证成。政
治权威的主要目的在于通过统一"义"而达到社会大治，因此如果成功
达到了目的，那它就是得到了辩护的。

在墨家想象的自然状态中，人们是自主的主体，他们强烈甚至固执
地忠于自己的"义"。这一章节描述他们的态度说，他们"是其义，以非
人之义"——也就是说，他们每个人将自己的"义"视为"是"（对的），并
在此基础上认为别人的"义"为"非"（错的），并因此陷入相互谴责的循
环，继而最终导致社会动荡。这一描述具有两层重要含义：其一，人们
显然认为，既然他们自己的"义"为"是"，那么任何其他的"义"就为
"非"，并因此错误。对自己的"义"的承诺似乎必定意味着这样一种态
度，即别人没有同样赞同和履行这种义便是错误的。尽管每个人都有

① 墨家认为人类与动物的区别在于人类有社会秩序，建基于对共同道德规范的遵
守。如果没有有序的社会，那么人类的生活就和动物没什么两样。这一观点与
孟子和荀子的观点一致，两者都认为"义"使人与动物区分开来。

自己的"义"，但他们似乎认为"义"在本质上由公共行为规范组成，每个人——而不只是他们自己——都应当遵守这种"义"①。因此，他们有一个共同的信念，即"义"应当在全社会得到统一。其二，人们将自己的"义"视为"是"而别人的"义"为"非"的态度，显然伴随着根据自己的信念采取行动的强烈动机，这在假想的情形中导致他们彼此冲突。我认为，对这一点最好的解释是，墨家认为这种将某事视为"是"或"非"的态度具有内在驱动力。在第二章中，我们看到了"是"和"非"是一对基本的认知和指导行为的态度，其作用类似于判断或行动理由。对自然状态的描述说明了"是非"态度的作用，并强调了其指导行动的特征。在其他条件相同的情况下，将某事视为"是"就相当于被其驱动去做、赞同、尊重或促进它，而将某事视为"非"相当于被驱动避免、谴责、阻止或消除它②。此外，既然人们一般将自己的"义"视为"是"，这一动机机制也适用于"义"：人们通常有动机去做、认可或尊重他们所认定为"义"的事情。关于"是—非"态度具有内在驱动力这一假设，有助于解释为何墨家的政治纲领强调让每个人效仿领袖如何辨别是与非。以某种方式辨别是非不仅是以某一种而非另一种方式来看待事情，而且是依此倾向相应作出行动。事实上，人们如何辨别"是—非"对于如何遵循某种"义"而言至关重要③。

在自然状态下人们依据哪些不同的"义"行动呢？一个可能的诠释是，每个人的"义"就是他自己的私利。如果这一看法是说自然状态下

---

① Hui-chieh Loy, "On a *Gedankenexperiment* in the Mozi Core Chapters," *Oriens Extremus* 45 (2005)：141 - 58, 也说明了这一点。

② 正如 Hansen 所说的那样，"是与非不仅仅是作为指称，还是具有行为后果的指称——就像赞同与反对态度一样"（Chad Hansen, *A Daoist Theory of Chinese Thought* [Oxford：Oxford University Press, 1992], 120）。

③ 参见 Loy, "*Gedankenexperiment*," 148.

的人仅仅由自利驱动的话，那这种诠释就难以成立。这一文本将人们刻画为由"是—非"态度而非自利驱动的，而且很难看出，如果没有规范性层面的不赞同态度，自利如何能驱使人们仅仅由于遵循了不同的"义"就与他人产生冲突。但我们可能更好地将这一诠释理解为说每个人的"义"的内容就是自利。史华慈(Schwartz)就说："人们'关于什么是对(义)的看法'就是他们应当为自己的个人利益服务。"①这可能是解释为何墨家文本将人们刻画为拥有各自的"义"的一种方式。每个人的"义"有可能等同于"总是为使 P 受益而行动"，其中 P 指那个人。

　　有一些"义"的确可能是自利性的。《墨语》中的一则故事提供了一个例子。墨子的对手巫马子评论说，根据他的"义"，他会杀死别人来使自己获利，但不会杀死自己来使他人获利(Mz 46/52-60)。但是，自然状态中的所有人都遵循自利性的"义"这个论点是不大可信的，有几个原因。其一，如果墨家确实将所有不同的"义"都视为自利性的，那么很难解释为何他们不直接这么说。在别的地方，他们明确将社会混乱归因为人们以牺牲他人为代价来追求自利(Mz 14/5-8)。如果自然状态的假说是用来阐明类似的观点，为什么他们不同样使用直接的说法呢？另一个问题是，并不存在足够的自利性的"义"的不同版本，以解释墨家所设想的诸多规范所具有的极端多样性特征。史华慈关于人们的"义"只是个体为其个人利益服务的说法，实际上只是一种"义"，而不是多种"义"。关于自利性的"义"的其他说法当然也是有的，就像巫马子的那种。但如果"义"并不限于指促进自利的不同规范，"一人一义"所表示的多样性才是更可能的。自利这一诠释的辩护者可能会说，不同的自利性的"义"中

---

① Benjamin Schwartz, *The World of Thought in Ancient China* (Cambridge, Mass.: Harvard University Press, 1985), 142. 类似观点，参见劳思光：《新编中国哲学史》，三卷本。(台北：三民书局,1984), 1: 298.

的每一种都可以是一套不同的规范，因为其中每一种都可能针对不同个人的利益。然而，墨家不太可能这么处理自利性的规范，因为他们在明确提及自利行为的情况下，将其视为单一的规范，比如"亏人自利"①。还有一点是，墨家根本没有将人们主要视为自利的。在第六章和第七章我们将看到，他们预设人们一般都是关心其家庭、城郭和邦国的。即便是巫马子以自我为中心的指导原则也并不纯粹是自利性的。他关于自己的"义"的完整陈述表明，事实上，他确实关心他人——视他人与其关系的亲密程度而定，只不过他不像关心自己那样关心他人罢了。

最后，《墨子》的其他地方举出了并非自利性的义的例子。墨家在《节葬》中指出，人们有时候错误地"义其俗"，也就是，错误地将偶然的习俗与真正的"义"混为一谈（Mz 25/75）。他们举出的关于这类习俗的例子包括：肢解和吃长子、遗弃寡居的祖母、任凭死者的肉身在葬礼之前腐坏、火葬死者以及铺张浪费的葬礼。显然，从原则上来说，这些习俗可能被视为构成不同的义或者说不同的义的一些方面（在墨家看来，这些是错误的义）。然而，其中没有任何一个从内容上讲是自利性的。《墨语》中有一篇刻画了有个人以志在农耕和陶艺为义（Mz 49/40）。所以，看起来墨家设想的是具有极大多样性的不同义，包括了许多不同的规范，其中只有一些而不是所有以自利为内容。对"人异义"这一说法最可信的诠释就是人们遵循各种各样的规范和指导原则。"一人一义"这一修辞的要点很可能是强调这些规范根本不统一，而不是从字面上声称每个人都有一个独一无二的关于"义"的看法。

在墨家假设的情景中，人们显然认定"义"本质上是每个人（而不仅仅是某个人自己）都应当遵循的统一行为准则。因为他们认为"义"的多样性

---

① Mz 14/5ff., 17/1ff., 31/4.

是不堪忍受的，还特别基于自己的"义"为"是"、别人的"义"为"非"而相互批评对方的"义"。这些特点可能表明，自然状态下人们持有的关于"义"的看法已经恰恰是关于道德的看法了。因为许多人相信对于道德而言存在一套单一、正确的规范，而任何替代性的、冲突性的规范都是错误的。

墨家自身关于"义"的观念很可能与我们关于道德或道德正当性的观念十分相似。正如我们在第一章看到的那样，他们将自身关于"义"的观念与偶然的社会习俗区分开来，并将其与天高尚、智慧、不偏不倚和仁慈的立场联系起来。墨家观点的这些特征与我们熟悉的道德观念有足够的重叠之处，因而我们有理由将其视为大致是一回事。但自然状态下人们所遵循的不同的"义"不一定都具有这些特征，其中一些可能不足以被视为我们所认为的关于道德或正当性的观念。再来考虑一下巫马子表述的那种态度：他愿意牺牲他人的生命来使自己获利，但不愿意牺牲自己的生命来使他人获利。在这一故事中，墨子和巫马子都将此态度称之为"义"，但没有迹象表明巫马子在此提出了一种我们可以称之为道德的看法，他也并未表达说他所相信的就是道德上正当的这层意思。他只是在陈述他个人的行为准则。墨子指出，如果这一"义"被公共化，就将产生适得其反的后果，因为那些赞同这种"义"的人可能会杀死巫马子来自利，而那些拒斥它的人则可能会因其散播邪恶言论而杀死他。这一批评表明，对于墨家而言，一种可辩护的"义"的观念必须满足公共性条件（publicity condition）以及我所称之为可常态化或者说可普遍化（universalizability）条件，这另外两个特征再次表明，他们关于"义"的观念与我们关于道德的观念十分相似①。但与此同时，

----

① 可加以常规实践这一条件只是隐含的。但是墨子之反驳的要点在某种意义上是说，巫马子的处世之道如果被他人遵循的话，会产生自败的后果，所以如果被所有人遵循的话，当然就会是自败的。我将在第五章回到这一点上。

这一故事还表明，一种不满足这些条件的态度也可以算作"义"，一个人可以赞同一种"义"而不考虑它是否满足这些条件。

这样，严格来说，自然状态下人们认可的所有的"义"似乎并不都是关于道德或正义的观念，许多可能只是对应于人们在更宽泛意义上认为对或合适的规范。一些可能是关于社会合宜性的观念，另一些可能只是习俗，还有一些可能是某些人视作明智的规范。这种解释再次有助于说明墨家所设想的"义"观念所具有的极端多样性。如果所有的"义"都是关于道德的观点，那么很难理解为何"十人十义""百人百义"，甚至"千人千义"（就像关于这一假说的第三个版本所说的那样）。但是，如果它们包括了各种习俗、风尚和个人态度，很容易就有很多种。

尽管并不是所有的"义"都是关于道德的观念，按照墨家的刻画，人们还是各自认为他们自己的"义"在某种意义上是正确的生活方式，而他人没有遵循这种"义"就是错的。人们认为，"义"应当是统一的，而且共同体应当寻求规范上的一致。他们认识到，没有统一的"义"就会导致混乱，而这是每个人都无法忍受的。因此，国家的起源在于人们的共同信念，即，规范性上的统一是必要的，而这只有通过政治权威的运作方能实现。可以推测的是，既然人们各自认为别人的"义"是错的，所以他们认为关于"义"的许多甚至大部分的不同观念都是错误的。因此，尽管文本没有明确这么说，但似乎需要一位领袖来统一"义"，而且还要引导人们遵循正确的"义"。

为什么需要政治权威？我们可以设想，不同"义"的支持者可以相互协商，并在要达成统一的"义"这一点上达成共识。然而，墨家显然认为，如果规范性层面处于无政府状态，同级别的人之间的对话并不能产生规范性上的统一，甚至不能产生哪怕某一部分关于核心价值的交叠共识。我认为，这不是因为他们无法想象各种"义"在内容上可能会产生交叠。

更有可能的是，这是因为他们想象了一种情形，在其中不存在人们得以达成共识的共同标准——各方拥有不同的"义"这一事实意味着人们根本无法达成一致。"义"是支配人们的评判性态度和行为的一种（或一套）规范。如果两个人遵循不同的"义"，那么即使他们的态度在有些地方一致，他们也可能缺少共同基础来优先对待这些一致之处，并作为互相交流的基础。围绕一种交叠共识来组织公共生活或尊重他人以及寻求妥协这些观念本身，就假设而言，就是自然状态中的人未能达成一致的"义"。因此，这个假设情形的本质排除了人们找到任何中间立场来发展一种共有的作为妥协的"义"的可能性。事实上，大部分人可能同意，比如，暴乱是不好的价值。但对这一点的一致认可还不足以成为发展一种共同的"义"的基础。整个社会陷入了难以自行解决的难题：每个人都同意需要一个统一的"义"，但是没有实现一个统一的"义"的方法。

这是政治权威被发明出来旨在解决的问题。对于墨家而言，政治权威是从规范性层面的无政府状态向统一的规范秩序转变的必要条件。关键问题不仅仅在于国家的强制力量，尽管毫无疑问强制力是起作用的。这是权威的本性使然。在自然状态下，人们没有任何权威性的标准来达成一个统一的"义"。每个人的"义"与他人的"义"平分秋色，没有特殊优先性或统一的基础来建立共识。将政治权威指派给领袖就解决了这个问题。现在有一种"义"，即领袖的"义"，它具有权威性地位并且可以作为建立统一之"义"的基础。不仅如此，墨家显然认为人们对权威有着固有的尊敬，这使得他们倾向于认同和追随领袖（Mz 16/72 - 81）。因此，承认领袖作为领袖的地位就将有助于促使人们采纳他所颁布的统一的"义"。这意味着，尽管人们缺少尊重同级别人的判断或与之达成共识的倾向，但他们确实倾向于尊敬和追随社会权威。

正式建构政治权威是必要的，因为如果没有它的话，人们便无法达成规范上的一致。

既然墨家认为天提供了关于"义"的可靠的"法"，为什么他们没有设想自然状态中的人们直接诉诸作为典范的天来解决统一性问题呢？很可能是因为以天为"法"的提议仍然只是众"义"中的一"义"，这样就无法被视为一种统一的"义"的基础。对于墨家而言，从无政府状态到政治社会的转变，既是政治权威的起源，也是某物具有权威地位这一观念的起源。天作为权威典范的地位正是这一转变的结果。天的道德权威之依据在某种意义上是政治性的，正如我们在第四章将看到的那样。

这样，在墨家的假想中，人们意识到他们所面临的暴乱——对于每个人的标准而言都是负面价值——是由于没有政治权威来统一社会的"义"。因此，道德和智识上合格的领袖被选来建立政府并统一"义"。

> 明乎民之无正长以一同天下之义，而天下乱也。是故选择天
> 下贤良圣知辩慧之人，立以为天子，使从事乎一同天下之义。（Mz
> 12/5－6）

单单一个人不足以处理统一天下之义的重任。天子委任三公来辅助他，三公协助天子将天下划分为众多州县，并委任国君诸侯来治理。国君诸侯再在一国之内委任官长直至区、村、氏族的首领，直至一个全面的、等级式的政治制度得以建立起来。委任职务的标准是候选人"贤可"，或"贤良、圣知、辩慧"。

《尚同上》和《尚同中》并没有具体说明统治者是如何被选择的，也没有说明人们是如何设法就一个合格的候选人达成一致。在古汉语中，一个独立的谓语可以充当一个完整的句子。在上文的原文中，我用被

动语态翻译的那个句子缺少语法上的主语，因此不清楚究竟是谁认为缺少政长是混乱的原因，也不清楚是谁选择了贤能的候选人作为最高统治者。而《尚同》三篇中的下篇却添加了一个主语，说是"天下"，也就是说，全人类社会——渴望"一同天下之义"，并因此选出了一位贤能的领袖。这种明显意味着社会选择主权者的提法让一些评论者感到非常惊讶，所以他们修改了文本，说是"天"而不是"天下"希望"一同天下之义"①。然而，墨家的立场不太可能是说在自然状态下，最初的领袖由上天直接选定。首先，文本并没有这样说。《墨子》呈现了这一假说的三个版本，其中没有任何一个版本赋予天选择最初的主权者的角色。正如我们将看到的那样，这三个版本都说的是，社会必须符合天关于"义"的标准，前两个表明天会惩罚那些不这样做的人。文本明确说明了天的这个角色，所以如果天也选择了统治者的话，我们会期待在此也是同样明确的。第二，《尚同》的上篇和中篇指出，之所以选择主权者是因为人们认识到，混乱是由于缺乏政长。由于墨家的天是一个明智而无所不知的神祇，它可能不需要等到混乱接踵而至，才发现政长是必要的。相比之下更可能的是，人们反思了混乱的起因，并得出结论认为需要领袖来统一

① 这种修改的主要提倡者似乎是 Yi-pao Mei, *The Ethical and Political Works of Motse* (London: Probsthain, 1929)。孙诒让在其 1894 年的评论中建议说，这一文本应当作"天"而不是"天下"，但并未对文本进行修改。(孙诒让：《墨子间诂》，两卷本。北京：中华书局，2001，第 1 卷。)华兹生(Watson)同意这一选择可能是"天"做的，但对此修改表示怀疑。(Burton Watson, *Mo Tzu: Basic Writings* [New York: Columbia University Press, 1963], 35)在更近的一些著者中，万百安(Van Norden)接受了这一修改，显然是因为他将天选择政长这一观点视为不将社会契约论归于墨家的唯一选择。(Bryan W. Van Norden, *Virtue Ethics and Consequentialism in Early Chinese Philosophy* [Cambridge: Cambridge University Press, 2007], 164-65)从语文学的依据来看，这一拟议的修改是不合理的，因为文本就其原有情形而言是可以理解的，并不存在不同的读法，而且极有可能的是，赞成"天下"这一措辞依据的是选取相较更复杂的读法这一原则(principle of preferring the more difficult reading)。大多数中文版本甚至没有提到这个问题。比如，参见吴毓江：《墨子校注》(北京：中华书局，1993)。

社会之"义"。第三,在《墨子》中确实有一些地方提到天或鬼神奖赏贤能的统治者,将其立为"天子"①。但这些通常都没有提到国家的起源或主权者的最初选择问题②。他们描述了天如何根据已经执掌权力的圣王施行德治而对其做出奖励,帮助他们成为全天下的统治者,或者反过来如何惩罚暴君,使他们不得好死、家破人亡。因此,天的作用似乎不是选择最初的主权者,而是帮助那些已经被证明为贤能的政长兴起,或者惩罚那些被证明为残暴的领袖。

极有可能的是,关于选拔过程,文本是含糊不清的,因为除了设想要有足够多的人同意某人"贤良、圣知、辩慧"或"贤可"(Mz 11/5),从而授予其权威地位这一点之外,作者没有设想选择政长的具体程序。选择过程不必涉及民主投票或其他任何正式程序。这些文本也没有对人民与主权者或国家之间的契约或盟约作任何说明或暗示。可能只是少数人心照不宣地达成一致,把某个人当作政长,而其他人就养成了这种习惯,或者是一个人自告奋勇而其他人顺从了他。这个过程可能类似于一群孩子如何定期选择听从一个年龄较长、更有才华或更为自信的孩子来决定谁当皮球队的队长,或者类似于承担一个项目的人如何倾向于跟随他们当中最有经验、最成功或最自信的人的带领③。一旦一个领导者在一部分人中确立起来,其他人可能也会承认他的权威——

---

① Mz 9/53ff., 19/7ff., 28/27ff.
② 唯一的例外是 Mz 12/50-51,它说的是"上帝鬼神"建国家、立政长。然而,这一段的主题并不是政治权威的起源,而是上帝和鬼神设立领袖是为了让其造福人民,而不是让其享受特权。13/16-17 的一个平行段落中就并没有提到上帝或鬼神。
③ 我在这里借鉴了让·汉普顿(Jean Hampton)的"约定同意"(convention consent)概念(*Political Philosophy* [Boulder, Colo.: Westview Press, 1998]),通过这一概念,协调问题可以自然而然得到解决,并得到人们的默许,而无需正式的程序或契约,甚至无需实际获得人们的认可。

特别是如果其领导被认为是有效的话。

　　无论君主是如何出现的，关键的一点在于，就大多数人而言，他是以某种方式被社会选择的——即便对大部分人而言只是默许的。建立政长的基础是人们共同认识到暴乱不可容忍，而解决办法在于统一"义"，而"义"只能通过政治权威的运作才能统一。考虑到这些要点，墨家认为，人们可以同意跟随一位领袖，即便他们还没有就"义"的内容达成一致。

　　选择某个候选人作为主权者的理由是，他具备这项工作所需的道德和智识素质。政治权威并不依赖于像人们在契约中明确表示的自愿同意。但它最初是由人们对制度和主权者并未直接言明的选择，或者至少是接受建立起来的，以期其能统一"义"并实现"治"。（正如我们将看到的那样，对墨家来说，这种接受及由此而来认同国家及政长的态度是政治治理成功的先决条件。）一旦政府建立了，其证成和维系就在于成功实现这些目标。因此，《尚同》提出的建立政治权威的理由是后果论式的：从根本上说，权威是由主权者和制度在统一"义"，进而确保社会秩序方面的有效性来得到辩护的。

　　墨家关于国家起源的假说常常被拿来与霍布斯的进行比较，可能是因为两者都将政治社会的创立描绘为对自然状态中充满暴力的无政府状态的回应①。这种做法是富于启发性的，可以揭示一个有影响的早期现代西方思想家和一个同样有影响的中国古代思想流派在基本预

---

① 与霍布斯的比较在文献中很常见。比如，参见冯友兰：《中国哲学史》，扩展修订版（1944；台北：商务印书馆，1994），1：133-36；Donald Jenner, "Mo Tzu and Hobbes: Preliminary Remarks on the Relation of Chinese and Western Politics," *Cogito* 2（1984）：49-72；劳思光：《新编中国哲学史》，1：297-98；Schwartz, *World of Thought*, 142-44；Hansen, *Daoist Theory*, 132-33；以及 Van Norden, *Virtue Ethics*, 163-66。

设上的差异。霍布斯认为暴乱是个人行使其寻求自我保全的自然权利而产生的。在自然状态下，人们只受自己的理性支配，这导致他们会使用任何他们认为最能保全自己生命的手段。人们都追求自己的幸福。然而，资源是有限的，有些人行事不顾及他人，所以冲突就产生了。如果人们按照其理性的指导，各自采取保护自己的行动，其结果将是所有人对所有人的战争——这是就每个人试图寻求和平和安全而言最坏的一种结果。因此，人们认识到，确保其长期自我保全的最有效的方法不是根据自己的决定行事，而是根据一个主权者的统一法律行事。因此，他们订立了一项契约，根据该契约，他们将自我保全的权利让渡给国家，同意遵守国家的法律，以换取保护，避免因遭受暴力致死。这一契约是国家政治权威的来源。因此，国家的首要职责是确保人民的人身安全。只要他们的安全得到保障，公民就有绝对的义务服从国家。

墨家的理论并不共有霍布斯理论的个人主义式的立场。对墨家来说，要确保的基本善是社会秩序，而不是个人生存。混乱源于人们之间不同的"义"观念彼此冲突，每个人都认为"义"是所有人都要遵循的规范，而不是出于个人对自我保全的理性追求。国家的直接目的是颁布和执行一个统一的"义"，或者说规范体系，而不是确保臣民的安全——尽管他们的安全是统一的"义"显然会带来的后果。国家并非起源于一种契约，通过这一契约个人将自我保全的权利委托给国家。墨家的理论既没有提到契约，也没有提到权利。相反，国家起源于人们选择一位贤明的政长来统一道德规范，而国家的权威则是由其在统一规范和实现秩序方面的有效性来证成的。此外，正如我们将看到的那样，国家并不像在霍布斯理论中那样，通过法律体系来统一规范和协调人们的行为。相反，它是通过针对整个共同体的教育和培训计划来实现的。

尚同

对墨家而言，政府的基本目标是通过颁布和实施统一的"义"观念，实现稳定的社会秩序。因此，国家的核心任务在于道德教育，即训练每个人在判断和行动上切实地遵守统一的规范。通过道德教育实现对统一规范的集体认同，为实现墨家所提到的政治社会的各种其他目的，如国防、公共安全、经济管理和扶贫提供了基础。国家负有德育责任，这是中国古代思想中的一个独特主题，在墨家和儒家那里都很突出，而在道家文本中则备受批判。

一旦天子及其政府确立起来，他就发政以"一同天下之义"。采用的主要技巧是效法典范。每一级政长都会引导下属"上同"其贤能上级所树立的榜样，而不是"下比"。人们要效仿其政长如何区分是非，学习良好的"言"和"行"，并上报他人好与坏的行为。第二个重要的技巧是社会性的和物质上的激励和遏制。如成功效仿，就受鼓励，被表扬和奖励；如未能成功效仿，则受到惩罚，被批评和处罚。从村庄上至帝国的各级政治组织，统一人们关于"义"的看法，这种方案给天下带来了秩序，从而证明了政治权威的正当性。

> 正长既已具，天子发政于天下之百姓，言曰：闻善而不善，皆以告其上。上之所是，必皆是之，所非必皆非之，上有过则规谏之，下有善则傍荐之。上同而不下比者，此上之所赏，而下之所誉也。
>
> 意若闻善而不善，不以告其上，上之所是，弗能是，上之所非，弗能非，上有过弗规谏，下有善弗傍荐，下比不能上同者，此上之所罚，而百姓所毁也。（Mz 11/9 - 13）

每一级的官员都向下属重复类似的指示，敦促他们效仿上级政长在判断、言论和行为上所树立的良好榜样。由于政长必须成为在其治下的人的榜样，道德上的智慧和端正的品行是担任政治职务的重要条件。

> 是故里长者，里之仁人也。里长发政里之百姓，言曰："闻善而不善，必以告其乡长。乡长之所是，必皆是之，乡长之所非，必皆非之。去若不善言，学乡长之善言；去若不善行，学乡长之善行。"则乡何说以乱哉？察乡之所治者何也？乡长唯能壹同乡之义，是以乡治也。（Mz 11/13 – 16）

因此，"上同"和统一"义"的过程包括七个要素。天子最初颁布的政令中提到五条：将好或坏的行为上报于上级；效仿上级的"是非"判断；如果他们偏离所颁布的规范，则加以纠正；举荐行为良好的下级；"上同"而不是"下比"，与领导权对抗。对于这一点，下级官员补充说，人们必须放弃其不善的"言"，而效仿上级的"善言"。同样，他们应该抛弃其不善的"行"，仿效上级的"善行"。对于遵从这一点的人采取各种激励措施，包括来自上级和同级的赞誉以及物质奖励，还有我们将在下一节中看到的"尚贤"，即在政府部门中得到晋升。而对不遵从的人采取各种遏制措施，包括上级和同级的批评、罚款、传统的"五刑"①，以及在政府部门中被降职或革职。

每个村长都带领自己的村子去效仿乡长。因此，乡长能够统一该乡的"义"并带来"治"。乡长们又领导其乡效仿国君，辅助他统一一国

---

① 严重程度递加，依次为：墨、劓、剕、宫、大辟。墨家警告说，要尽可能少用这些惩罚，由此使其有益于"治"而非"乱"（Mz 12/42 – 46）。

之"义"并实现"治"。各国国君带领人民效法天子，从而统一了天下之"义"并实现了"治"。然而，天子仍然可能会犯错，因此不能成为最高的道德典范。在天子之上是天本身，人民最终必须服从的是天。在墨家思想中，政治与伦理、宗教并不是完全区分开的，而且与霍布斯不同的是，主权者的权力并非绝对，因为他必须服从于天实行的关于"义"的独立标准。

> 天下之百姓皆上同于天子，而不上同于天，则灾犹未去也。今若天飘风苦雨，溱溱而至者，此天之所以罚百姓之不上同于天者也。（Mz 11/22 - 24）

这一理论的独特之处在于，我们也可以将道德教育看作类似于传授一种实践技能，就像墨家"法"的观念那样。它主要是一个效仿道德典范如何做出判断和行动的过程，特别是效仿他们如何辨别是非并采取相应的行动。因此，道德指导的基本来源是社会规范的实践训练，人们被期望掌握这些规范并将其扩展到新的情形中。就像在语言学习中一样，上级主要不是通过口述规则或指令来教学，而是作出示范，然后表扬或纠正学习者的表现。有时他们可能会将"法"阐述为明确的规则或指示，就像天子颁布最初的政令那样，让每个人都"上同"，而下级官员则发布让人们仿效的"言"。但是，道德教育主要并不被视为灌输关于规则的知识这么一回事。它也不在于获得关于善的理论知识，同样不在于对准则（maxims）加以检验的反省习惯，看人们基于这些准则采取行动是否会违背道德律（Moral Law）。它主要被看成一种训练，旨在使人们养成在言行上明辨是非的习惯。切实可靠地养成这种习惯，就要成为"道"坚定而有德的履行者。

正如我们迄今为止所看到的那样，墨家在其理论中只提出了形式上如何统一"义"从而实现"治"的体系。除了"治"所具有的善之外，统一的道德的实质内容在很大程度上是具有开放性的。事实上，《尚同》上篇和中篇提出的国家理论是不完整的，因为这两本书都没有阐明"义"的统一规范的内容。两者都认为天子必须带领人民上同于天，所以统一的"义"既不是不确定的，也不是由统治者决定的，而是由天之法来确定的。尽管如此，这些文本并没有明确表明遵从天的典范具体指什么。与前两篇不同的是，《尚同》下篇——从历史上看，可能是三篇中年代最晚的一篇——填补了关于统一的"义"的内容。这一篇没有让人们效仿其政长的是非之辨与行为，其提倡的统一"义"的方式是，让政长建立激励机制，让人们上报那些"爱利"或"恶贼"其宗族、国家或天下的人，从而实现善得赏、恶得罚（Mz 13/22 - 42）。例如，宗族首领发布以下命令：

> 若见爱利家者，必以告，若见恶贼家者，亦必以告。若见爱利家以告，亦犹爱利家者也，上得且赏之，众闻则誉之，若见恶贼家不以告，亦犹恶贼家者也，上得且罚之，众闻则非之。（Mz 13/23 - 25）

这里统一"义"的核心手段已经从领导人民模仿其政长的判断和行为转变为率领他们促进对共同体的"爱利"。重点不再是效仿典范，而是上报好或坏的行为，以便上级了解人民的情况，并确保犯罪者受到惩罚，行善者得到奖励（Mz 13/1 - 4）。"尚同一义"被提出，作为确保政长充分了解整个共同体实际情况的唯一方式。因为如果人们认可领导层的说法，他们将采取合作，将当权者维持秩序所需的信息——比如罪犯的下落——进行上报。如果人们实践的"义"与领导层的不同，那么他们可能会联合起来加以反对，因为他们可能对其规则有异议，特别是关于奖惩的规则。如前一段所述，墨家认为，一个统一的"义"需要社会各阶层保持公开和透明。好或坏的行为都要被上报，以便所有人都能加以赞扬或谴责。下属可以纠正上级，上级必须了解下属的实情。墨家声称，这种制度的一个后果是，全社会的人都将为统治者助力，上报各地民情，向天下人传播其言论，迅速制定计划，并及时落实其规划（Mz 12/65 - 68）。

墨家在《尚同》下篇明确指出，统一的"义"在内容上应与其伦理理论相一致，其目的可能是确保国家颁布的"义"是人们自己能够真正认可的①。在提出"爱利"共同体作为一个统一标准时，他们假定人们通常普遍倾向于认可将后果论式的规范作为政治生活的基础，或者至少认为很容易与基于这种规范的政治制度合作②。墨家一再强调这一要点：人们必须确信统一的"义"是正确的，是符合公众利益的，否则他们可能对领导权加以抵制。事实上，《尚同》下篇指出，只有"疾爱"人民，"致信持之"，才能成功地引导他们认同其统治者（Mz 13/56 - 58）。

这样，从其得以充分发展的形式来看，墨家的政治理论并不要求人们的动机或价值观发生根本性的变化。虽然可以肯定的是，这要求他们放弃原来的"义"，采纳政长颁布的"义"。但是，国家的统一的"义"建立在墨家认为大多数人都共有且易于认同的价值，即社会秩序和对共

---

① 这一诠释与 Mz 13/17 - 22 的评论一致，后者描述了普通人真正认可的统一之"义"的重要性。然而，根据这段鼓励人们对爱利的行为进行上报的文本，人们这么做不是出于对共同体的关心，而是希望得到政长的奖励或表扬，免受指责和惩罚（13/25 - 26）。

② 这一解读与陈汉生（Hansen）对墨家这一主张——天本身遵循后果论式的规范——的解释相吻合。陈汉生认为，墨家的立场意味着这一观点，即利或福利是一种"自然的驱动"，因此可以作为道德规范的根源，大多数人会发现遵循它是自然而然的（Daoist Theory，121 - 24）。

同体的爱利这一基础之上。因此，墨家的政治理论并不像最近有些诠
释者所断言的那样，预设人们的动机和倾向是"高度可塑的"①。

　　尽管如此，我们仍然有理由担心，鉴于其威权（authoritarian）结构
和对奖惩的使用，墨家式的制度可能会被滥用。这个制度的成功在很
大程度上取决于主权者及其官员的道德品质。但如果这些政长被误导
或腐败怎么办？有什么可以阻止他们滥用权力？在实践中，滥用权力
肯定会成为墨家式制度的一个问题——就此而言，对任何政治制度都
一样。然而，墨家的模式从原则上内含了对统治者权力的一些约束。
首先，在其充分发展的理论中，统一的"义"被明确规定为爱利共同体的
那些规范。国家的中心目标是社会秩序、财富和人口增长。所以，统一
的"义"不是武断的、由主权者一时兴起决定的。如果统治者颁布的规
范不符合墨家的伦理理论，就会被公众视为犯错了，并将受到其下属的
批评。鉴于统治者掌控了国家强制力，我们可以怀疑人们在现实中是
否敢于批评他。但至少就原则而言，这一制度包含了基于天意的、可客
观辩护的规范，以及如果当权者偏离规范，对其进行批评和纠正的机
制。第二，墨家相信天会惩罚腐败、邪恶或不道德的统治者，允许挑战
者推翻他。这种信仰反映了中国人的传统信念，即主权者凭借天命实
施统治。这种约束在今天对我们来说也许没有说服力，然而它是墨家
式制度的一部分。第三，墨家认为，人们所具有的心理倾向会导致整个
体系溃于腐败统治者之手。如果人们认为政长不能公正地治理国家，
不能为整个社会谋利益，他们就会"下比"反对他们。在墨家看来，如果

① 参见 Van Norden, *Virtue Ethics*, 163; Philip J. Ivanhoe, "Mohist Philosophy,"
in *Routledge Encyclopedia of Philosophy*, ed. Edward Craig, 6: 451 - 55
(London: Routledge, 1998); 以及 Philip J. Ivanhoe and Bryan W. Van Norden,
eds., *Readings in Classical Chinese Philosophy* (New York: Seven Bridges
Press, 2000), 56。

人们不认同施行奖惩的标准，那么奖惩本身也会失去激励效果。在这种情况下，统一的道德准则会分崩离析，混乱随之而来。由于这一后果与包括统治者在内的所有人的利益背道而驰，即便是一个自私自利的政长也有理由以道德上正确的方式执政。

事实上，《尚同》三篇共同刻画了人们对权威的尊重、对激励的反应、对统一之"义"的承诺，以及他们依据自己所认为的"义"采取行动的原初倾向之间的微妙平衡①。对墨家来说，人们不是接受灌输的被动主体、盲目地追随统治者，而是积极参与，通过统一的"义"实现社会秩序。除了表扬或批评同级别的人外，他们还被期待会因政长犯错而进谏（Mz 11/10，12/14）。如果统治者任命官员仅仅是为了把亲信和阿谀奉承者安置在左右，而不是为了进行有效治理，那么人们就会联合起来反抗，并奉行与他不同的"义"。

> 今王公大人之为刑政则反此。政以为便譬，宗于父兄故旧，以为左右，置以为正长。民知上置正长之非正以治民也，是以皆比周隐匿，而莫肯尚同其上。是故上下不同义。若苟上下不同义，赏誉不足以劝善，而刑罚不足以沮暴。（Mz 12/52 - 55）

在这种情况下，统一的"义"分崩离析。由于人们现在拒斥统治者的奖惩标准，奖惩机制就失去了激励人们的力量（Mz 12/55 - 61，13/17 - 22）。问题不单单是一两个人的抗议，而是整个社会可能都会谴责统治者所赞扬的人，而赞扬和鼓励他所惩罚的人。归根结底，墨家认

---

① Erica Brindley, "Human Agency and the Ideal of Shang Tong (Upward Conformity) in Early Mohist Writings," *Journal of Chinese Philosophy* 34, no. 3 (2007)：409 - 25, 讨论了这些影响的相互作用。

为，共同体在道德上的认可或不认可，是一种比统治者（如果他的判断被共同体拒斥的话）的任何奖惩都更强大的激励力量。

> 若苟上下不同义，上之所赏，则众之所非，曰人众与处，于众得非。则是虽使得上之赏，未足以劝乎！……若苟上下不同义，上之所罚，则众之所誉，曰人众与处，于众得誉。则是虽使得上之罚，未足以沮乎！（Mz 12/56 - 59）

如果共同体以这种方式拒斥统治者的判断，政治制度就会失败，社会就会重新陷入自然状态那样的规范性上的无政府状态。

> 若立而为政乎国家，为民正长，赏誉不足以劝善，而刑罚不沮暴，则是不与乡吾本言民"始生未有正长之时"同乎！（Mz 12/59 - 61）

这样，人民除了在自然状态下确立其政长，还在维系政长的政治权威方面持续发挥作用。如果没有他们的认可，作为政治权威基础的统一的"义"就瓦解了。

这些段落突出强调了，对墨家来说，奖惩在政治治理中起着重要作用。在这些文本中，墨家把褒贬、物质奖励、肉刑和其他惩罚视为政治治理的主要手段。（在这方面，他们要先于像韩非——一位生活在战国末期的政治理论家——这样常被称为"法家"的思想家。）我们所讲的守法和伸张正义，他们是以奖惩这样的说法来表述的。像许多后果论者一样，他们为奖惩辩护的理由是工具性的和前瞻性的（forward-looking），而不是报复性的（retributive）和后顾性（backward-looking）的。奖惩是合理的，因为他们促进了良好的行为、阻止了不良的行为

(Mz 11/24 - 25,12/42 - 49)——而不是因为人们因善行或恶行应得回报。

虽然墨家式共同体执行明确的刑法和某种形式的以法治理——或者更准确地说，由"法"(models)统治，但其文本中提出的政治制度基本上是一种人治形式(a form of rule of man)①。范例或法律、刑法、奖惩是由主权者颁布的，主权者利用它们来指导和控制人们的行为。尽管如此，墨家强调，奖惩制度——实际上是法律制度——是统一之"义"的体现，为社会秩序提供了基础。为维持秩序，这个制度的治理必须公平一致，还必须反映人们愿意认同的价值。它必须关注公共善。如果不这样做，人们就会联合起来反对它，国家就会覆灭。这可能就是为什么在这一理论的第三个版本中，墨家规定统一"义"的方法是鼓励对共同体的爱利。因此，墨家的政治思想具有高度的威权性(authoritarian)，同时也预设了政府的正常运作需要人们的广泛支持和自愿服从。

有人可能会对此进行反驳说，如果奖赏是巨大的，惩罚是严厉的，那么无论是否反映了人们认可的规范，它们都能有效地发挥作用。这是韩非的观点。然而，墨家的立场在两个方面比韩非都更为复杂。首先，一个政治制度在人民的自愿支持下可能会更有效地发挥作用。第二，如果人民不同意主权者的"义"，他们将倾向于联合起来进行抵抗，最终导致制度溃败。尽管这个过程可能是漫长的，但墨家在这一点上可能是正确的。

另一个更深层的担忧是，墨家式的制度可能会由于实施命令式的

---

① "法制"(Rule by law)指称的是通过颁布和执行法律来维持秩序的政治制度。"法治"(Rule of law)指的是，法律作为最高治理权威，任何人都不能凌驾于法律之上，而且特定法律的内容是按照法律(如宪法)规定的程序加以确定的制度。"人治"(Rule of man)是指某个或一些人凌驾于法律之上的一种制度，就像当暴君或寡头强行规定法律时那样。"人治"与"法制"是连贯的，但与"法治"不连贯。

道德而消解了人们的自主或尊严，基于这种道德，下属被迫不动脑地、像孩童般地服从上级，由上级决定什么是对、什么是错。然而，从本节对墨家观点的阐述来看，这种担忧显然是没有根据的。制度本身是由人民的选择或接受而建立的。主权者不创造是非规范，而只是示范、教导和执行这些规范。不仅如此，正如主权者最初的政令所表明的那样，这一制度并不是单纯的自上而下式的，由下级默默地跟随其上级。如果上级犯了错误，下属有责任批评他们。显然，那些处于较低层级的人应该有能力进行独立判断。这一制度的总体目标是教育和合作，而不是被动服从。墨家关于统一之"义"的观念具有两方面：一方面，下级服从上级，上级领导和教育下级；另一方面，上级服从下级，因为只有人们真正赞同其政长的决定和行为时，这个制度才能行得通。

在《尚同》文本之外，墨家政治观点所具有的两个特点使他们对政治权威的解释复杂化了。首先，根据墨家的神学，人类的政治权威从属于天在道德上和宇宙中的权威。人类的主权者必须引导人民上同于天，而天以一种类似于主权者统治下属的方式来统治他(Mz 26/17)，天可以奖惩一个主权者，主权者的合法性部分取决于天的授权。所以在某种意义上，主权者的权威来自天。然而，正如我之前所说，天的作用可能是赋予某个特定主权者以统治合法性，而不是作为政治权威的依据①。政治权威的存在最终可能还是由它在统一义和确保良好秩序方面的有效性来证成的。天实际上审查人类主权者执行这项任务和其他任务的表现，并相应对他进行制裁或责难。（第四章进一步讨论了天的

---

① 与此对照的一个解释，参见 Van Norden, *Virtue Ethics*, 166。这一解释认为，墨家的政治权威最终是由上天授予的。我认为这种解释的证据薄弱。即便那段确实提到"上帝"创建国家、设立政长的话也是在强调，这样做的目的是为了兴利，这意味着政治权威的证成在于其良好的后果(Mz 12/50 - 51)。

角色。）

第二，正如我们将在《尚贤》和第四章关于"有序政府论证"中看到的那样，墨家的著作有时认为社会秩序的一个构成性特征以及一个必要条件是，"自贵且智者，为政乎愚且贱者"（Mz 9/2-3）。这一思想在《天志》三篇中得到了明确体现，其将"义"与"善政"等同起来，理由是只要有义，就有社会秩序，反之亦然。（这一点从"治"在墨家伦理学中是基本善这一点可以得出。这一论证貌似预设善政以"治"为特征。）然后，文本主张说，善政要求"贵且智者"或"上"统治"愚且贱者"或"下"①。这一推理表明，墨家将贤能政长领导的等级式的政治制度视为本身在道德上正确的。由于"治"部分地构成了"义"，并且只有通过等级式统治的运作才能获得"义"，因此"义"就使政治权威的等级结构成为必要。这似乎意味着，一些墨家著者可能认为政治权威作为"义"的一部分可以得到内在证成，而不是由"义"的良好后果来证成。

这一立场与《尚同》中的后果论式的解释如何关联起来呢？两者作出了不同的预设，而且可能与不同的修辞语境相关。推动《尚同》中论证的关于"治"的观念是弱的，且相对没有争议，它指的是和谐的社会关系、睦邻合作和没有暴力。这一观念可能会被假想的自然状态中持不同"义"的人接受。在《天志》论证中起作用的"治"的观念更强了，也可能引起更多的争议。在这里，墨家将"治"与一种特定的权威结构及其特定的道德观或者说对"义"的看法联系起来。这一"治"的观念及其与"义"的关系很可能会遭到其他人拒绝。因此，《尚同》为政治权威提供了一种后果论式的证成，这种政治权威至少对于有些不同的"义"观念是中立的，而《天志》则预设了墨家关于"义"的观点，并解释了它如何需

----

① Mz 27/3-5, 26/14-15, 28/9-10.

要一种权威结构，这种结构是由贤者统治。将两者联系起来的一种方式是，《尚同》提出了一种至少部分独立于墨家伦理的政治学说，而《天志》则包含并阐明了墨家伦理的实质细节。

尚贤

"尚同"学说主张建立一个中央集权的国家，有着等级式、组织严密的官僚机构。墨家另一主要政治学说"尚贤"涉及如何管理这个官僚机构和为其配备人员。根据"尚贤"的说法，"政之本"是成功确保"国家之富，人民之众，刑政之治"的途径，就是指统治者启用贤能之人，以道德品质和专业能力作为职位任命的基础。人口增长、经济扩张和军事对抗给政治治理带来了新挑战，"尚贤"在一定程度上可能是为了应对挑战而作出的回应，只有超越传统的分封制度，并培养一批专业的政府官员，才能应对这些挑战。这是对裙带关系和德不配位现象的反抗，也是为外来者和平民（如墨家自身）作出的关于机会平等的呼吁。事实上，在这两大学说中，墨家开创了中国政府管理的一个悠久传统，从事管理的行政部门由中央指导，名义上任人唯贤，行政职位原则上向所有合格的申请人开放。

《尚贤》上篇主要是关于如何为政府招募贤能之士。为此，它主张贤者得到财富、地位、尊重和赞扬，而且只有义者应得财富、地位，并受到统治者的优待与亲近。那些已经拥有特权地位的人必须证明具有贤能，才能保持特权。贫贱的人或身处远地的人，过去没有任职的希望，现在都被纳入了考虑之中。这一篇强调机会平等：即便是农民和工匠，如果有能力，也可以被招募（Mz 8/17）。墨家认为，这一政策的结果将是全社会的人"皆竞为义"（Mz 8/14），从而增加合格候选人的数量，提高社会的整体道德素质。这样，通过一贯地以贤能作为决定社会和经济地位的标准，统治者激励人们努力追求道德和术业上的卓越。可见，墨家认识到了机会平等和动机之间的联系。通过向所有人，甚至是非精英人群提供晋升机会，他们期望全社会的人都能努力提升自己。但同时，"尚贤"也反映了墨家的社群主义取向。他们对机会平等的提倡并不基于个人主义的理由——这种观点认为，在其他条件相同的情况下，人们应该得到同样的待遇。他们的论证是，无论人们的出身背景如何，雇用最有能力的候选人最有利于国家。

这一学说的两个更晚版本，创作的时代可能不难招募贤士。其重点从增加候选人转移到避免偏私和任人唯亲的必要性上，主要以贤能作为职务任命的基础。圣王将贤者擢升到高级官员的职位上，给予相应的等级和报酬，而不考虑亲属关系、社会等级、财富或外表①。他们遣散不肖之人，或只给他们低级的职分，分派低级的工作。在这一点上，他们是在效仿天本身，天"不辩贫富、贵贱、远迩、亲疏"。

招贤纳士只是墨家式政策的第一个部分。按照"三本"的说法，对贤士的任用必须得体："爵位不高则民弗敬，蓄禄不厚则民不信，政令不断则民不畏"（Mz 8/18,9/15‑16）。被任命者必须被赋予高位、厚禄、要职和执行政令的权力。墨家认为，赋予他们这三种利处不是去奖励他们，而是确保他们能够完成任务（Mz 8/19,9/17）。这一论断有几个方面。要使贤士发挥自己的才能，从而振兴国家，就必须对他们委以重任，授以权力，使其得以完成任务。此外，如果贤士没被赋予要职和厚禄，就会感到不受赏识，对统治者的诚意缺乏信心，对所事之事失去兴

---

① 有意思的是，这一文本关于圣人如何运用贤者的描述——"听其言，迹其行，察其所能而慎予官"（Mz 9/6）——与后来韩非所提倡的管理技巧非常相似，韩非可能受到了墨家的影响。

趣，并在别处谋出路（Mz 9/22 - 25）。还有，墨家显然把尊重和服从视为政治权力的关键要素，没有这些要素，政治权力就无法正常运作。为了赢得人们的尊重和服从，官员不仅要有相当大的决策权，还要有较高的社会地位和经济地位。大概墨家认为官员身份的这些外在象征是其价值和权力的具体体现，有助于激起被统治者的敬重和敬畏。然而，与此同时，人们要敬重国家及其官员的话，必须认为高位者是通过贤能得到并维系其地位的。

> 以德就列，以官服事，以劳殿赏，量功而分禄。故官无常贵，而民无终贱，有能则举之，无能则下之。（Mz 8/19 - 20）

要使人们保持敬重和服从，关键在于，官员不能只是由于幸运生而具有特权，或侥幸被指派了特权。他们的权力并非不可撤止的。平民百姓也不用一直被迫忍受昏庸无能的官员。官员必须根据工作表现来获职并保持在位。

招募贤士显然对任何组织的成功都很重要。但为什么要强调它是"政之本"呢？墨家给出了三个理由，其中一个援引了前面提到的"治"的一个构成性特征：只有"自贵且智者，为政乎愚且贱者"时，才有"治"（Mz 9/2 - 3）。"自愚贱者，为政乎贵且智者"是一种混乱状态。所以，"治"的一个必要条件是，让正直、聪明、有智慧的人被赋予权威地位。第二个原因是，对于墨家来说，善政的标准包括创造财富、增加人口和维持秩序这样的实践目标。如果由称职的人负责，这些目标就更有可能得以实现。就像《理想国》中的柏拉图一样，用墨家诉诸手艺这一类比来证明专业精英统治的合理性。他们认为，任何统治者都知道，要做一套衣服、屠宰一头牛、医治一匹马或修一把弓，你就得雇一个专业的裁缝、屠夫、兽医或弓箭手。在这些小的事务中，每个人都重视专业技能。因此，如果不将同样的规范运用于治理一个国家的主要事务，就纯粹是无知了（Mz 9/32－34,10/11－20）。第三个原因是，要保持墨家式政治制度的完整，"尚贤"学说就必须得到一以贯之的应用，特别要以统一的"义"为基础，并发挥"尚贤"在道德教育中的作用。升职是奖励贤能行为的一种形式。降职是对不当或不称职行为的惩罚。如果提拔了错误的人，没有解雇不称职的人，人们就会失去对制度的尊重，不再给予认同。在这种情况下，正如我们在讨论"尚同"时所看到的那样，奖惩将失去其激励作用，而统一的"义"可能会分崩离析。

　　墨家在讨论不尚贤会造成的失败后果时强调了最后这一点（Mz 9/25－29）。他们认为，如果不任用贤士，无能之人就会把持权位。一个让这样的人陈列就位的统治者，通常是不能做到尚贤罚暴的。不能做到明智地分配奖惩，就会导致国家奖惩制度的失败，就像第一章讨论的宿命论导致它失败一样。奖惩制度不再劝善阻恶。人们将不再实践关系性美德，不再做好邻居，甚至不再遵守基本礼仪和社会性约束。在最极端的情况下（Mz 10/40－42），一个人无论是像圣王一样有德，还是像暴君一样昏庸无道，统治者对他的誉毁、奖惩，并无两样。人们可能无由得奖，也可能无辜受罚。在这种情况下，"百姓皆攸心解体，沮以为善"（Mz 10/42）。就像在自然状态——文本用了相同的描述——中一样，他们失去了通过分享劳力、资源或知识为社会作出贡献的动力（Mz 10/42－43）。人们忍饥挨饿，文明社会分崩离析。

　　正如对待宿命论一样，墨家的观点可能在一定程度上认为，规范必须得到公平、切实的实行，这样才有助于激励人们加以遵循。但在此，墨家的主要观点可能是更深刻的。它们针对的是社会性的条件，它们对于人们认同社会、为社会贡献并与他人发展兴旺的人际关系而言是必不可少的。同样，他们的立场是，这种认同和联结的一个先决条件是，社会及其政长遵守人民加以认可的一以贯之的行为规范——在此体现为提拔名副其实贤能的官员，解雇腐败而无能的官员。如果满足了这些条件，既然人们可以看到整个制度是公平的，奖励和晋升属于应得的人，就能期望他们支持这一制度，即便他们个人并不期望得到奖励或晋升。如果人们认为这个制度是荒诞不公的，比如德不配位得赏奖励，无辜者受罚，他们就会失去参与其中的动力。

因此，"尚贤"是统一社会之"义"——关于"义"的道德规范或标准——的关键。如果统治者左右都是腐败无能的官员，就会使人民与国家和社会疏离，并导致统一的"义"瓦解。如果人们普遍认为被奉为赞誉对象的官员其实不配被效仿，那么道德教育体系就会失败，而且其对人们的鼓励或劝阻就不起作用了。有了人民的合作和支持，政治领袖才能成功，而政长行使"德义"才会得到人民的合作和支持。（Mz 9/71）事实上，墨家警告说，从未有人仅凭"威强"，以死亡威胁人民而能成功统治天下（Mz 9/72－73）。有效的统治方式是通过尚贤（Mz 9/73－74），来建立一个人民认同和合作的政治治理体系。

"尚贤"的另一个重要性在于，墨家在提倡机会平等的同时坚持认为，在地位和财富方面基于贤能而来的不平等，对有效的政治管理进而对"天下之利"至关重要。一个有秩序的社会级别清晰，比如，明智、贤能、应得富贵的人统治着无德无能、无故富贵的人。但与此同时，墨家"天下之利"的观念把贫困者的生存需要置于优先地位，先于社会有利者的非必要开支。正如我们将在第五章看到的那样，墨家特别关注的一个问题是对孤儿和无子女老人的援助，这些人缺乏除此之外的其他生活手段。此外，墨家认为"为贤之道"（因此也是官职任命原则）是与"饥者""寒者""乱者"分享自己的劳力、财富和知识（Mz 10/33－34）。

因此，墨家的制度将在允许财富上有显著不平等的同时，提供一个慈善的安全保障之网，以满足贫困者的需要。

批判性反思

墨家的政治思想提供了许多有道理的洞见。墨家在这一点上很可能是对的：社会秩序与我们所遵循的规范——我们的义——息息相关，而且一定程度的一致性对于社会正常运行是必要的。如果我们都遵循不同的规范：你靠左行驶，而我靠右行驶，的确可能产生混乱。其观点的合理之处还在于，权威的结构对于实现或加强所需的团结是必要的。其理论的特别洞见在于，一个有效的政治体制是得到了人们认同的，且在人们看来，维系着那些公之于众的、造福天下的规范。按照他们所说的，政治治理是英明还是无能，很可能影响"上同"与"下比"之间的平衡。

然而，墨家关于统一之义和"治"的观念是极权主义的（totalitarian），这令人不安。他们似乎假定，社会稳定与和谐不仅要求最低道德准则（比如那些阻止谋杀和偷盗的道德准则）上的共识，还要求在所有价值判断（所有是非之辨）上的共识。我们理应质疑：为了确保政治社会运行所需的秩序水平，是否有必要在"义"上保持全面一致，还有，墨家提出的政治体制和治理方法对于达到所需的一致程度而言是否真的最好。

墨家的预设貌似有理，如果人们具有统一的义，就会和谐地生活在一起。因此，其结论是，要形成和平、稳定的社会，就要统一人们的规范。但是，这一结论并不能必然得出。"义"上的统一可能是"治"的充分但不必要条件。或许，正如在当今自由社会中那样，仅仅在一套核心规范上保持一致，对于产生良序就已经足够了。我们在诸如互相尊重彼此生活、自由和财产，为贫困者建立社会福利安全网，或者在道路的同一侧驾驶等议题上可能都是一致的，但同时允许宗教信仰、职业选择、美学价值以及休闲活动方面的多元性。在价值方面，一定程度的多样性不一定对社会稳定构成威胁，特别是如果人们归根结底都以"治"为要务的话，而墨家似乎做出了这种预设。确实，如果以墨家自身的预设作为既定前提的话，那么人们最初在规范上易于产生广泛的分歧，难以看到全面的一致如何可能。从不同的义出发的人们对一致性的支持很可能仅限于就那些对于确保合作和社会稳定所需的最低限度的规范而言。根据墨家自己的观点，如果人们不能看到政治政策和决定能够造福所有人，他们很可能不再支持并采取"下比"。因此，对于一致性的过分要求可能会激发对抗。

同样，凭借威权在价值上强行一致，可能是实现"治"充足但并不必要的条件。可能提倡尊重和宽容他人将是同样有效，甚至更有效的。处于墨家自然状态的人彼此冲突，是因为他们固执地互相批评对方与自己不同的义。与颁布统一的义不同，为政者可以提倡尊重或宽容他人的义，与此同时共同追求我们已经共有的价值，从而解决乱的问题。与其自身的威权体制相比，这种替换性的路径可能与墨家兼相爱交相利的理想更加连贯。的确，正如他们自己关于同级关系的评论所暗示的那样，或许"治"的关键不在于*上*同，而更在于*互相*认同。

当然，这些批评假定了，义的范围是方方面面的。或许对墨家政治思想的同情解读会说，义只包含了某些关键的而非所有的是非之辨。从墨子与巫马子的对话中，我们看到，一两条准则也可被视为义。然而，似乎很可能的是，墨家关于其自身的义的看法涉及墨家之道的方方面面。例如，在《吕氏春秋》中，墨家巨子孟胜似乎大体将墨家的价值和生活方式称为"墨家之义"（LSCQ 19/3）。因此，义可能被视为在范围上是十分宽泛的。

　　墨家预设,实现"治"的唯一方式是在"义"上强制全面的一致,这主要由两个因素驱动。首先,他们预设存在每个人都应当遵守的单一、统一的道,体现为天或自然本身(详见第四章)。归根结底,在墨家看来,自然状态中多种多样的规范差不多都是错误的,因此应被摈弃,取而代之以正确的规范,这可以通过效仿天之法而发现。贤能的统治者力图教育社会中的每个人上同于这些规范。因此,墨家政治理论的核心特征可能表明了其元伦理学和神学。第二,考虑到其社群主义的取向,墨家关心作为整体的社会的利益,特别是财富、人口和秩序。对于个人来说什么是正确的,取决于什么道对社会来说是正确的。对于道德选择来说重要的是共同体对道的承诺,而不是个人对其个性化价值的追求。个人对义的承诺,理所当然地意味着遵循对于社会而言最好的道。墨家的社群主义并不承认公德和私德存在区分,也就是为了维持社会繁荣,每个人都必须共有的那些价值,与个人之间可以有分歧但不至于扰乱社会秩序的那些价值之间的区分。个体被视为主要由等级制的、关系式的社会角色组成——君臣、父子、兄弟、男女、长幼、宗亲或同乡。我们属于政治社会,是因为我们在等级结构中具有一席之地——比如,诸侯的臣民或宗族成员,而不是因为我们作为共同体中的平等成员。我们主要是作为这些社会角色的占有者,具有要遵循的规范和要追求的利益。对于墨家而言,成员共有对"治"的承诺、同时追求各自不同的义,这样的制度是闻所未闻的。

　　然而,墨家式的威权主义(authoritarianism)在墨家所处的时代并不乏批评者。他们关于"治"的威权主义看法,与很可能受其影响的荀子和韩非的看法一起,集中体现了道家著作猛烈抨击的那些看法。《道德经》和《庄子》表明,诸如"尚同"这样专断、威权主义的政策恰恰阻碍

了人们天然具有的能力，这种能力本就可以维持社会运行所需的最低
程度的"治"。《庄子》的某些部分提倡让人们遵循对于他们而言天然就
合适的任何方式，允许了很大程度的自由(Zz 7/11,7/15)。

天：最高的道德之法

天在早期墨家的世界观中扮演着核心角色：它是宗教崇拜的对象，是对自然和历史事件的解释，也是"义"的根本之"法"。墨家著作清晰表明，天是墨家的最高道德权威。但天的角色到底是什么？有一种可能是，作为一种理想的道德主体，它体现和表达了恰当的道德规范，特别是追求"天下之利"的后果论式规范。还有一种可能是，从概念上来说，天的态度可能比道德规范更为根本，是由天来确定道德的内容。如果是这样的话，墨家伦理可能根本就不是一种后果论，而是神意论或神命论，即道德上的对错由神圣存在的意志或命令来决定的观点。或许还有一种可能是，墨家伦理从根本上来说是义务论的。或许其基本准则不是"利天下"而是"遵天"或者另一种将天作为道德标准的准则。尽管不大可能，天的角色甚至意味着，墨家伦理是一种美德伦理，其中，天作为理想的道德主体，体现了我们会赞赏和效仿的令人敬佩的品质特征及行为规范。

　　本章探讨了墨家思想中天具有的多重角色。既然对墨家而言，天首先是崇拜对象，第一部分考察了其宗教信仰，包括他们对有知觉力的鬼神的信仰，他们与天和人共处一个宏大的社会政治等级体系。接下来的一部分考察了墨家神学中出现的恶的难题。第三部分探讨了天在墨家伦理中的地位，特别是它如何反映了墨家对客观性和不偏不倚性的理解，以及如何为其后果论奠基。倒数第二部分就墨家诉诸天这一点，考察了一种假设性的、世俗化的解读，其中天作为自然本身而非一个神祇的观念，为客观且不偏不倚地辩护道德规范提供了基础。在这些讨论之后，本章对天在塑造墨家伦理框架中所起的作用做出了评论。

天与墨家宗教

墨家的宗教信仰在其思想中具有重要地位，为其认为宇宙中存在客观道德准则的看法提供了基础。尽管他们关于其信仰和实践的描述是简略的，却为我们提供了不可多得的信息，来直接了解古代中国部分非精英阶层的宗教。

与许多传统中国宗教一样，墨家的信仰实际上是其社会政治等级形式的延伸，包纳了信仰者眼中其他具有知觉力和智慧的存在，人类在宇宙中与它们共存：天、上帝①还有各种鬼神——包括已逝的祖先和山水之神。这些不同的存在构成了人格化的自然环境，它们通过赏善罚恶来实施道德。人们崇拜它们，将其作为奉纳、感激和敬畏的对象，献祭牺牲和供奉酒醴，以示尊敬并祈福。

---

① "帝"是商代宗教信仰的遗产，是墨家与天、鬼神一起崇拜的崇高的神，它在《墨子》引用商或周文本的段落中频繁出现。"帝"与天不完全相同，但它们的角色所具有的重叠之处，足以让人在某些情况下分不清它们是否属不同的实体。例如，《墨子》中的一段话似乎将"顺帝之则"与"顺天之意"等同起来（Mz 28/70 - 71）。另一段话引用古代文献，将大致相同的角色赋予"帝"和天，将其作为不赞成"乐"的宇宙权威（Mz 32/45 - 48）。有些段落表明，向"上帝鬼神"献祭，是向天表示敬重及从天那里得到恩惠的方式（如 Mz 26/20、28/28 - 29）。其他的段落则去掉了对"帝"的引用，而是说祭祀"天鬼"（如 Mz 27/9）。

位于这一宏大社会政治等级顶端的是天。天这个词最基本的意思是天空。它也指自然本身，对墨家来说，它还指一个仁慈的、类人（quasi-personal）的神祇。天创造了人类和我们栖居的世界，还提供了我们赖以生存的资源。它创造了王公大人，使其看顾人民、赏善罚恶。它主宰这个世界正如国君主宰一邦一国。所有人都是天的臣民和受益者，因此对其高贵和智慧应有敬意，对其恩赐应怀感激（Mz 27/35 - 41）。天以德统治人类的君主——"天子"，就像全视、全能、父母般的统治者将宇宙的规范性秩序付诸实施。作为最崇高、最尊贵、最智慧的道德主体，它体现了正确的道德规范，并充当了"法"来评判实践与行为是否符合道德。因此，天相当于人格化、道德化的自然，而自然是遵循并实施道德规范的存在。

墨家天的概念与犹太-基督教上帝或天的概念在诸多方面都不相同。对墨家来说，天并不存在于时空或自然之外。与其说它是自然的创造者，不如说它正是人格化的自然。确实，大写的"自然"（Nature）一词是对"天"的合理替代性翻译。天具有人格性，但与犹太-基督教的上帝相比，似乎具有更少的拟人性（anthropomorphic）。它有意欲、意图以及情感性的态度：它意欲道德大化流行于天下，意欲人们彼此相爱并兼爱。它可视可言，尽管似乎通常独自思索，而不是直接与人交流。它并不通过启示与人交流，尽管在危机时刻，它会差遣鬼神作出宣告。（墨家宗教没有经文传统，尽管圣王的声明以及据称记载天人互动的史书起到了类似作用。）它可以通过赏罚来干预人类事务，比如，通过让贤能的一方在战场上胜利来赏贤，通过操控天象来罚恶。人们应通过祭祀来表达对天的尊敬，但并不直接向其祈求或提出要求。一般来说，我们可以通过观察和解读天的行为来发现其意图，对墨家来说它相当于一种对自然之常态化、稳定化模式的看法。比如，我们知道天爱所有人，因为它给予所有人生命及生活所需，奖赏利人的人，并且惩罚害人的人。墨家将天或者说自然视为从根本上来说可知的、始终如一且可预测的。如果我们的行动符合其意图，它将切实地支持和奖赏我们；否则，它就会规训我们。与天作为自然本身这一看法一致的是，墨家将天与人的互动主要视为反应性的，就像有规律的自然模式的运作一样，尽管是包含了道德和政治规范的自然模式。向空中扔一颗石子，石子会落下。做好事，天会支持你；做坏事，天会惩罚你。

天是一种自然力量，它能确保好或坏的态度和行为都产生恰如其分的后果。然而，这种观念并不意味着将天人关系视为并不存在虔敬信仰的纯粹交易关系①。与此相反，他们认为人们应当充满敬畏地侍奉和尊敬天与鬼神，由于仰慕天的智慧和高贵，感恩其仁慈而献祭牺牲并遵从天志。如果没有这么做，那就像儿子没能侍奉父亲（不孝）或臣民没能侍奉君主（不忠）一样（Mz 27/32）。《墨子》一书不遗余力且充满赞许地描述了圣王一丝不苟祭祀鬼神的礼节（31/46-55）。尊天并不仅仅是想得到恩惠，而是由于仰慕天在宇宙中的地位。天是处于宇宙等级顶端最高贵、智慧的统治者，这意味着尊天事鬼是道德本身的要求，因为对天鬼恰如其分的虔敬信仰态度是"治"的一部分。

墨家没有宗教拯救的观念，也不存在人死后要去彼岸世界的观念。其救世学的（soteriological）目标仅仅在于通过尊天顺天、改善人类生活的物质条件以及实现良治来贯彻道。美德和宗教虔敬本身就是目的；它们带来的唯一奖赏就是繁荣和良治。人死了就变成鬼，作为人类大

---

① Ivanhoe 认为墨家式的与天的关系是交易性的（Philip J. Ivanhoe, "Mohist Philosophy," in *Routledge Encyclopedia of Philosophy*, ed. Edward Craig [London: Routledge, 1998], sec. 4）。唐君毅表达了类似观点（唐君毅：《中国哲学原论：导论篇》[台北：学生书局]，201）。

家庭和社会的一部分存在于自然世界之中。与亚伯拉罕系宗教不同的是，人们不是因其在此世的所作所为而在来世得到赏罚。墨家认为天鬼在人们还在世的时候就施以赏罚（Mz 48/33，70－71）①。人们自然可能料想到这种信念会引发一些难题：为什么那些遵循墨家之道的人遭受苦难，而违逆者却活得很好。下一节我们将考察这个难题。

墨家关于自然这一引人入胜的观念还具有另一个特点，就是其相信鬼神的知觉力和效力。墨家文本经常天、鬼并提：我们应当"敬天事鬼"（Mz 26/25－26）。他们认识到存在三种鬼神："天鬼""山水鬼神者"以及"人死而为鬼者"（Mz 28/21，31/97）。这些存在，作为天的代理人，负责大部分日常道德规范的实施。他们的能动性实际上是天的能动性的一种延伸。定期在祖庙献祭牺牲、供奉酒醴来尊敬鬼神，是人的重要社会道德义务。既然很多鬼是祭祀者自己的祖先、先王或逝去的家庭成员，这样的祭祀同样也是关怀已逝亲属与有交情的人的方式。祭祖也是合欢聚众的场合（Mz 31/99－106）。正如在当代中国文化中一样，一旦尊贵的鬼神享用了供奉的祭品，在世的参与者就可以享用剩下的饮食。

恶的难题

天和鬼神共同构成了人格化、道德化的自然，它始终如一地符合并实施一种规范性秩序。正如我们在第一章已经看到的那样，在墨家看来，这种规范性秩序并不受到任何对抗性力量，比如"命"的反对。因此，他们的神学刻画了一个依照一以贯之、可预测的模式（既包括了因

---

① 原则上，人在死后也可以获赏，受到褒扬、崇敬、飨子孙供奉的祭品；也可以受罚，遭受谴责、断子绝孙、无人供奉。死者仍被视为这个自然世界的居民和人类社会结构中的成员。

果关系也包括了道德规范和约束)运作的世界。这些模式的依据在于对人的能动性(human efficacy)的肯定,因为它们有规律又可靠,使得我们得以对行为加以选择从而控制会遭遇的后果。但与此同时,这种神学背景引发了一个尖锐的关于恶的难题。如果宇宙具有一个由神圣主体执行的固有道德秩序,我们会期望有德之人必定得平安繁荣作为回报,而做坏事之人必定得惩罚。可是,有时候贤者没能发旺,而不肖者却得昌盛。为什么天会允许这样有悖情理的结果存在?还有,如果天自身一贯地遵循道,而且天创造了人,为什么天没有把人造成始终遵循道的呢?

在犹太-基督教的神正论(theodicy)中,恶的难题关乎的是,为何全知全能、道德完美的上帝会允许由道德上的恶或天灾引起的苦难(即由于道德主体所做的有害行为,或诸如风暴、疾病这样的有害自然事件所产生的苦难)存在。我们所熟悉的回答是去列举各种善,这些善被认为远远超出了恶的存在,但只能在恶也存在的情况下才能存在。比如,或许上帝阻止所有恶与允许人们运用自由意志相排斥,也与它为人提供一个有序、可预测的遵循自然法的环境这一点相排斥。退一万步讲,还有一个解释是,无论如何,上帝都会在来世为贤者在此世所遭受的苦难进行补偿。

墨家没有这样的辅助性解释。他们也没有诉诸一些其他的善,说这些善的存在远远超出了恶的存在。他们却坚称天确定无疑是仁慈的、对人的行为全知而且极其强大。那么,为什么恶会存在呢?我认为,墨家的回答借助于其宇宙观的两个方面。首先是因果多样论(causal pluralism)。墨子在《墨语》中解释说,即使是贤者也可能会遭受不好的结果——比如疾病,那是因为事情产生于多种因果要素,有些要素可能是难以确认和控制的。

　　子墨子有疾，跌鼻进而问曰："先生以鬼神为明，能为祸福，为善者赏之，为不善者罚之。今先生圣人也，何故有疾？意者先生之言有不善乎？鬼神不明知乎？"子墨子曰："虽使我有病，何遽不明？人之所得于病者多方，有得之寒暑，有得之劳苦，百门而闭一门焉，则盗何遽无从入？"（Mz 48/76 - 79；参见 49/64 - 71）

　　根据这段文本，自然恶的存在并不能反驳关于有知觉力的鬼神执行道德规范的学说。像疾病这样的自然恶，可能在有没有鬼神惩罚的情况下都会出现，因为鬼神的干预只是许多可能的因果相关要素之一。这些因素在原则上是可知的，尽管可能实际上并不总是可控的。不幸在原则上是可避免的，而不由命运的神秘力量决定。达到好结果的关键在于人努力甄别风险并加以规避。

　　但为什么天和鬼神不保护贤者免受造成不幸的那些潜在原因的影响呢？墨家的回答很可能可以归结为其世界观的第二个特征，也就是天的能动性具有类似自然主义的（quasi-naturalistic）特征。一般来说，天并不主动干预人类活动以防止不好的后果发生。其能动性主要是反应性的，依循自然因果律的。在其他因素保持不变的情况下，如果我们遵循天意——遵循关于自然的规范性的道——它就会使我们的行动顺利，以作为回应。如果我们与天意相违，它并不阻止我们，而只是确保这些行为会产生不利后果。比如，在墨家的世界观中，天仁慈地为我们提供材料，使我们得以建造坚固的房屋。尽管天是仁慈的，但如果我们愚蠢地做出决定，要从屋顶跳下去，它并不会做出干预，而如果我们真的跳下去了，它就会使我们跌落。如果我们没能避免造成不幸的其他可能原因，那么天就不会为我们作出干预。

　　天的能动性是反应性的，这种特点还得出了对道德恶这一难题的墨家式回应。人是主体，依据对是非之辨的理解来行动。人们有时候采取不道德的行为，是因为他们作出了错误的是非之辨，或者因为他们没能依据正确的是非之辨采取行动（详见第七章）。天并不去干预或阻止这样的无能或错误，而只是以坏的后果作为回应。比如，根据墨家对历史的诠释，天并不阻止暴君治理国家不力、残害百姓。但如果他们这么做了，天就会作出回应，惩罚他们，使其最终被推翻并不得终寿，使其子孙流离失所并被后世谴责唾弃。

因此，墨家的世界观在其神学所呈现的关于自然的宗教式神秘看法，与关于因果性已初具科学性的态度（从其关于"命"的立场和对自然恶与道德恶的解释体现出来）之间，维持着岌岌可危的平衡。认识到事件的原因可能包含多种要素，其中一些难以控制，这是走向科学的世界观的一步。然而，墨家应用这种观念却是为了最不科学的目的，旨在得出其关于神圣正义的学说不可错的结论——因为任何落在贤者头上的不幸都可被归结为其他要素而不是天无能为力。由于天降格为诸多因果性要素之一，这削弱甚至放弃了宇宙作为一个得到了严格监管、切实赏罚善恶的规范性秩序的形象。另一方面，很难看到有什么替代性学说可以更好地服务于墨家的意图。一种完全合乎逻辑的解决自然恶的路径可能会意味着放弃其神学的核心教义，因为它要么承认天只间或执行道德秩序，要么就要采取一种关于天的完全自然主义、非神本主义的看法——正如荀子后来所做的那样。

天作为道德之法

墨家伦理诉诸天，其关键在于，天作为最崇高、最智慧的道德主体，本身依道而行，而道体现的永远是正确的道德规范。天意一定是仁义的。要想知道义的客观标准是什么，我们只需观察天的行为，发现它所承诺于以及意欲我们遵循的规范——天的"意"或"志"，其中"意"和"志"两个词指的是思想所指向的目的或目标。墨家相信，天的规范清晰、可理解，易于被所有人发现。所以天意可以充当每个人都能加以运用的根本的道德之法，就像每个人都能运用工匠的"规"和"矩"一样。

> 是故子墨子之有天志，辟人无以异乎轮人之有规，匠人之有矩也。……上将以度天下之王公大人为刑政也，下将以量天下之万民为文学出言谈也。观其行，顺天之意，谓之善意行，反天之意，谓之不善意行；观其言谈，顺天之意，谓之善言谈，反天之意，谓之不善言谈；观其刑政，顺天之意，谓之善刑政，反天之意，谓之不善刑政。故置此以为法，立此以为仪，将以量度天下之王公大人、卿、大夫之仁与不仁，譬之犹分黑白也。是故子墨子曰："今天下之王公大人士君子，中实将欲遵道利民，本察仁义之本，天之意不可不顺也。顺天之意者，义之法也。"(Mz 27/63 - 73)

尽管墨家自身并没有明确作出区分，我们仍可以辨别天意所起的两种相互关联的作用。一方面，它充当了道德正当性的标准，从而是道德辩护的基础。比如在上面那段话中，天意被用来评估法律、政策、言论和行为是否善。另一方面，天意还充当了实用的道德指南。实际上，当我们考虑应该怎么做的时候，我们可以将行为与天进行比照以确定应当如何做。

> 既以天为法，动作有为必度于天，天之所欲则为之，天所不欲则止。(Mz 4/10 - 11)

因此,天为行为提供了一个根本的指导,"天之意不可不顺也"(Mz 27/73)。

墨家诉诸天志为其伦理奠基出于几个原因。这表达了对天的仰慕,以天为最智慧、最具美德的典范,以及全天下主宰。这为墨家之道增加了元伦理学及知识论层面的特殊权威,为其提供了客观基础,基于的是自然秩序本身具有的规范。从修辞的角度来看,必须遵循天意这一训谕,再加上否则天就会降下惩罚的威胁,对墨家的许多听众来说是颇具说服力的。还有,正如我接下来要讨论的那样,天作为关心天下之利的仁慈主宰者的这一看法,形象地阐明了墨家对道德的理解及其客观和不偏不倚的立场。此外的原因是,正如我在第一章中提及的那样,天意为道德提供了一个清晰的公共标准,它就如"规"或"矩"那样易于运用,从而使得明辨道德对错就如分辨黑白一样简单。墨家热衷于以一个直截了当的标准来简化道德判断,这一点是可以理解的。但正如我们将看到的那样,这种特点却易于强化一种关于价值的狭隘看法,而这正是其伦理学的主要缺陷之一。

天之意

如果天意的确是可靠的道德标准,那么天意欲什么呢？墨家的诠释是,天的行为表明,它意欲人们相爱相利,而不是相恶相贼(Mz 4/11-12,27/45)。遵循天意意味着"兼相爱,交相利"(Mz 26/22)。天意欲天下有义,还意欲人们有"生""富""治"(Mz 26/36,28/35)。《天志中》详尽地描述了一个社会如果遵循天意会是什么样子:

> 天之意不欲大国之攻小国也,大家之乱小家也,强之暴寡,诈之谋愚,贵之傲贱,此天之所不欲也。不止此而已,欲人之有力相营,有道

相教,有财相分也。又欲上之强听治也,下之强从事也。上强听治,则国家治矣,下强从事则财用足矣。若国家治财用足,则内有以洁为酒醴粢盛,以祭祀天鬼;外有以为环璧珠玉,以聘挠四邻。诸侯之冤不兴矣,边境兵甲不作矣。内有以食饥息劳,持养其万民,则君臣上下惠忠,父子弟兄慈孝。(Mz 27/14 - 20;同样参见 26/36ff.,28/35ff.)

天意欲人们遵循诸如兼爱这样的墨家道德规范,天还意欲墨家伦理学说所提出的那些善,包括和平、安定、社会合作、经济富足、关爱和保护贫者弱者、敬畏天鬼以及履行关系性的美德。简言之,天赞同墨家的道德观。因而墨家声称其道德规范反映了天意;其道德理论是正确的,因为它表达了天所认可的行为规范。

墨家有两个基本论证来说明天具有什么样的态度,二者都基于一个推理,从他们眼中天之所作所为得出天之“欲”和“意”的内容。对于刚才引用的那一段文本所展现的所有细节,这些论证并未一一提供辩护。不如说,他们主要尝试辩护的是这一论断,即天意欲人们相爱相利,从而共同追求财富、人口和良治这些善。这一段文本相当于展开阐释了“利”,以及更具体说是“治”的概念。

第一个论证是:天的行为表明它爱利天下所有人。正如我们已经看到的那样,天创造了我们栖居其中的世界,还提供自然资源供我们赖以维生。从天的这些行为我们可知,天意在于爱利天下所有人。因此,这一推理导向的结论是,天意欲人们也通过爱利彼此来遵循天意。这一论证最精炼、清晰的版本在第一章中已经引用过。天意欲“人之相爱相利”,因为它本身“兼而爱之,兼而利之”,我们知道这一点,是因为它“兼而有之,兼而食之”(Mz 4/12 - 16)①。《天志上》提出了这一论证的

---

① 也参见 Mz 26/30 - 33,27/35 - 39,28/19 - 23。

另一形式。天欲义，因此王公大人应当率天下百姓从事于义。我们何以知天欲义？因为只有当天下有义，才有"生""富""治"，而天欲"生""富""治"（Mz 26/12 - 14）。文本并没有详细说明我们何以知道天意欲这些善，但对此的可能解释是，由于天本身给予人以生命、资源以及人栖息其中的秩序井然的自然世界，那么显然它意欲我们拥有这些善。如果用"生"代替"人口"，那么这些善就恰恰是墨家视为构成利，即其关于义的标准的东西。

第二个论证是：天一定是深切地关爱人的，因为它所执行的道德，是清算那些针对无辜者犯下的罪行。它奖赏爱利人民的六位古代圣王，惩罚鄙弃残害人民的四位暴君①。从天的赏罚可见，天意在于人相爱相利，因为它奖赏这么做的人，而惩罚不这么做的人。

我们不必赘述这些论证的浅陋之处。第一个论证基于一种关于自然的宗教式看法，其中自然物和自然事件有选择性地被用来说明天之能动性。而对我们来说，自然已经完全被去魅了：将自然现象解释为天的活动是一个范畴错误。第二个论证等同于对虚幻的古代事件做可疑的循环解释。但正如我后面将要说明的那样，第一个论证仍可以作为一个有意义的隐喻，借此可以阐释一种关于道德的合理看法。

为何顺天意？

对于我们为何应当遵循天意，墨家至少提出了六个理由。第一个理由粗略地诉诸自利：如果我们做天所意欲的事情，天就会做我们意欲的事作为奖赏（Mz 26/10）。更宽泛地说，天会赏贤罚暴（26/21 - 23）。既然

---

① Mz 4/16 - 22, 26/23 - 36, 27/42 - 63, 28/23 - 34.

这种论证的依据仅仅是我们自己的利益，它提供的遵天的理由只是出于审慎考虑，而非道德考量，它也并未提供任何理由让人认为天意是道德善的。天可以是出于变化无常或不道德的理由来随意分配赏罚的。

与此相联系但具有道德相关性的理由是：遵天能够带来好的后果。既然天奖励顺天意者、惩罚不顺天意者，遵循天意可以带来良序、安定和财富（Mz 27/20 - 21），既然对墨家来说，这些善构成了"义"，那么遵循天意就是对的。第三个同样具有道德性的理由是感激或互惠。天给予我们诸多恩赐，比如自然资源。如果不顺从天意就如同一个成年的儿子没能照顾在他还是幼儿时抚养他的慈父。这样的行为是"不仁不祥"的（Mz 27/39 - 41）。这两条理由为遵天提供了道德依据，但并不能说明天是道德准则。

第四个更富哲学意趣的理由是，我们应当遵循天意是因为，天是宇宙中最高贵、最智慧的权威，它提供了可靠而客观的"义之法"①。还有一个道德上的原因是，鉴于墨家对政治秩序的理解，为确保有义，就必须由天来主宰，而我们因此必须遵循天意（Mz 26/14 - 22）。《天志》中将这一点引申为第六个理由：因为天是宇宙中最智慧、最高贵的主体，"义果自天出"（Mz 27/6），所以"天之意不可不慎"（Mz 27/22）。最后的这三个理由都支撑天意是"义之法"或"义之经"这一论断。

墨家文本为这一论断提供了两条主线论证。我称第一个论证为道德典范（the Moral Examplar）论证。天是义之法，因为它是不变的、典范式的道德主体。与人类主体不同，天的仁慈是始终如一的，因为"天之行广而无私，其施厚而不德，其明久而不衰"（Mz 4/9 - 10）。也就是说，天的行为富有包容性且不偏不倚，它施予丰厚，光明经久不衰。尽

---

① Mz 4/9 - 11, 26/41 - 44, 27/73 - 74, 28/44 - 46, 72 - 73.

管这些理由只在相对较晚的《法仪》篇中得到了明确表达，但天的不偏不倚、慷慨和始终如一这几个特点在《天志》三篇中也得到了一定程度的体现。正如我们已经看到的那样，墨家声称天"不辨贫富、贵贱、远近、亲疏"，它爱利所有人，主宰和兼爱天下，而且还使四时更迭、节气变迁有律有常①。这些论断的重要之处在于，天体现了道德的多种特点，因此是关于义的合适指南。对天的这种刻画也有助于我们在具体语境中理解墨家关于天的看法，根据这种看法，天是最高贵、最智慧的主体，地位高于人类君主。天拥有这种卓越、高贵的地位，一定程度上是由于它拥有最高的、全视的神祇的身份(Mz 26/7)。但其高贵和智慧还在于它所具有的道德品质：它的慷慨是始终如一、不偏不倚的。因此，关于天是义的指南的论断以这个道德论断为基础，即不偏不倚、慷慨和始终如一的行为使得一个主体有资格成为一个道德典范。与此论断结合在一起的是相信天展示出了这种行为的宗教信仰。

如果我们同意墨家关于天及其属性的宗教信仰，并且如果我们同意他们所说的，像不偏不倚和仁慈这样的特征是道德的标准，那么这一论证可以支撑他们认为天是义之法的观点。显然，这些都还只是假设。我们也完全可以拒斥他们关于天的信仰，或者不同意比如慷慨是一个重要的道德标准。但更重要的问题是，道德典范论证容易损害墨家诉诸天对其伦理学所作的辩护。这一论证过于依赖需要天来进行辩护的道德观点，这使得天意很难被视为独立的义之法。可以说，天的功能实际上更像是一个隐喻，而非辩护的依据。

第二个论证我们可称为良治(the Orderly Government)论证，《天志》三篇中出现了这一论证的几个版本②。这个论证是：我们必须遵循

① Mz 9/52, 27/22 - 26, 35 - 39, 39 - 41, 28/21 - 23.
② Mz 26/14 - 22, 27/2 - 6, 28/9 - 18.

天意，因为"义者，（善）政也"（Mz 26/14）。在善政之下，"无从下之政上，必从上之政下"（Mz 26/14），"夫愚且贱者，不得为政乎贵且知者，然后得为政乎愚且贱者"（Mz 27/4-5）。老百姓并不进行自治，而由政长加以匡正，而政长又由公卿加以匡正，这样等级的阶梯一直往上，一直到主权者——天子。天子同样并不进行自治，而由天来匡正。我们可以知道这一点，因为圣王率领人民祭祀上帝鬼神、祈福于天（Mz 26/20），还因为天能赏罚天子（Mz 28/14-15）。因此，义要求我们遵循天意。墨家本身并没有使用"必要条件"这样的术语，但实际上他们将遵循天意视为社会处于有义状态的必要条件。

这个论证的第二个版本特别有意思（Mz 27/1-6）。这个版本认为，如果我们考察"义自何出"，我们会发现，"义果自天出"。对墨家来说，"治"是"义"的标准及要素。天下有义则有治；天下无义则无治。有善政才有治。因此，既然"善政"也被视为义的要素，那么，"义者，善政也"；天下有义，则有善政。墨家认为只有在"贵且智者"治理的时候，社会才有良治。正如我们在第三章中看到的那样，他们认为，"自贵且智者，为政乎愚且贱者，则治；自愚贱者，为政乎贵且智者，则乱"（Mz 9/1-2）。因此，特别在这种意义上，即"治"作为决定是否"义"的一种善，只有在"贵且智者"治理的时候才存在，"义自贵且知者出"。因为天是最高贵、最智慧的主体，义最终就是由天所出的。当人们遵从天的统治、顺从天意的时候，就有义，因为只有这样天下才会有治，而且只有天下有治，才会天下有义。

与道德典范论证一样，良治论证只是由于预设了墨家伦理理论的一些主要特点，才得以将天树立为我们应当遵循的权威，在此体现为"义""治"和"贵且智者"的统治这几个概念之间的关联。与其说这个论证支撑了墨家的伦理学说，不如说它以墨家的伦理学说为依据。但它还是有意思的，它表达了墨家关于义的看法，义体现于一个等级制式的社会结构中，其中每个人都遵循由不偏不倚、关切天下之利的统治者所颁布的规范①。

神意论

天作为最高的义之法这一角色，长期以来，激起了关于墨家伦理从根本上来说是否神意论，从而是否后果论的论争②。根据神意论，决定

---

① 黄百瑞（David B. Wong）（"Chinese Ethics," in *Stanford Encyclopedia of Philosophy*，http：//plato. stanford. edu/archives/spr2008/entries/ethics-chinese，sec. 3）认为，诉诸天来支持墨家的后果论可能是循环论证，因为在他看来，将天作为"贵且智"的主要原因，正是它兴天下之利。我认为墨家对天的诉诸循环论证这一点基本上是显而易见的。然而，这种循环的关键并不在于天的智慧和高贵简单地等同于其兴天下之利。而在于，作为宇宙的最高权威，天就定义而言就是最高贵和最智慧的，而且鉴于墨家对社会秩序以及"治"与"义"之关系的理解，"义"内在地要求我们遵从天意。正如我在本章后面进一步加以解释的那样，诉诸天并不构成为墨家后果论所做的独立论证，而更多是墨家表达对可不偏不倚、客观辩护的道德规范之看法的一种方式。

② 这一论争由这篇文章引发，Denis Ahern, "Is Mo Tzu a Utilitarian?" *Journal of Chinese Philosophy* 3, no. 2 (1976)：185 - 93，此文注意到了支持以及反对后果论解读的证据。主张神意论解读的包括 David Soles, "Mo Tzu and the Foundations of Morality," *Journal of Chinese Philosophy* 26, no. 1 (1999)：37 - 48；Yong Li, "The Divine Command Theory of Mozi," *Asian Philosophy* 16, no. 3 (2006)：237 - 45；以及 Daniel Johnson, "Mozi's Moral Theory：Breaking the Hermeneutical Stalemate," *Philosophy East and West* 61, no. 2 (2011)：347 - 64. 主张后果论解读的包括 Dirck Vorenkamp, "Another Look at Utilitarianism in Mo-Tzu's Thought," *Journal of Chinese Philosophy* 19, no. 4 (1992)：423 - 43；Kristopher Duda, "Reconsidering Mo Tzu on the Foundations of Morality," *Asian Philosophy* 11, no. 1 (2001)：23 - 31；Chris Fraser, "Mohism," in *Stanford Encyclopedia of Philosophy*，http：//plato. stanford.edu/archives/fall2009/entries/mohism (article published in 2002)；Hui-chieh Loy, "The Moral Philosophy of the Mozi 'Core Chapters'" (PhD diss., University of California, Berkeley, 2006)；以及 Bryan W. Van Norden, *Virtue Ethics and Consequentialism in Early Chinese Philosophy* (Cambridge：Cambridge University Press, 2007).

某事在道德上是否正确，是看其是否符合一位神祇的意志或命令。某事在道德上正确是因为这位神祇意欲或规定了此事。

为了更好地理解某种道德理论并将其归类，重要的是分辨这种理论对两个不同问题的回答：是什么要素决定了行为、规则、实践或个性特点是道德上正确的或好的？以及为什么这些要素在道德上有意义？第一个问题关乎这一理论对决定一件事是对还是错的规范性要素的解释。第二个问题关乎这种理论对道德之根基的解释，也就是关于为什么那些要素具有道德相关性的解释①。一种理论对第一个问题的回答可能与其对第二个问题的回答不同，但是对第二个问题的回答才决定了这一理论的根本性质。比如，规则后果论可能会对第一个问题给出一个义务论式的回答，声称决定某个行为是否正确或能否被允许的关键在于它是否符合正确的道德规则。尽管如此，这个理论仍然可能在根本上是后果论的，因为其关于道德正确在于符合这些规则的解释，是对是错，最终还得由什么具有最好的后果来决定，而最好的后果由依循某一套道德规则的行为产生。

墨家著作表明，他们在要素式问题上采取的立场主要是后果论式的，也在某种程度上是多元主义的。墨家认为使一种行为、政策或实践正确、可被允许的首要规范性要素是兴"天下之利"（Mz 32/1 - 2）。有时候，实际上起作用的规范性要素可能是遵循某种做法、典范、法仪——比如先王之道（Mz 25/86 - 87）或墨子所设立的法规（Mz 25/83）。在一些语境中，他们赋予天意以要素式的角色："天之所欲则为之，天所不欲则止"（Mz 4/10 - 11）。但这些言论使得根基问题仍然具

---

① 对此有益的讨论，参见 Shelly Kagan, *Normative Ethics*（Boulder, Colo.: Westview Press, 1997），17 - 22，这里引入了与"根基（foundations）"相对的专门术语"要素（factors）"。

有开放性。墨家的根本解释可以是后果论式的。他们可以认为，从根本上来说，能够兴天下之利是解释行为、典范、政策和实践正确、可被允许的根本特征。或者他们也可以持有一种神意论：或许之所以兴天下之利是一个决定对错的要素，是因为天意欲我们兴天下之利。如果天意是其根本立场的依据，其伦理学最好被诠释为一种神意论。

乍一看来，《墨子》的一些章节可能表明了一种神意论。《尚同》上、中两篇声称统一的义必须上同于天，否则天会施加惩罚。《法仪》篇认为，天是唯一可接受的法仪，因此我们应当做天所意欲之事（Mz 4/9 - 11）。《天志》上篇强调，正如各级政长管理下属那样，天管理人间的主权者（Mz 26/15 - 17）①。为了使天下有义，我们必须遵循天意。正如我们已经看到的那样，《天志》中篇甚至声称义"自天出"（Mz 27/6）。但经过仔细考察我们会发现，这些章节都没有直接表明天意可以从根本上解释何以"天下之利"能够成为使行为、政策或实践在道德上正确的要素。而它们都可以从一种后果论式的根基性立场中得出，其中天的角色只是一个道德指针或执行者。

墨家很可能并没有足够清楚连贯地处理根基性问题，使我们可以从其并未言明的观点中作出完全确凿的判定。其思想中实用、非本质主义的倾向使其远离了这个主题。正如我们在第二章已经看到的那样，其理论关注点并不针对神意论提供了回答的那种定义式问题。其关注点是如何依据道来做辨别，而不是就这些"辨"何以是其所是给出实在论式的或本质主义的解释。但可能也可以说，他们没有专门讨论

① 华兹生令人遗憾地将这一主张翻译为"天决定对天子来说什么是对的"（Burton Watson, *Mo Tzu: Basic Writings* ［New York：Columbia University Press，1963］，80），这误导性地暗示对错是由天来决定的。正如 Van Norden 指出的那样，中文文本中并没有这种暗示（*Virtue Ethics*，147）。更准确的翻译应为："天统治天子。"

这些问题的这一事实，说明他们不太可能持有一种神意论却并未言明。我们所能确定的是，正如我们已经看到的那样，在其理论框架中，他们直接明确地赋予了天以两个主要角色，分别对应于道德典范论证和良治论证。对这些论证详加阐释，并不能给我们理由认为墨家是将天意作为根基性解释，以说明为何像兴天下之利这样的因素对于分辨道德对错具有相关性。对墨家立场的一个更简单直接的解释是，它不仅在根基性层面是后果论式的，而且在要素层面也主要是后果论式的。

　　天首要及最重要的角色在于，天意是义之法，或者说是关于什么是道德上正确的法仪，这在《天志》各篇的结尾部分得到了体现①。正如第二章解释过的那样，关于法仪的论断一般不是定义性或根基性的。它们是认知性和实践性的：法仪是可靠的工具或尺度，用以指导或检查事物，就像"矩"是制作和检查直角的"法"一样②。当《法仪》篇提出并拒斥以父母为"治法"（Mz 4/5）时，作者并没有考虑我们父母的行为能否提供根基式的解释，用以确定"治"的要素。当然，从知识论上以天作为法仪，在逻辑上并不妨碍墨家持有一种根基性的神意论。但是墨家著者的一个典型特点是清晰而重复地表达其观点。如果神意论对其世界观来说是重要的或者说根基性的，那么在其著作的其他地方它也应该是一个突出、明确的主题。对天进行详细讨论的四篇文本，每一篇的核心都是天作为法仪的角色。

　　天的第二个重要角色是，在整个宇宙的权威结构中，它处于最高地位，统治人间君主，就像人间君主统治其下属一样。因为义要求"治"，而"治"要求服从上级，所以人们必须遵循天意。义"自天出"的意思是，

---

① Mz 4/9，26/44，27/73，28/69，72－73.
② Duda 正确注意到了这一点（"Reconsidering Mo Tzu," 27－28）。

为了使天下有治并因此有义，必须由天统治①。这些论断背后可能有一个根基性的立场，但如果是这样的话，那么就不是由天意，而是由"义"来确定哪些要素决定道德对错。在一定程度上，义可归结为一种特定意义的"治"，也就是，由"贵且智者"进行统治的等级体系。良治论证的三个版本都将"义"与"治"的概念联系起来，并由此得出了我们应当遵循天意的结论。义、治以及等级结构之间的联系被视为在概念上先于并独立于天的角色。所以，墨家的根基性看法不大可能是一种神意论。假使他们真的持有神意论，关于为何社会秩序是道德上正义的解释应该是：天意欲如此。而他们所呈现出来的看法却几乎与此相反。关于我们为何应当遵循天意，他们的解释是，这是正义的社会秩序所要求的。对于这种立场最简单、最直接的解释是，良治论证有赖于其关于什么样的社会结构在道德上是正义的看法，而他们将这一看法视为独立于天意的②。正如我已经在第三章说明的那样，天的道德权威在一定程度上基于墨家关于政治权威的看法。这一论证并不意味着天意是道德规范的根基。

《天志》上篇的另一段文本也类似，它表明，墨家将道德视为从根基上来说独立于天的。这段文本认为，我们知道天意欲义，是因为当天下有义，就有生、富、治；而当天下无义时，就不存在这些善（Mz 26/12）。天意欲这些善，所以它是意欲义的。（我们知道它意欲这三种善，大概是因为它曾给予人们以生命、资源和赖以栖居的有序自然世界。）③与

---

① 在古汉语中，义从天"出"并不意味着天创造了义或决定了义的内容。与《论语》中类似的说法作一比较：当天下有道时，"礼乐……自天子出"而不是从各个诸侯那里发出（LY 16.2）。关键不在于天子创造礼乐或决定其内容，而在于他指挥或主持它们。类似地，义可以"自天出"，意思是天掌管着其得以实现的权威等级。

② Van Norden 得出了类似结论（*Virtue Ethics*，148）。

③ 天欲义，并不只是因为它"欲"这些善品——也就是说，天对义的"欲"并不归结为其对善品的"欲"，从而使其对义的"欲"成为工具性的。文本中的说法是知识论意义上的：我们知道天欲义，因为它"欲"这些善品，而只有在有"义"的时候才会有这些善品。

以天作为道德之法一样，这一段在逻辑上并不排除神意论。但如果墨家认为天意是道德对错的根基的话，很难理解为何他们需要论证天意欲义，还有为何在这一语境中他们没有解释天的态度如何决定什么是义。一个更直接的解释是，他们认为天意与义之间的一致是需要得以解释的，因为他们认为义带来生、富、治的这一看法从根本上独立于天意。

最后的一个考虑是，墨家遵天的诸理由之一，就其本身而言很明确就是后果论式的。在《天志》中篇，良治论证后面紧跟着早先引用过的一段话，这段话对天所意欲的行为及其积极后果进行分类。然后作者总结道：

> 故唯毋明乎顺天之意，奉而光施之天下，则刑政治，万民和，国家富，财用足，百姓皆得暖衣饱食，便宁无忧。(Mz 27/20 - 21)

这意味着墨家伦理学说常常运用的道德要素，比如社会秩序和经济繁荣这样的好结果，为遵循天意提供了辩护。如果作者认为天意从根本上解释了为何这些要素在道德上重要，那么很奇怪的是，为何他们要诉诸同样的要素来为遵循天意作出辩护。

墨家伦理根本上是后果论吗？

由于墨家文本并没有直接处理根基性议题，就算他们有根基性的观点，也很难确凿地说明它是什么。而且，对于墨家自身而言，要素层面和根基层面的区分以及后果论与义务论之间的区分都并不那么清楚或重要。但或许他们就相关问题已经说得够充分了，使得我们可以提供一种关于其根基性立场的合理推断。他们明确断言天意是最高的道德之法而且社会秩序要求我们遵天。我认为，他们之所以赋予天以这些角色，可能反映了其并未言明的根基性观点——在他们看来，天所确定的、用以区分行为是否正义的那些规范性要素为何在道德上具有相关性的观点。

这些理由正是道德典范论证和良治论证中提供的那些理由。天是包容、不偏不倚、慷慨和始终如一的，也就是说，它始终造福天下所有人。社会秩序要求我们遵循其指导。一个可能合理的推论是：天是可靠的道德指南，因为它选择那些不偏不倚兴天下之利，并带来社会良治的道德要素①。这些要素在道德上相关是因为它们带来这些好的后果。如果这些理由确实表明了墨家的根基性立场，那么其伦理学在要素和根基层面就都是后果论的。决定道德正当性的要素为何就是正确的要素，对此的根基性解释是，它们促进了社会良治和总体福利。

除了后果论和神意论，还有两种关于根基性观点的可能性：美德论和义务论。既然诉诸天这一理想道德主体对于墨家伦理十分重要，有没有可能其并未言明的根基性观点是美德论的呢？如果是这样的话，那么对相关道德要素的根基性解释可能是：它们正确，是因为与天所彰显的有美德的性格特征一致。然而，这种解读可能并不合理，因为墨家将天作为典范，依据在于其确保社会良治的行为和角色，而非其性格特征。还有另一种可能性是将良治论证解读为表达了义务论的观点，

---

① 这些文本并不意味着，确定什么是义的因素得以成为相关要素是因为天"欲"或"意"它们——这就是一种神意论了。相反，他们只声称了天欲义。出于类似原因，我在 Fraser 的"Mohism"中曾指出墨家思想中天的作用类似于在理想观察者理论中的理想观察者的作用，也是错误的。天的认知角色类似于一个理想观察者的角色作用。但在一个理想观察者理论中，对于确定什么是道德上正确的要素，根基性的解释是，它们得到理想的观察者的认可。墨家文本没有提出一个涉及天的类似解释。

也就是说，将权威赋予"贵且智者"的等级式政治结构是内在正确的。但这一论证得以最充分展开的那个版本，声称这种结构对于实现"治"是必要的，而"治"从外延上被视为等同于"义"的（Mz 27/3‑6）。由于从其他语境来看，墨家明确将"治"视为决定"义"的诸善之一，他们诉诸"贵且智者"的统治，对此最简单的解释就是，它促进了墨家式后果论中被视为根基性的善。

这些考虑肯定并非不容置疑的，因为我们是在推断墨家伦理学中一个他们自己并不曾直接或明确处理的层面。尽管如此，他们给出的将天作为道德指南的主要论证，不仅说明了顺天为何正确，还相应说明了天所体现的规范性要素具有道德相关性，是因为依据这些要素会产生好的后果。因此，很可能的是，在什么要素使得行为和实践在道德上正确这一问题，以及为何这些要素在道德上有意义的根基性问题上，墨家持有的都是一种后果论式的立场。他们偶尔在要素性层面上以规则或天之所欲为依据，对于这些例子的根基性解释是，遵循规则或天之所欲使我们得以兴天下之利。

天意与道德的性质

天在墨家思想中所起的作用，受到了宗教信仰的激发，而当今基本上没人共有这些信仰了。但我认为，即便我们抛开这些信仰，墨家诉诸天的做法，对于我们理解道德理论仍然是有意义的。将天作为自然本身或者作为假想的自然主宰，这种看法为我们提供了一个有力的隐喻来思考道德——尽管它有可能是误导性的。使其具有误导性的那些因素，可以帮助我们甄别墨家伦理中存在的缺陷，并有助于我们更好地理解如何建构能够得到更好辩护的道德理论。

在墨家看来，道德规范，即我在此诠释的"义"，必须是统一的，或者说被所有人认可和遵循的。它们必须是不偏不倚和客观的，不只是某个特定个人的处世之道，或某个特定团体或社群的狭隘习俗，也不是某个特定学派偏好的学说。它们必须是公开的、社会性的以及常态化（"常"）的，这样，通过被颁布为明确的"法"和"言"，它们能被所有人一贯地遵循，而不产生相互冲突或自败式的后果（详见第五章）。

我们可以这样解读，墨家诉诸天，是为了提出如何确定符合这些标准的规范。不妨这样来考虑一下道德吧，想想什么才是"自然的"道德规范，也就是以天的立场为依据的那些道德规范，此处天被理解为作为整体的自然①。由于这些是作为整体，包括人类在内的自然所具有的规范，我们所有人可以认可并遵循它们。它们是客观和不偏不倚的，因为它们会超越特定个体或群体的局限性和偏见，并将所有个体和群体纳入考虑之中。它们可以被公开化——通过"法"和"言"向所有人解释清楚并发布。不仅如此，它们还是权威性的，因为它们是自然的世界本身具有的规范。所以，对墨家来说，这样的"自然具有的道德（morality of nature）"似乎是对道德作出正确解释说明的理想方案。鉴于这些标准至少在某种意义上提供了对道德规范似乎合理的描述，墨家诉诸天，是阐释道德之性质的一种有趣的方式。

在墨家的设想中，道德或者说"义"就是明辨是非，并依是非之辨行事的"道"。一般性的指导行为的"辨"如何可以是基于自然本身的呢，也就是说，作为自然造物，我们如何能自然而然依据其行动呢？墨家提出的一个具有特色的方案是利害之辨。我们所有人本能上都寻求为我

---

① 据我所知，唯一一个明确说明天在墨家伦理学中具有这一角色的人是陈汉生（Hansen）（Chad Hansen, *A Daoist Theory of Chinese Thought* [Oxford: Oxford University Press, 1992], 114-15, 123-24）。

们自己及亲密圈子，如我们的家庭和交情好的人趋利避害。我们寻求的利从最低限度讲，包括保全生命、获取足够的物质资源以及确保和平安定，大致来说就是墨家伦理中的基本善。墨家很可能正是将利害之辨，其伦理学中用以指导行为的核心之"辨"，视为所有人都共有的"自然的"价值。

对我们自己及圈子有利还是有害，是我们自然而然相应采取行动的是非之辨，但它并不是作为整体的自然所具有的道德。如果我们的利是通过伤害他人而得到的，由这种"辨"驱动的行为就不是客观的，不能得到不偏不倚地辩护。如果从每个个体出发，利害之辨并不能得出客观、不偏不倚、可被所有人遵循而不致产生自败后果的规范。然而，如果从作为整体的自然出发，这种"辨"就能得出这样的规范。如要得到这样的规范，一种方式是去扩展我们对这种"辨"的运用，使得我们不是为我们自己和圈子的利益行动，而是为天下之利行动。但其得出的可能是一种很少人能够付诸实践的道德，因为大部分人缺少能力或机会采取直接增进天下之利的行动。或者，我们可以将作为整体的自然的道德作为辨别是非的规范体系，如果所有人都依其行动，就会产生兴天下之利的后果总量。这个体系是客观、不偏不倚的，将每个人纳入考虑之中，可以被所有人遵循，因为这么做对所有人有利①。

---

① 墨家伦理学的特征与"神学的"或"圣公会"式的原始功利主义者（proto-utilitarians）——如 Richard Cumberland（1631－1718）以及 John Gay（1699－1745）——的观点有着惊人的相似之处，同时也存在着显著差异。在论证"自然的"规范要求我们为共同善——而不仅仅是我们自己的利益——而行动时，双方都诉诸了一个欲求所有人的利益的神祇。然而，与 Cumberland 和 Gay 不同的是，墨家特别诉诸神祇的意图作为"义之法"，而不是作为道德义务来源的根本性证成。有关早期功利主义富有教益的讨论，参见 Colin Heydt, "Utilitarianism Before Bentham," in *The Cambridge Companion to Utilitarianism*, ed. Ben Eggleston and Dale Miller, 16－37（Cambridge: Cambridge University Press, 2014）。（我感谢一位匿名评审人让我注意到这些要点。）

这种思路相当于一种世俗主义的进路，它达到的立场与墨家反思作为宇宙主宰的天而达到的立场一致，其中天由全天下层面的利害之辨驱动。墨家诉诸天，相当于通过考虑天这样的主宰会颁布怎样的规范让其臣民遵循，来提出我们如何确定什么道德规范是客观正确的。宇宙主宰如果让所有人都像其自身那样，直接地求兴天下之利，那就是不切实际的，因为只有它才有这样的地位和权力这么做。但是它可以意欲所有人遵循那些如果得以普遍遵循就可以利天下的规范。这些规范将是可以得到客观、不偏不倚的辩护的，因为它们达到的总体后果，与一个立足客观、不偏不倚立场的主体所会遵循的规范是一致的。但是这些规范并不必然要求个人行使不偏不倚的仁爱，直接去利天下。

正如我在此进行的讨论所表明的那样，天为墨家伦理进行奠基的功能，在原则上与墨家的宗教信仰是可以分割开来的。墨家诉诸天，可以被重新描述为一种阐释道德规范的结构和内容的方法，这些道德规范是客观、可得到不偏不倚辩护的。我们甚至可以用世俗的方式，重新说明他们从天的立场看具有特殊权威的规范。这些规范应该是权威性的，因为它们是关于作为整体的自然的普遍规范，而不是任何个体、社群或传统的局部、偶然性的标准。这些规范是作为整体的自然所具有的规范，因为它们采取的是"利害之辨"这种基本的指导行为的"辨"，它自然而然适用于所有自然造物，而且是从一种不偏不倚的立场加以运用的，将"天下"都纳入考虑之中①。尽管并未言明且尚不成熟，这种简单而深刻的看法，可能却是墨家伦理学的灵感之源。它集中体现了墨

---

① 墨家伦理学的一个显然的引申将会把非人类的动物的利益也考虑在内。然而，墨家并没有走出这一步。在中国早期思想中，只有《庄子》将非人类的动物视为应得道德考虑的。

家的一种不言自明的信念，也就是，行为规范要得到客观辩护这一想法，导向的是一种聚焦基本物质需求与和谐社会关系的后果论伦理学。

不过，我认为这种重塑墨家思想核心特征的方式凸显了其进路中存在的两个相互关联的弱点。第一，对天的诉诸从根本上导向了一种狭隘的后果论，可能忽视了诸多很重要的价值来源与行动理由。天代表一种假设性的中立立场，所有可误性或偏见的根源都被去除了。但在根除偏见的过程中，墨家也从其伦理学的规范基础中去掉了通常为行为提供理由的许多特定考虑和情形，过滤掉了除基本生存需求之外的所有价值。天不具有人格化的兴趣、爱好或计划。除了"天下"这个共同体外，它没有朋友、伙伴或社群。从天的立场看，重要的价值仅仅是那些自然促使我们去寻求的最低限度——生命、物质繁荣、和平以及社会和谐。当然，这些都是重要的价值。但是，许多善好与墨家所说的利并没有什么关系，而它们可能也具有可得到客观辩护的价值，比如，艺术、快乐、友谊，还有个人的计划。我们在第五章将看到，墨家的伦理学似乎并没有为这些善好留下什么空间。基于相关原因，我们可以质疑墨家所理解的"利害之辨"是否真如墨家设想的那样是"始终如一"或"常态化的"指导行为之"辨"。当然，利的要素——繁荣、充足的人口以及社会秩序——是我们有时候用以指导行为的善好。但是，其他善好也是有意义的。利并不总具有优先性，也并不总是适用的。其他指导行为的"辨"也可以说是同样自然的，略举几个例子，它包括义与不义、美丑，还有乐苦之分。

托马斯·内格尔认为，假如我们采取"最大程度的抽离立场"——这种立场是从关于特定身份或情境的所有细节中抽离出来的，就像天的立场一样，那么寻求客观价值往往会导向一种关于为什么有些行为对我们来说具有吸引力的解释①。借由这一观点，即唯一真实或客观的价值是中立或非个人化的，内格尔看到了这种关于客观性的观点与后果论之间的联系，由此"对于任何人而言，做任何事的唯一理由是，考虑到如果他做这件事的话，对作为整体的世界而言，本身是更好的"②。由于强调一种客观、非个人化的观点，这种直接后果论（direct consequentialism）无法意识到，并不是所有价值都是非个人化的，而且我们每个人都是基于特定视角采取行动的特定的人③。

作为间接后果论（indirect consequentialism）的一种形式，墨家在表面上避免了这种批评，但仍然容易遭受这一批评的实质挑战。墨家在诉诸天的时候，并没有执意认为好的理由，也就是唯一适于指导行为的"是非之辨"，仅仅是那些直接促进全天下之善的理由。他们认为，恰当的"是非之辨"是"规范—行为"体系的一部分，如果这个体系得到普遍遵循，就能兴天下之利。正如他们对关系性美德的强调所表明的那样，其伦理学认识到每个人与其他特定个人具有特殊关系，对于这些其他的特定个人，他具有特殊责任。然而，他们确实将客观性与一种抽离的立场绑定起来，这种抽离的立场低估或排除了所有其他理由，除非这些理由关乎人所共有的一些极其有限的善好④。

---

① Thomas Nagel，*The View from Nowhere*（Oxford：Oxford University Press，1986），162.

② Ibid.，162 – 163.

③ Ibid.，183.

④ 因此，像 Van Norden 所做的那样，认为墨家伦理学迫使我们采取"没有立足点的观点（view from nowhere）"或者说"忽视我们的特殊视角具有的意义，以及使我们成为我们自己的特殊承诺和人际关系的价值"是不太准确的（*Virtue Ethics*，198）。墨家要求我们采取从天的立场来看可辩护的规范，但他们并不要求我们自己采取天的立场。他们的伦理学强调了我们与我们最亲近的人——家庭成员和政治伙伴——的关系。然而，他们确实倾向于忽略来自特定视角的那些在客观上可辩护的理由，它们不属于天之统一道德规范的价值范围之中。就此而言，他们没有给特定视角以应有的对待。

随着对天的意义的反思，第二个弱点也凸显出来：诉诸一个中立、无所不包的立场来解释客观性和不偏不倚性，这一想法可能是误入歧途的。我认为，如果将对客观性或不偏不倚性的辩护设想为源自诸种特定立场，而非基于像天那样的所谓中立而无所不包的立场，是更有用的。在谴责不道德行为时，墨家自身有时候提供的依据可以对此做出说明。他们解释说，谋杀一个人以盗取其衣物、戈剑是错的，因为它"亏人自利"(Mz 17/4‐5)。"厚措敛乎万民，以为大钟、鸣鼓、琴瑟、竽笙之声"是错的，因为它等同于"亏夺民衣食之财"(Mz 32/3)。在这些语境中，墨家对其道德判断的辩护是强调恶意、自私的行为伤害了受害者。我们甚至可以说，这些行为是否有损于天下之利或者是否被天所具有的总体性立场所拒斥，则被抛置一边了。问题的关键在于，这些行为没有给予他人以应有的考虑。展开这一观点的可取方式是，要求行为从他人的立场以及从我们自己的立场来看，都是可辩护的，或至少不是无法得到辩护的。比如，谋杀一个人以抢夺其衣物和武器，从受害者的视角绝不能得到辩护。这样，这里的方案是，客观性和不偏不倚性不在于上升到一个像天的立场那样更高的、超越的立场，而在于能够就行为或实践向受到影响的各方作出辩护①。但这样一种关于不偏不倚辩护的进路很可能就远离了后果论。从不同主体的视角来看，除了好的后果之外，其他因素往往可能也是重要的，比如，公平或正义。的确，这种考虑客观或不偏不倚辩护的方式很可能导向一种与墨家的道德观十分不

---

① 这一洞见归功于比如 Wilfred Sellars, *Empiricism and the Philosophy of Mind* (Cambridge, Mass.: Harvard University Press, 1997); Robert Brandom, *Making It Explicit* (Cambridge, Mass.: Harvard University Press, 1994)；以及 T. M. Scanlon, *What We Owe to Each Other* (Cambridge, Mass.: Harvard University Press, 1998). Brandom 称之为对客观性的"你‐我(I-thou)"理解。(*Making It Explicit*, 599)。

同的道德观，其中，道德正当性主要指主体间的可辩护性，而非与某些
特定善的关系。

这种思路促使我们注意到，与特定个体的立场相比，天的立场并不
真是中立的，而只是不同的。天的立场是一个关切共同体全体的、假想
的主权者的立场，而不是共同体中个体成员的立场，这些个体成员还关
心其自身及与他人之间的关系。因此，诉诸天再次体现了墨家的社群
主义取向及其整合道德与政治领域的倾向。他们主要将道德或"义"作
为社会和政治政策，也就是理想的统治者会率领共同体加以遵循的道
来对待，而不是作为对个人的指导。天下之利是墨家的核心道德标准，
在一定程度上是由于其并未言明的理论立场是政治性的和集体性的。

结语

如果撇开墨家信仰体系的宗教性层面，诉诸天是他们表达如何看
待客观性和不偏不倚性的一种有意思的方式，至少这种方式的基本结
构一开始是具有吸引力的。它使得墨家很可能将道德设想为这样的：
道德要求我们将每个人纳入考虑之中，而且我们与其他人交往的方式
在某种意义上可以得到不偏不倚的辩护。他们自己对这种不偏不倚的
辩护通常是就"利"而言的：可辩护的行为或实践是那些可以兴天下之
利的。这种观点的缺陷在于它是片面的，而不在于它是错误的。对所
有受影响者而言都具有好的后果，当然有时候是为行为或事件进行辩
护的原因之一。问题在于它并非唯一的原因，也并不总是决定性的
原因。

在讨论天志的时候，墨家很小心地没有将天——立足抽象而脱离
语境立场的、理想化的不偏不倚和仁慈的主体——所遵循的规范，与天

意欲人们遵循的规范混为一谈。天不偏不倚地造福所有人，但对于人，它所意欲的只是我们兼相爱交相利。《天志》诸篇没有要求我们效仿天平等地爱所有人或不偏不倚造福所有人。然而，正如我们在第五章将看到的那样，墨家在别处声称仁人"兴天下之利，除天下之害"，而且"义"意味着我们志在以"天下"作为我们的本分，我们的行为是为了全天下的缘故①。这些言论似乎提倡我们自己采取天那样的不偏不倚的立场——这么做在道德上是善的，而且可能被一些后期墨家视为义务。如果是这样的话，墨家著述者可能有时候将客观的、不偏不倚的辩护与采取一种客观的、不偏不倚的观点（就像天的那样）混合起来了。

　　一方面，天志学说是对传统天命说的发展。另一方面，它源于中国传统中普遍具有的倾向：通过由自然本身提供依据，而为各自的道寻求特别的权威。但正如之后《庄子》会指出的那样，如此诉诸天而最终制造出来的问题比解决的问题更多。所以，拥护任何一种道的人，都可以试图将其道辩护为自然的或源自天的。墨家说追求物质财富和社会秩序是自然的。但或许儒家会争论说，浸润于繁复的传统礼仪中是自然的，因为传承文化传统对我们来说，就像追求物质繁荣和社会秩序一样自然。最后，诉诸天或自然基本没有提供任何具体指导，因为很显然，自然可以衍生出多种多样的道，所有这些道对于其拥护者而言都似乎是显而易见和有用的。后期墨家的《墨辩》中，有一个独立的残篇似乎承认天志对于确定什么是道德规范而言并无助益，因为它可以被曲解，用以辩护几乎任何事。一个罪犯可能声称，自私对他来说也是对

---

① 其中第一个论断构成了兼爱以及其他墨家学说具有的核心论证的基础。第二个来自《墨辩》(MB A8)。它在《大取》中被重新提到，解释说当父母在世时，我们要给他们以特殊对待，但在他们过世后，我们则要为"天下"行动(EC9)。

的,因为天给了他犯罪的倾向①。这一小段话缺少上下文,而且有可能是残损的,所以我们应当避免过于依赖对它的诠释。不过,有意思的是,《墨辩》的伦理学部分并没有诉诸天来作为其规范性立场的依据。

---

① MB EC1.

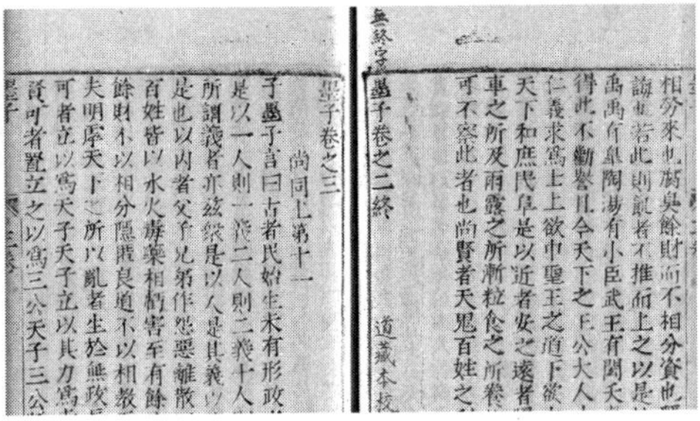

相分來也腐臭餘財而不相分資也
論也若此則飢者不推而上之以是
禹禹有皋陶湯有小臣武王有閎夭
得此不勸譽且今天下之王公大人
仁義求為上士上欲中聖王之道下欲
天下和庶民阜是以近者安之遠者
車之所及雨露之所漸粒食之所養
可不察此者也尚賢者天鬼百姓之

墨子卷之二終　道藏本校

墨子卷之三

尚同上第十一

子墨子言曰古者民始生未有刑政
是以一人則一義二人則二義十人
所謂義者亦茲衆是以人是其義以
是也以內者父子兄弟作怨惡離散
百姓皆以水火毒藥相虧害至有餘
餘財不以相分隱匿良道不以相教
夫明乎天下之所以亂者生於無政
可者立以為天子天子立以其力為
賢可者置立之以為三公天子三公

第五章

伦理学：天下之利

在本章及下一章，我考察了墨家具体就统一道德规范的内容提出的看法，这些道德规范大致来说以天志为蓝本、并通过政治制度得到发布。这种考察需要基于《三论》及其他文本中的论证来重构和诠释墨家的伦理理论。由于相关著述并没有以一种严格而系统的方式来陈述墨家的伦理理论，我的工作必然在一定程度上具有不确定性。不过，墨家文本通常运用了一套逻辑连贯的后果论论证支撑其学说，这为我充满信心地重构墨家并未言明的伦理理论提供了依据。

　　这两章主要聚焦在《三论》中得以体现的伦理学，对《墨语》和《墨辩》中材料的使用只是为了扩充关于"义"这个概念、特殊关系具有何种地位以及墨家伦理到底有多严格这些问题的讨论。为了控制本章篇幅，我不得不放弃那些专门针对《墨语》和《墨辩》中的伦理学展开的讨论。欢迎感兴趣的读者参考我在别处发表的关于《墨语》和《墨辩》中的伦理学的详细分析①。

---

① Chris Fraser, "Mohist Canons," in *Stanford Encyclopedia of Philosophy*, http：//plato. stanford. edu/archives/sum2009/entries/Mohist-canons/（发表于 2005 年的文章），sec. 3, 以及 Chris Fraser, "'The Ethics of the Mohist Dialogues,'" in *The "Mozi" as an Evolving Text: Different Voices in Early Chinese Thought*, ed. Carine Defoort and Nicolas Standaert, 175 - 204 (Leiden：Brill, 2013).

在此，第一部分通过考察墨家所处历史背景的相关面貌，为后面的讨论做好了铺垫。接下来的一部分讨论了核心概念"仁"和"义"，它们共同塑造了墨家伦理学的结构。此后，我说明了《三论》中的伦理理论，阐释了它所诉诸的善，并为其结构提供了一种假说。鉴于墨家强调不偏不倚(impartial)考虑天下之利，在诠释其伦理学的过程中会产生一个有争议的问题：它是否与人们重视亲密人际关系这一自然且很可能合理的倾向相冲突。本章第三个主要部分论证指出，墨家不但没有拒斥对像孝这样的价值的传统看法，而且还将它们作为其伦理学的基石。关于墨家伦理的另一个众所周知的担忧是它可能对人们要求过高——以至于几乎没有什么人能够满足要求。第四部分主张，墨家著作至少针对两种不同的听众。针对具有社会影响力的成员的那些著作，提出的规范在要求上是适中的，并非不切实际、过分强求的。而关于修身的教诲则针对坚定的墨家拥护者，它提出了一种成就墨家式圣人理想的更严格的道。本章以对墨家伦理的批判性评价作为结尾，聚焦在我看来存在的两大缺陷：墨家对不偏不倚性的处理及其关于价值的观念。

墨家伦理的取向

在诠释墨家伦理时，很重要的是记住墨家思想的取向，特别是其动机和目标受众①。这么做既有助于我们避免误解墨家所说的话，也有助于解释其观点存在的一些不足。

---

① 对于这些主题的重要贡献见 Dan Robins, "The Mohists and the Gentlemen of the World," *Journal of Chinese Philosophy* 35, no.3 (2008)：385 - 402, 本文在此加以了借鉴。

在《墨辩》之外，墨家并不为了探究本身而做哲学探究。他们也没有特别关注个人的好生活具有什么特性、性格具体如何发展，也没有对其他替代性的伦理学说进行评判。他们主要关注的是那些有害于他人的自私行为所产生的社会政治问题，比如战争、积怨、匪患、盗窃、贫穷以及经济剥削。其最初的道德和政治学说就呈现为解决这些问题的一个纲领，而不是作为哲学论述或对反对者的回应。的确，在早期墨家著作——比如，《兼爱》《非攻》以及《节用》这些篇章的上篇——所处的时代，尚不明确是否存在引人注目、与之相匹敌的学说需作回应。这些文本是中国传统中已知的最早的论证性文章，表明墨家开启了关于"道"的公共辩论，他们是论辩（后来的思想家和文本对此也有贡献）的奠基者之一。《三论》的中篇和下篇记录了论辩的发展，这体现在那些致力于应对解决墨家所面临的反对意见的章节中，也体现在对持宿命论或无鬼论者进行批判的论文中。

因此，墨家提出的观点针对的主要听众并不是与之争鸣的思想家或活动家。那么其听众是谁呢？《三论》明确针对两组听众，他们之间又有交集。书中大部分地方以对"王公大人士君子"的呼吁开始或结束，这一措辞指的是各级政府官员，上至国君、下至税吏这样的基层官员（Mz 32/34-36）。书中许多地方还对"天下之君子"的反对意见进行了回应。对墨家来说，"君子"一词似乎专指与普通大众相对的社会阶层①。这一阶层包括了中下级政府官员，也可能包括了一些"儒"，或者说"儒者"。然而，在墨家运用这一术语的时候，它指的不是特定意义上的"儒"，而是广义上的有影响、有社会地位的一个阶层，他们构成了社会的中坚部分，或者说"当权者"。这些

---

① 见 Mz 19/22-23, 31/43, 32/24-25。

人拥有权力和影响力，如果能被说服的话，就能将墨家的教义付诸实践。

这些历史知识有助于我们避免对墨家伦理做出许多可能的误读。关于早期中国思想的论述往往将墨家描写为主要因反对儒家伦理，特别是孔子的伦理学说而产生的[①]。墨家被刻画为致力于对"传统"，特别是儒家传统进行广泛的批评[②]。据说他们还拒斥一种所谓"儒家式的"、以家庭为中心的伦理和道德制度[③]。一般还认为他们提倡一种仅聚焦物质福利的狭隘的善观念[④]。尽管这些刻画中包含了某些真切之处，但大体上是具有误导性的。

墨家伦理的产生主要并不是因为反对当时盛行的——不管是儒家

[①] 比如，见 Wing-tsit Chan, *A Source Book in Chinese Philosophy* (Princeton: Princeton University Press, 1963), 211; Benjamin Schwartz, *The World of Thought in Ancient China* (Cambridge, Mass: Harvard University Press, 1985), 14, 138; Philip J. Ivanhoe and Bryan W. Van Norden, *Readings in Classical Chinese Philosophy* (New York: Seven Bridges Press, 2000), 56; Philip J. Ivanhoe, "Mohist Philosophy," in *Routledge Encyclopedia of Philosophy*, ed. Edward Craig (London: Routledge, 1998), 6: 451; Kwong-loi Shun, *Mencius and Early Chinese Thought* (Stanford: Stanford University Press, 1997), 29; Chad Hansen, *A Daoist Theory of Chinese Thought* (Oxford: Oxford University Press, 1992), 112; David B. Wong, "Mohism: The Founder, Mozi (Mo Tzu)," in *Encyclopedia of Chinese Philosophy*, ed. Antonio Cua, 453–61 (London: Routledge, 2002); David B. Wong, "Chinese Ethics," in *Stanford Encyclopedia of Philosophy*, http://plato.stanford.edu/archives/spr2008/entries/ethics-chinese; 和 Bryan W. Van Norden, *Virtue Ethics and Consequentialism in Early Chinese Philosophy* (Cambridge: Cambridge University Press, 2007), 179. 对此所需的纠正见 Robins, "Mohists and Gentlemen"。

[②] 参见 Hanse, *Daoist Theory*, 106–8, 以及 Wong, "Mohism," 454。

[③] 参见 Schwartz, *World of Thought*, 148; Ivanhoe and Van Norden, *Readings*, 56; 以及 Chan, *Source Book*, 211。

[④] 参见 Wong, "Mohism," 454–54; Ivanhoe, "Mohist Philosophy," 451; Shun, *Mencius*, 30; 以及 Chris Fraser, "Mohism," in *Stanford Encyclopedia of Philosophy*, http://plato.stanford.edu/archives/fall2009/entries/mohism (article published in 2002)。

的还是其他家的——伦理理想或学说。墨家伦理产生的主要驱动力在于，人们没能遵守最低限度的常识性道德标准，比如，履行家庭和政治责任，以及不去使用暴力、不偷盗和不去剥削他人，对此，墨家感到忧心忡忡。墨家很可能认定大部分善意的人即便不同意他们的解决方案，也会认同他们的忧虑是有道理的。那些将墨家刻画为主要以反对儒家作为驱动力的看法，误认为处于墨家运动形成时期的儒家在影响力和精妙程度上非比寻常，而这完全不符合实情，犯了时代错置的错误，至少从《墨子》的视角来看是这样。《三论》中展开的墨家学说并不旨在反对儒家伦理理想，更不用说所谓的儒家正统。在展现其核心教义——如兼爱、非攻和节用——的论文中，墨家对儒者的批评并没有一席之地。尤其是，墨家并没有指责被认为是儒家学说的"差等之爱"或"爱有差等"，根据这种学说，我们对他人的关心程度应当与我们与其关系的亲密程度相对应，比如说，我们应当关心家人胜过关心外人①。（我们将看到，墨家同意我们应当给予最亲近的人特殊的关切。）墨家突出在两个地方针对儒者，一个地方是《墨语》的其中一篇（Mz 48），还有一个地方是《非儒》（Mz 39）。二者的写作时间都很可能比早期《三论》篇的论述要晚得多。然而，即便在这些文本中，墨家也并没有对儒家伦理理论做出实质回应。当然，他们谴责儒家违背了墨家的一些核心教义，批评其不敬天鬼、推行厚葬久丧、主张铺张浪费的舞蹈和音乐，还秉持

① 对比 Chan, *Source Book*, 211; Alice Lum, "Social Utilitarianism in the Philosophy of Mo Tzu," *Journal of Chinese Philosophy* 4, no.2 (1977), 193 - 94; Tang Chun-I〔Tang Junyi〕唐君毅：《中国哲学原论导论篇》〔*Origins of Chinese Philosophy: Introduction*〕(Taipei, 1986), 229; Hansen, *Daoist Theory*, 112; Jeeloo Liu, *An Introduction to Chinese Philosophy* (Oxford: Blackwell, 2006), 110; 和 Van Norden, *Virtue Ethics*, 179.《非儒》这一相对较晚的墨家文本提到了与"等差之爱"大致相应的理论。然而，这段文本并没有拒斥这一理论，而是讥讽儒家没有一贯地对其加以遵循（Mz 39/1 - 4）。

宿命论(Mz 48/49 - 58)。但他们从未考虑儒者是否为其做法提出了有意义的理由。的确，依照《墨子》的刻画，儒者基本上没有任何有意义的伦理学说。归给儒者的教义大部分是愚蠢的，比如，"君子必服古言然而仁"(Mz 48/22,39/17)。对墨家来说，儒似乎只是当时社会风貌中的一种特定形象，他们自命不凡，迷恋于古代礼仪、风俗、音乐、舞蹈和诗歌，其伦理立场不堪严肃审察。

墨家伦理的起因也不是反对传统道德观念。墨家认可其时代既有的社会政治结构，比如家庭或宗族，以及等级制式的专制政府。他们提倡诸如孝和忠这样的传统价值；虔敬地执行传统祭礼，表达对天和鬼神的敬畏；有意识地遵循古代圣王的典范来定位"道"。他们确实对习俗和义进行了区分，用以说明一些盛行的习俗，特别是厚葬久丧的习俗是错的，因为这些做法已经毫无节度、贻害众生，偏离了圣王恰如其分的做法。然而，对这一区分的认识并没有促使他们对传统发动全盘批判。

最后，墨家文本的确运用了一种狭隘的关于善的观念，聚焦于物质福利和社会秩序。他们基本没有花什么篇幅展开讨论个人的道德生活，比如，改善个人的性格或实现各种不同心理层面的善好。然而，早期墨家并没有提倡以一种狭隘的善观念来明确反对对善作出更丰富、更全面的替代性解读。他们强调社会性的善，也不是特意要与关注个人道德发展的另一种"道"针锋相对。对他们来说，满足共同体的基本生活保障和防止战争、犯罪以及剥削这样的议题如此紧迫，以至于其他价值基本没有引起他们的关注。墨家的伦理学说产生于特定的历史背景，身处其时，在他们看来，连满足基本的物质需求都是紧迫的挑战，因此，以确保物质福利和社会秩序为要务的集体性、社会性的道才是必由之路。

仁与义之道

　　墨家反对将道德与偏狭的习俗混为一谈的论证具有巨大影响，在这一论证中（详见第一章的讨论），他们质疑了像肢解和吃头生子，或者像遗弃寡居祖母这样的异族文化习俗究竟何以是"仁义之道"（Mz 25/77）。墨家在论述的开头或结尾常常以向"欲为仁义"的"天下之士君子"做出呼吁（Mz 25/86，27/1）。正如这些例子所表明的那样，仁和义是墨家道德评判的核心术语。那么他们如何理解这些概念呢？

义

　　既然我们在第三、四章已经讨论到了义，我们先来看义这个概念。对墨家来说，义指的是道德规范或标准，用以评判言论、意图、行为、实践、法令、"政"以及状况，确定它们好不好，从而是否配得认可、赞赏或奖励[1]。正如我们已经看到的那样，墨家对可辩护的义观念作出了一些限定。从政治层面讲，为了实现"治"，义的规范必须统一，这样共同体中所有人都拥护和遵循相同的是非标准。统一的规范必须符合天志，并因此是客观正确的，不只是某一位领袖的个人原则、某一宗派或社群的偏狭习俗，或是某一学派偏好的教义。它们应当作为恰当行为的准则（"法"），以主张或宣言（"言"）的形式得以开诚布公地表达和发布[2]。这些主张必须遵循三表法：它们必须上溯于圣王的事迹，基于经验观察（如若相关），并且当应用于法令和政府政策时产生有利的后果。

---

[1]　除了极少的例外（Mz 35/20），墨家通常并不评价人或其性格是义或是不义。

[2]　Loy 正确强调了这一点（Hui-chien Loy, "Mozi," in *The Internet Encyclopedia of Philosophy*, 2007, http://www.iep.utm.edu/m/mozi.htm, sec.4）。

三表法中的第三表产生了两条进一步的约束条件，它们体现了墨家强调道德是所有人都遵循的公共社会规范。第三表的关键在于，任何合理的道德规范如果得到国家的发布和实施，必须产生有利的后果。当墨家运用这一要求时，它暗含了公共性条件（a publicity condition），以及我所称的可常态化的条件——可普遍化条件（a universalizability condition）的一个不那么严格的版本。一个规范若被认定是合适的，必须证明，如将其加以广泛宣传并由所有人常态化地遵循，是有利的。至少，它们必须不会产生主体之间的冲突或导向自败的后果。后面这几个条件在《墨语》的一段话中（在第三章中简要提到过）得到了阐释。在这段话中，墨子将其反对者巫马子的言论拒斥为"荡口"，因为它"无所利"（Mz46/52-60）。这一言论是巫马子在解释为何自己不能践行兼爱时所宣称的，因为对他来说，"有我有杀彼以我，无杀我以利"。墨子和巫马子都将这种说法视为巫马子的"义"，即他关于何为正当的规范或原则。这意味着，与巫马子此处的言论类似，许多言论都表达了关于道德规范的看法。墨子对巫马子言论的驳斥如下：

> 子墨子曰："子之义将匿邪，意将以告人乎？"巫马子曰："我何故匿我义？吾将以告人。"子墨子曰："然则，一人说子，一人欲杀子以利己；十人说子，十人欲杀子以利己；天下说子，天下欲杀子以利己。一人不说子，一人欲杀子，以子为施不祥言者也；十人不说子，十人欲杀子，以子为施不祥言者也；天下不说子，天下欲杀子，以子为施不祥言者也。说子亦欲杀子，不说子亦欲杀子，是所谓经者口也，杀常之身者也。"（Mz 46/52-60）

如加以公开化，巫马子的处事原则不可能不产生自败的后果。其原则的目的在于促成他自己的利益，然而任何听到并按照这种原则去做的人都倾向于伤害他，而任何听到并拒斥这种原则的人也可能会伤害他①。关于"义"的规范或指导行为的言论，如要算得上是有利、从而正确的，必须满足的条件是，如在全社会得到宣告并经由所有人常态化履行，不产生自败或有害的结果。这些条件吻合墨家的这一观点，即，有效的用以指导行为的言论应当是"常"的，也就是，得以广泛和常态化地宣告②。常态化表达的言论如果对于指导行为是无用的，那么就是"荡口"，就像巫马子的言论一样。

> 子墨子曰："子之言恶利也？若无所利而不言，是荡口也。"（Mz 46/37 - 38，47/18 - 19）

墨子的批评在某种意义上是说，巫马子的言论及其原则不满足"常"，不是一以贯之而有效的。对墨家来说，道是行为的指导，它可以被明确公开表达，并被所有人一贯地拥护和履行③。尽管并未言明，在某种意义上，支持墨家之道的理由是，墨家的规范应该是满足这些条件的，而其他的规范，就比如巫马子提出的原则，并不满足这些条件。

---

① 正如信广来注意到的那样，这意味着任何合理的规范都是那些如加以普遍推行就会产生有利后果的规范（*Mencius*，33）。

② Hansen, *Daoist Theory*, 110, 富有洞见地让人关注墨家关于"常"道的理想。但这种理想不是直接明确表明的。墨家的明确立场是，行为由"言"来指导，"言"如果得到公化和广为履行，必须具有好的后果。满足这些条件的"言"应被恒常化或惯例化。一个可能的推论是，正确的道是恒常的，它能够被公共化并被所有人惯例化地加以履行。

③ 大体来说，这一观点被《道德经》的开场白所针对，那句话认为某个道虽然可被视为指导，但其结果不是"常"道。

仁

"义的"指的是行为、做法和状况所具有的情态，而"仁的"则主要指性格特征或德性。对于墨家来说，仁是近似于善良、仁慈或善意的一种道德善。它主要用于人，引申指"仁人"的倾向、态度、行为以及做法，它体现了对所有人利益的关切。墨家的著作没有以一种严格精确和前后连贯的方式来运用仁和义的概念，就像有时候我们并没有确切区分善和权利①。但总的来说，"义"指的是行为、政策或者事态在道德上正确，"仁"指人或其行为在道德上善。

在阐释"仁"时，墨家反复重申这句话来说明问题的关键所在："仁人之事者，必务求兴天下之利，除天下之害"②。仁激励人兴天下之利。在关于其伦理价值的一个核心命题中，墨家通过类比孝子对父母的态度来解释仁人的态度。

> 子墨子言曰："仁者之为天下度也，辟之无以异乎孝子之为亲度也。今孝子之为亲度也，将奈何哉？曰：'亲贫则从事乎富之，人民寡则从事乎众之，众乱则从事乎治之。'当其于此也，亦有力不足，财不赡，智不智，然后已矣。无敢舍余力，隐谋遗利，而不为亲为之者矣。若三务者，孝子之为亲度也，既若此矣。"
>
> 虽仁者之为天下度，亦犹此也。曰："天下贫则从事乎富之，人民寡则从事乎众之，众而乱则从事乎治之。"当其于此，亦有力不足，财不赡、智不智，然后已矣。无敢舍余力，隐谋遗利，而不为天

---

① 墨家的文本有时候在我们以为要将有害行为描述为不义的时候，将其描述为不仁的。有时候他们互换使用这两个概念，或者将它们并提以表明两者的内容交叠；见 Mz 17/1ff., 25/12, 28/38。

② Mz 16/1, 15/1, 32/1.

下为之者矣。若三务者，此仁者之为天下度也，既若此矣。（Mz 25/1-7）

　　仁人顾念社会的需要，就如同一个孝子顾念父母的需要。两者都勤勉地追求"三务"：物质财富、人口充足以及良善秩序。很少有人处于那样的身份地位，能像考虑我们的家庭或宗派的需求那样，去考虑社会的需要。但我们需要记住，墨家的主要听众是具有影响力的人，其中很多人是王公大人，这些人最关心的是社会政策。因此，墨家听众中的一个重要部分（或至少其中很重要的一部分）可能确实是处于可以为"天下度"那种地位的人。

　　这一段文本体现了墨家伦理的两个核心关注点：我们的血亲或小圈子以及人类共同体或者说全天下。它并没有将对血亲的考虑与对他人的仁爱相对立，而是肯定了孝的价值，并将其作为我们对待更大共同体的范例。仁是对孝进行类比式的扩展，以包纳"全天下"。这一观点与《论语》中记载的儒家思想家有子的观点重合（《论语》1.2），认为"孝悌"是"仁之本"。这样我们发现，墨家和儒家思想都提出"仁"，要求向外人扩展那些通常只见于家庭中的态度与行为。

　　有时候人们认为，在墨家看来，美德似乎可以还原为正确的行为，或者认为墨家拥有一种纯粹"向外"的伦理学，只关心人们的外在行为表现是否符合道德规范，而不关心他们是否具有道德上恰当的动机[①]。前文对仁和孝的解释表明这种说法是没理由的。这两种美德不仅由使

---

① 关于认为墨家将美德归结为行为的观点，参见 Loy，"Mozi，" sec.4，以及 Hui-chieh Loy，"The Moral Philosophy of the Mozi 'Core' Chapters'"（PhD diss.，University of California，Berkeley，2006），217n5. 关于墨家伦理学是指向外在、不关注动机的论断，见 Schwartz，*World of Thought*，147，以及 Wong，"Mohism，" 454。

某人以某种方式行动的倾向组成，还由人们的思维方式和动机组成，在此表现为人们在决定行动计划时如何考虑其父母或其他所有人。

对仁的这种描述与对孝的强调乍一看来存在张力。有德之人很可能既是仁也是孝的。但是，每个人的时间和资源都是有限的，因此，一个人出于"仁"将所有精力投入造福天下，与出于"孝"将其所有精力投入给父母，二者之间会产生冲突。这是墨家修辞的夸大之处，导致一些论断在逻辑上不连贯。例如，不同的章节把社会混乱归结为不同的原因，如缺少政治领袖、士君子无视天志、人们不相爱、不明白鬼神的赏罚以及宿命论的盛行。一种善意解读只需对墨家所作的表述略打折扣。孝子和仁人投入*许多*精力来造福父母和社会，但不是*所有*精力。不仅如此，两种美德之间具有一种重要区别。与指向特定家庭成员的孝不同，仁是一种更抽象的态度，指向"全天下"而非特定个体。仁可能体现为支持那些有助于实现天下大利的制度和做法，而不是直接造福作为个体的人。还有一点是，对墨家来说，孝也算作仁人所支持的一种有利态度和行为。仁人侍奉父母和其他年长血亲，也是竭力兴天下之利的一种方式。孝是仁的一部分，而不是一种竞争性的价值。

但是，较诸与天志相联系的那些道德规范（在第四章讨论过），对仁的界定显得更严格。仁意味着致力于造福全天下，就像我们对父母全心投入那样。就像这里所描述的那样，相较于我们早前已说明的天要求人的态度和行为，仁人的态度和行为似乎更接近于天本身。这样，对墨家来说，仁似乎是比义更为严格的理想。义指的是什么是对的，是我们所有人必须满足的最基本道德规范。仁则是关于道德善的理想，它超越了义的基本要求。两者通过利的概念联系起来。义指的是那些如果我们加以普遍遵守就能造福所有人的规范，而不论每一单个独立的义的行为是否能造福所有人。而仁人则超越了这些规范，直接追求造福所有人。

　　仁和天自身态度的相似之处有助于解释仁在墨家道德论证中所具有的修辞性作用。墨家关于兼爱、节葬、节用教义的论证都以仁人这一典范为依据，仁人的态度被当作是非标准。在评判一种普遍做法，比如节葬时，仁人的态度体现的是天的立场，从而是确定某种做法在道德上是否正确的向导。

墨家式的后果论

　　那么，由仁人这一典范体现出的仁义之道是什么呢？对墨家来说，这种道的主要特征是，它兴天下之利、除天下之害。"天下之利"提供了关于什么是道德上可被允许的一般标准。

　　　　仁之事者，必务求兴天下之利，除天下之害，将以为法乎天下。利人乎，即为；不利人乎，即止。（Mz 32/1-2）
　　　　凡言凡动，利于天鬼百姓者为之；凡言凡动，害于天鬼百姓者舍之。（Mz 47/16-18）①

　　有些段落超出了这种简单区分，不仅看是否利人，还看到了利人在程度上的差异。某事正确或错误的程度视其有利或有害于他人的程度而定。"亏人愈多，其不仁兹甚"（Mz 17/2）。

　　"利"包括了三种善，主要是社会性的或集体性的：物质繁荣、充足的人口或家庭规模以及社会政治秩序，包括社会稳定以及个人和国家

------

① 也参见 Mz 15/1，16/1，26/36，27/49，28/35。

安全。这三种善是墨家具体评判言论、行为、习俗和制度的标准。增进这些善的就是仁义的，否则必须被拒斥。厚葬习俗就是一个例子：

> 我意若使法其言，用其谋，厚葬久丧实可以富贫众寡，定危治乱乎，此仁也，义也，孝子之事也，为人谋者不可不劝也。仁者将兴之天下，谁贾而使民誉之，终勿废也。
>
> 意亦使法其言，用其谋，厚葬久丧实不可以富贫众寡，定危理乱乎，此非仁非义，非孝子之事也，为人谋者不可不沮也。仁者将求除之天下，相废而使人非之，终身勿为。(Mz 25/12 - 16)①

对这三种善中的第一种和第三种可做显而易见的解释：物质财富、个人和国家安全，以及社会稳定都是基本的生活所需。（正如之前的段落表明的那样，在说"富"的时候，墨家心目中指的是消除贫穷，而不是一味积累财富。）第二种善，即人口众多、人丁兴旺的重要性，可能相比而言不那么显而易见。在墨家所处的时代，人丁兴旺对于家庭的经济前景和国家的经济军事实力都是至关重要的。较大的家庭规模增加了家庭劳动力供应，还确保了老年人有亲属赡养；较多的人口则有助于增加税收，并确保更强大的国防。墨家并非要一味地增加人口，而针对的是人口不足的情况。

墨家提出后果论论证，诉诸这三种中的一种或多种善，来为其十大核心学说中的九大学说进行辩护。第十个学说——天志，阐释和说明了后果的正当性。

---

① 其他说明这些善的章节包括 Mz 8/1, 12/75, 16/83, 26/12, 27/20, 35/1, 以及46/27。

利

财富、人口和社会秩序只是对"天下之利"的一种大致说明。所幸的是，墨家在说明以期解决的问题以及其学说的预期后果时，补充了一些具体内容说明其对"治"和"富"的看法。在本书之前的章节中，我们看到"治"对他们来说包括人们安居乐业的四种条件。首先，人们不伤害和亏待彼此，整个社会是和平、和谐和安全的。战争、积怨、抢劫、偷盗、暴力、压迫、欺诈和其他形式的侵扰、欺辱和伤害则不再有①。第二，人们履行关系性的美德，即与主要的社会性角色——君臣、父子和兄弟——相关的美德。君惠臣忠、父慈子孝、兄友弟悌②。第三，社会由贤能之士治理，赏罚分明，而且所有人都遵循一套统一的道德规范③。最后一点是，共同体成员"有力相营，有道相教，有财相分"，蔚然成风④。这种互助体现了邻里守望相助或共同体精神，而不是利他主义的自我牺牲。共享之物是多出来的资源，而非基本的生活必需品，人们可以期待在需要的时候从他人那里得到帮助，互利互惠。

就"富"而言，墨家试图确保有充足的资源，从而可以供奉洁净的酒食来祭祀天鬼，馈赠他国合适的友信之物，以及"食饥息劳，将养其万民"（Mz 27/19）。食饥息劳正是反复提到的核心关注点⑤。墨家认为，如果政府能够维护公共安全、避免战争并且不横征暴敛和铺张浪费，大多数家庭就可以自给自足。只有鳏寡孤独这两个群体经常需要救助，

---

① Mz 14/4, 15/2, 16/2, 26/36, 27/14, 28/36.
② Mz 14/4, 15/4, 16/3, 16/84.
③ Mz 9/2, 11/22, 12/31, 13/6.
④ 这与 Mz 11/4 和 12/4 中关于乱的描述相反。这种相互帮助也是兼爱和遵循天志的结果之一—（16/18, 27/16）。
⑤ Mz 16/84, 25/39, 32/3.

主要因为他们缺少家庭成员来养活他们(Mz 15/37－38,16/18)。除此之外,应该只是在危难时刻,比如发瘟疫或粮食歉收时,人们才需要来自国库的救助(Mz 16/42－43)。除了衣、食、住之外,"富"所指的很可能也包括车辆船只、兵甲和城防[①]。

总的来说,"天下之利"是关于物质和社会福利的一个总的观念,它包括了经济繁荣,人口众多、家族兴旺,社会和谐和治安良好,共享信息、劳力和资源,救济鳏寡孤独,人们履行关系性美德,使得特殊的社会关系都得到良好发展,官员德才兼备,治理卓有成效。它是复合式的,具有复杂性,由各种各样的善组成[②]。墨家的文本似乎假定这些善彼此之间不会冲突:追求其中的一些不会干扰追求其中的另一些。如果在特定情形下确实产生了冲突,想必墨家的立场是在两种可供选择的"利"中选择更大的那一种,或者在两种不可避免的"害"中选择更小的那一种(MB EC8),这依据的是《墨辩》的一个残篇,而非《三论》。

墨家关于"利"的观念别有意趣之处在于其社群主义或集体主义的取向。无疑在原初的历史语境中,一般来说,遵循墨家式的道应该是去增进许多个体的福利。然而,这些构成墨家道德标准的善主要是集体性的或公共性的。这再一次体现了他们聚焦的是社会制度而非个人行为。这也解释了为何他们不考虑"天下之利"是指社会福利的总和,还是指人均福利水平。他们心目中的利主要是共同体整体的利——安全、稳定以及和谐的社会关系,还有所有人的丰衣足食。

---

① 见 Mz, books, 5, 20, 及 21。
② 只要墨家只承认一个总体的善——"天下之利",Wong 将其称为一元论的价值观就是对的("Mohism," 458)。然而,这种刻画具有潜在的误导性,因为对墨家而言,利是一个复杂的概念,暗示了多种价值来源。

"道"后果论

墨家在整体结构上对"道"的强调，意味着其伦理学说并不能正好严丝合缝地嵌入我们熟知的，比如行为或规则后果论这样的范畴。在当代伦理学中，后果论的类型划分依据的是它们以什么作为主要的评判性焦点——也就是对这种理论来说最根本的评判要点①。例如，对规则后果论来说，规则是根本的评判性焦点。评判规则是对是错，依据的是它是否比其他可能性产生更好的后果。因此，规则提供了评价像行为这样的其他各焦点的基础。一个行为如果符合这些正确的规则，就是对的。对行为后果论来说，行为是根本的评价要点。评判行为是对是错，依据的是它是否能比其他可能性产生更好的后果。其他可能的根本性焦点，还有比如动机、性格特征、做法和制度。

墨家伦理学有时候采用规则或类似规则的提法来评判或指导行为。他们提出有些"法"的时候，就像提出类似于规则的言论，以规定什么是恰当的行为，比如，在节葬一事上的圣王之"法"明确规定了如何埋葬逝者的诸种细节（Mz 21/14 - 15）。然而，对墨家来说，规则并不是根本的评判性焦点。我们发现他们并没有将所有其他评判回溯到规则，也没有强调将规则表述为基本的原理。不仅如此，从形式上来看，他们认为其伦理学，是由各种各样应被效仿的"法"，而非一个应被遵循的规则体系组成的。因此，其理论如果被描述为一种规则后果论，很可能并不恰当。

墨家有时候也通过诉诸规则直接将行为评判为对或错的。虽然他们会拒斥任何允许虚假承诺的一般性规则，但《墨语》中有一个故事刻画了墨子借由好的后果来为一个虚假承诺进行辩护（Mz 48/62 - 66）。

---

① "焦点"这一有助益的概念来自 Shelly Kagan, "Evaluative Focal Points," in *Morality*, *Rules*, *and Consequences*, ed. Brad Hooker, Elinor Mason, and Dale Miller, 134 - 55 (Edinburgh: Edinburg University Press, 2000)。

《墨辩》考虑了如何权衡利害，用以评判某种行为(MB EC8)。当"害"是不可避免的时候，两害之中取其轻可以是正确的行为，尽管一般来说产生"害"是错误的。还有，鉴于墨家著作赋予"法"、规范或做法(如兼爱或节葬)以及政策或制度(如尚贤)以大量关注，它们的理论不大可能内隐了行为后果论。

有一些墨家之"法"不是规则或规范，而是典范性的人物，比如圣王、仁人或孝子。这些人物所彰显的性格特征是另一种评判性焦点。比如，有德之人应该是仁和孝的。但这些性格特征也不太可能是墨家的根本评判焦点。这些"法"在解释和辩护上并不比其他事情更具优先性——圣王只是"三法"之一。不仅如此，墨家所引用的"法"通常是圣王或仁人的行为或意图，而不是性格特征。还有，正如我们在第二、第四章中所看到的那样，对墨家来说，"法"通常在规范性层面并不是根基性的，而只是有用的行为指导。

我认为，墨家的根本评判性焦点是"道"，而不是规则、行为或性格特征①。他们常常使用"道"这一术语来指称他们辩护的学说或拒斥的观点，比如基于"儒之道"的害处而对其加以拒斥(Mz 48/50)。在把习俗和道德进行对照的时候，他们质问令人厌恶的习俗何以能作为"仁义之道"(Mz 25/80)。他们反复敦促听众实践其学说，理由是它与"圣王之道"(Mz 16/83)一致。他们声称自己的学说是"治国家利万民之道"(Mz 31/77)。在评判不同看法时，他们问的是如果"法其言，用其谋，行其道"，是否可以利天、利鬼、利人(Mz 10/27)。因此，结合我们熟知的

---

① 将道作为一种评价性焦点的想法来自 Chad Hansen, "Dao as a Naturalistic Focus," in *Ethics in Early China*, ed. Chris Fraser, Dan Robins, and Timothy O'Leary, 229‐56 (Hong Kong: Hong Kong University Press, 2011). "道后果论"这一标签来自 Fraser, "Mohism"。

后果论的一些种类，比如规则或行为后果论，如果对墨家伦理学加以定位的话，称其为"道后果论"似乎更有道理。

将墨家伦理学如此归类，如墨家自身所理解的那样，反映了其伦理学说的结构，还将他们所采用的多种评判性焦点结合在一起。对墨家来说，人类行动的基本单位和道德反思的重点不是个体主体的一个个行为，而是一种社会性的道。道可以包括做法、成规和制度，还有"法"、指导方针、态度和倾向。遵循道不只是以某种方式行动，也是成为某种人。因此，并不令人感到吃惊的是，在有些语境中，墨家比照"法"或"言"来评判行动、规范、做法和制度，而在另一些语境中，则可能直接看后果或看其是否与有德典范的做法一致来进行评判。在还有的一些语境中，他们对人的性格的评判是看其是否履行了像仁和孝这样的美德。作出正确的行为、遵守恰当的规范、由相关的"法"来指导行为和判断、效仿有德之人并由此养成有德的态度和倾向——所有这些活动都在某种意义上遵循了道。对它们进行评判的依据在于是否符合恰当的道，即"兴天下之利"之道。

特殊关系

一个由来已久的传统，可以追溯到孟子，对墨家的兼爱学说和其"兴天下之利"的承诺进行了一种诠释，认为其与坚称特殊人际关系及由此而来的义务具有独特价值这种立场不相容①。这里，"特殊关系"

---

① 如此诠释墨家伦理学的人包括 Tang, *Introduction*, 114 - 17; Schwartz, *World of Thought*, 148; David Nivison, *The Ways of Confucianism*, ed. Bryan W. Van Norden (La Salle, Ill.: Open Court, 1996), 94; Ivanhoe and Van Norden, *Readings*, 56; 以及 Van Norden, *Virtue Ethics*, 179. 为数不多的承认特殊关系对于墨家具有重要性的人有 A.C. Graham, *Disputers of the Tao* (La Salle, Ill.: Open Court, 1989), 43; Hansen, *Daoist Theory*; 和 Dan Robins, "Mohist Care," *Philosophy East and West* 62, no.1 (2012): 60 - 91.

指的是与他人的关系，这些关系生发出的独特动机和规范超出了施于陌生人的默认态度和规范。特殊关系的例子包括与家人和朋友的关系，我们对他们的关心和对待，与我们对外人的所感所为不同。这种传统诠释还认为，如果墨家主张关切所有人利益的兼爱，那他们就无法也重视对亲朋好友的特殊情感及优待。因为，兼爱似乎意味着对每个人怀有类似的情感，且以同样的方式对待所有人，从而否认了家人、朋友和其他有交情者的特殊地位和需求。

然而事实上，正如我们已经看到的那样，特殊关系是墨家伦理学的基石。关系性的美德是"治"的诸要素之一，并由此算得上决定什么是"义"的诸善之一。在讨论"治"的时候，墨家反复提到六种关系：国与国、家与家以及一般意义上的人与人之间的关系，还有君臣、父子、兄弟之间的关系。前三者是不具有特殊性关联的实体或个人之间的关系，我称之为与外人的关系。后三者是共有特殊血亲或政治联合体纽带的人们之间的关系。我称这些关系为与自己的圈子的关系。在墨家看来，这三种与圈子内的人的关系是基本的社会关系，因为它们是当时基本社会框架的组成部分，人们发现自身不可避免置身其中①。人生伊始，便有手足在侧，降生于某个特定家庭或宗族，身处于某个特定政治共同体，在某个君主治下。因此，在墨家看来，有治社会是有着健康的君臣关系、父子关系和手足（很可能也包括了表亲）关系的社会。

兴天下之利必然要权衡我们圈子的利益和那些外人的利益。而增进我们团体的利益必然又要权衡亲属的利益和君主与国家的利益。因此，人们对他人的义务分属三个领域：与亲属的关系，与君主或国家的

---

① 正如第一章指出的那样，墨家关于社会秩序的看法是赤裸裸地性别主义的：女性之间以及男女之间的关系几乎没有被提到。这个清单中明显缺失的还有友谊。

关系，以及与外人的关系。在墨家看来，这几个领域以不同种类的责任或义务为行动依据。在我们的圈子内，我们具有积极义务去促进我们的家庭、宗族和国家利益。而在对待外人的时候，我们主要具有不伤害他们的消极义务，同时还有在必要情况下分享多余资源的居于第二位的积极义务(Mz 11/4)。由于这种分享出自我们的盈余，墨家暗示我们圈子的需求一般来说具有优先性。对我们的圈子和对外人的义务都被理解为互惠性的：他人对我们的义务反映的也正是我们对他们的义务。

墨家关于"治"的看法有一个耐人寻味的地方：我们与圈子的有序关系表现为我一直所说的关系性美德——它们是与出色扮演关系性角色(君、臣、父、子以及兄或弟)联系在一起的美德。文本指明作为"治"的要素的那些东西并不是专指与我们与圈子的健康关系，而是由绑定在这些关系中的那些人所体现出来的美德——君惠臣忠、父慈子孝、兄友弟悌。显然，墨家将这些美德视为健康有序的关系所具有的特征。健康的君臣、父子或兄弟关系是指双方在其中都表现出相应的美德。因此，既然这些美德属于其伦理学的基本善，墨家认为成为友兄悌弟、孝子慈父、忠臣惠君是符合义的。

关系性美德在墨家伦理中的角色所具有的意义被普遍忽视了。墨家常常被认为主张"人们应具有同等的关切和同等的道德义务来促进每个人的福祉，无论他人与其具有何种特殊关系。"①然而，考虑到特殊性关系和相关美德在墨家伦理学中所具有的地位，这应该不是他们的看法②。除非墨家是对这些关系和美德彻底进行了重新定义，如果没有对家人的独特情感、对其需求的特殊关切以及给予其不同于外人的

---

① Van Norden, *Virtue Ethics*, 179.
② 据我所知，第一次提到这一点的出版物是 Fraser,"Mohism"。

特殊优待，人们不能成为慈父孝子、友兄悌弟。如果没有对共有政治纽带的人加以特殊关切和特殊优待，人们也不可能成为忠臣惠君。《墨子》文本并没有表明墨家以某种不同寻常、不合常规的方式来理解这些美德。所以，他们与常识性看法一致，认为我们圈子的义务相较于我们对外人的义务是更为重要并具有优先性的，而且对圈子的特殊关切是合理的。《墨辩》事实上将这种立场纳入其学说中，将其称为"伦列"，根据这种理论，我们理应根据人们与我们关系的远近，更多地造福某一些人而不是另一些人（MB EC9）。这些不同义务的内容由义的规范来决定，也就是看哪种做法能够最好地兴天下之利。

墨家伦理的这个方面被广泛忽视了，无疑，这主要因为兼爱学说要求我们关爱所有人，视"人"之国与家如"己"之国与家，承诺于"人"之国和家的福祉如"己"之国与家的福祉。正如下一章所解释的那样，至于我们能够在多大程度上精确地诠释这些说法，并不是那么显而易见的。但是，无论最终哪种诠释被表明是最合理的，墨家明确期待我们对待圈子与对待外人的态度和行为不同，因为关系性的美德意味着我们对圈子中的人有着独特的情感、关切以及对待。墨家坚持认为，这种态度和对待与兼爱是相容的，而兼爱事实上有助于特殊性美德的实现（Mz 16/64 - 72）。

特殊关系的地位往往被视为儒墨伦理学具有明显差异的地方。儒家被认为提倡"等差之爱"或者"爱有差等"，这种观点是说我们对他人的道德关切和义务应当相应于关系的远近亲疏，这样，我们对圈子比对外人有更大的关切和义务。（但要在早期儒家文本中找到关于这种学说的一个直接论断却是出人意料地困难。）学者们常常认为"等差之爱"和墨家的"兼爱"在逻辑上正相对立。然而，事实上，一些儒者，比如孟子，提倡将我们对圈子的关切加以扩展，以至外人（Me 1.7, 13.15）；而正如我们已经看到的那样，墨家赞同对我们对圈子采取特殊态度和对待。尽管墨家和儒家的观点在细节上可能有别，他们对特殊性关系及相关义务的重视在根本上却是相似的。两者之间存在的任何区别很可能都是极其有限的。

一个区别可能在于特殊关系与一般性的道德规范或价值之间的关系。《论语》声称，"孝悌"是"仁之本"(LY 1.2)。《孟子》表明，"仁之实"是"事亲"，而"义之实"在于"从兄"。道德修养在于将这些态度推展到他人(Me 13.15)。这些段落意味着，在某种模糊的意义上，一般性的道德规范从特殊关系所具有的态度特征发展而来，后者在概念层面和心理层面都是更基本的。可能对一般性规范的诠释和辩护，依据的是将其类比于人们对圈子的特殊关切，或者说遵循一般性规范的能力根植于在家庭生活中发展出来的态度。这里与墨家可能的区别是，或许对墨家来说，一般性的规范或价值是更基本的。特殊关系作为更为根本的天下之利的一部分而得到重视。"孝"被视为"仁"这样的一般性美德的一种特定表现。然而事实上，墨家并没有将关系性美德植根于"仁"和"义"这样的更一般性的价值。关系性的美德不是从一种更基本的关于"利"的观念中衍生出来的；它们本身构成了"利"的一部分①。不仅如此，既然墨家的"仁"以"孝"为"法"，后者在概念上似乎是更基本的，或者说至少是同样基本的。就道德修养而言，墨家将兼爱的道德态度描述为扩展对我们自己和圈子的福祉的承诺，以将外人包括其中(这一点在第六章得到了讨论)。这一关系再次意味着，他们认为道德态度是我们对圈子的态度的一般化，而并不认为关系性美德是一般性道德态度的具体化。

---

① 因此当 Wong 表明对于墨家而言"家庭关系的道德义务"从其"兴天下之利"的角色而来时，他似乎进行了过度简化("Mohism," 458)。

关于特殊性关系在儒墨那里有何不同作用，可能还有另一种看法：儒家持有一种关于价值的多元的看法，按照这种看法，特殊关系和公共善是价值的不同来源；而对墨家来说，价值只有一种单一来源，即天下之利，特殊关系的价值从中衍生而来①。结果，对于儒家而言，特殊关系有时候可能制造了与我们对公共善的承诺相冲突的义务。可是，这第二种看法也很难说得通。墨家关于利的观念是复杂的，包括了关系性的美德、物质财富、公共秩序、国家间的和平、睦邻友好等等。这些都是不同的善，因此可能潜在包含了冲突性的义务。因此，对墨家来说，特殊关系也一样会产生可能与更广义的善或对外人义务相冲突的义务。

一个真正的差异可能是，墨家后果论的总体构架赋予了他们解决这些冲突的一种更具原则性的方法。他们可能提倡那种可以最大程度增进（减小）社会整体的利（害）的方案。相比之下，儒家有时候似乎偏向那些从特殊关系产生的义务。《论语》中的一个著名章节（LY 13.18）将儒家的道与直躬状告其父亲偷窃的道相对比。孔子评论说，在他的家乡，正直在于亲亲相隐。这意味着，对家庭的特殊义务压倒了公平正义。《孟子》中关于圣王舜的一系列故事着重应对了特殊关系和道德的其他要求之间所具有的潜在冲突。在其中一个故事中，孟子被人问到，舜作为孝的典范，如果其父杀人会怎么做（Me 13.35）。孟子回答说，作为天子，舜不会干涉官长抓捕其父亲的权威。而作为一个孝子，他会放弃天子之位，并帮助其父逃走。与孔子的评论不同，这一回答承

---

① Wong 还提供了一种阐释（"Chinese Ethics," sec.3），尽管他的观点可能只是说，由于其总体的后果论，墨家将价值的不同来源视为不可通约的。比如，孝顺和预防犯罪是不同的善，但由于两者都是利，墨家认为它们在某种特定情形下相冲突的话，我们应当对其进行权衡并选择更大的利。

认了价值之间——对血亲的忠诚与舜坚守法律的义务——的冲突,但仍然赋予了孝以优先性①。实际上,孟子提出,通过找到一种方式来取消其中一种义务的效力,舜可以消解孝和他作为君主的法律角色之间的冲突。在孟子看来,孝具有优先性,因此舜通过退位与其父逃离国土而使其法律义务失效。他自我流放,从而废止了作为统治者的义务,与此同时他承认违背了对国家的义务。

《墨子》只是间接应对了特殊关系和道德的其他方面之间所具有的冲突。在《墨语》的一个段落中,墨子批评楚国的一个公子以付出生命为代价来拒绝接受叛党提供的王位,这些叛党曾废黜了其父而且杀害了其兄(Mz 49/76 - 81)②。对于这个公子而言,孝和忠使其不可能接受王位。墨子的看法是,这些价值不如接受王位所带来的可能利益那么重要,因为一旦这个公子掌了权,他就可以恢复秩序了。这意味着,掌权所能产生的好的后果比这位公子对血亲的爱更重要。然而,这个故事对于说明墨家总的来说是否给予血亲相较于其他善而言较低的优先性还不足以构成定论。这个公子的选择介于两者之间:一方面是出于对被杀害的兄长的尊敬而纯粹象征性的牺牲其生命(这一点对于任何人而言没有提供任何具体利益),另一方面是采取可能最终造福许多人(可能还包括他那被废黜的父亲)的行为。假使他接受了王位,他对关系性美德的放弃也只是有限的,而潜在的利益可能是实质性的。

《吕氏春秋》中的两个故事表明,当特殊关系与其他义务相冲突的时候,墨家确实倾向于采取可能产生更大的利的行为。年迈的墨家巨子腹䵍,其独子杀人后,秦惠王提出为腹䵍着想而赦免他的儿子。腹䵍解释说,即使秦惠王赦免了他的儿子,他也有义务执行"杀人者死,伤人

① 见 Wong, "Chinese Ethics," sec.2.5。
② 我对此的讨论部分借鉴了《左传》对这一事件的解释。

者刑"的墨家之法。"此所以禁杀伤人也。夫禁杀伤人者，天下之大义也。"他处决了自己的儿子①。正如孟子案例中的舜一样，腹䵍享有权威，而且必须在保护家庭成员和为了社群的利益而执行正义两者之间进行选择。与舜不同的是，他没有试图消除相互冲突的义务中的某一方。在孟子将家庭义务置于其他义务——即使后者很重要——之上的时候，腹䵍坚持义的总体要求和他作为巨子的义务超过了他对于血亲的义务，因为废除法律会产生深远的有害后果。

另一个故事则使事情复杂化了，因为据其描述，另一个墨家巨子孟胜赋予了一种特殊关系先于他自己和那一百八十名跟随者的生命的优先性。孟胜与他的朋友阳城君订立了保卫其在楚国的封地的盟约（LSCQ 19/3）。阳城君与楚国权力斗争中的失势方交好并逃走了。楚国派遣了一支军队来收回他的领地，这就使孟胜进退两难。与规模大得多的楚军作战以保护封地，将会是没希望和无意义的，因为毕竟阳城君已经抛弃了它。然而盟约仍然生效，而且只有在双方都同意的情况下才可以解除。孟胜认为，由于他与阳城君的特殊关系——他是后者的老师、朋友和臣民，他唯一可被允许的行为是通过牺牲自己的生命来坚守盟约，尽管这么做对于任何人而言没有什么当下的利益可言。牺牲他自己和墨家军的生命将使墨家作为严师、贤友、良臣的名声流芳于后，并由此彰显墨家的义和使命。他派遣了两名侍者将他的巨子头衔传给另一位墨家领袖，之后就带领随从一同赴死了——很可能是大规模自杀。孟胜的立场是，保存墨家在特殊关系中具有美德的名声所带来的长远利益比整个墨家军团的生死更重要。对他来说，这些关系对于墨家的道而言是如此重要，以至于如果对这一盟约弃之不顾就一定会

① LSCQ 1/5.（与 Knoblock 和 Riegel 的翻译不同，文本并没有特别说明腹䵍自己处决了他的儿子。）

削弱墨家的价值，即便这对盟约的另一方而言并不造成任何损失。

这些故事意味着一种具体语境具体分析的进路，它寻求最大的长远利益，而不是一成不变地要么倾向于由特殊关系产生的那些义务，要么倾向于更一般性的义务。在楚国公子的例子中，在墨子看来，稍微违反对血亲的义务会为共同体带来实质的利益，因而后者具有优先性。在腹䵍的例子中，对他的儿子造成的伤害是极端的，但他有理由认为弃法律于不顾所产生的危害是更坏的。孟胜认为他对阳城君的特殊义务与保全墨家的名声这一后果，与许多人丧命更重要。除非儒家的立场是，基于特殊关系的义务总是比其他与道德相关的因素更重要，很可能儒墨之间在特殊关系的价值这一问题上并没有什么根本的分歧。如果说两个学派的代表性人物关于在具体语境中如何权衡不同因素在细节上存在任何差异，那就是儒家可能偏向于特殊义务，而墨家则倾向于总体利益。

墨家伦理的要求有多高？

墨家伦理以其要求极高而闻名[1]。兴天下之利或爱人若爱其身的兼爱理想似乎都很困难，不切实际。除《墨子》之外的古代文献表明，一些墨家支派狂热献身于自我牺牲的行动主义。根据《庄子》的一个著名章节（导言中提到过）的描述，墨者试图效仿传说中的圣王大禹，以其艰苦卓绝的利他主义为标杆（Zz 33/27ff.）。其他早期文献将墨家军刻画为狂热献身于其事业的人（LSCQ 19/3，Hnz 1406）。我们刚刚已经看到孟胜和他的追随者何以宁愿选择自杀，而不使墨家忠诚之名有受损

---

[1] 比如，Nivison 认为墨家伦理具有英雄式的严苛（*The Ways of Confucianism*，131）。

之虞。

　　然而，墨家文本却坚称其伦理学说并不特别难以实行（Mz 15/19，16/81）。那么我们如何调和墨家背负的名声和其自我宣称之间的差异呢？我认为，答案在于其所针对的是什么听众，以及我们考虑的是其"道"的哪个方面。"三论"针对的是"天下之士君子"，特别是官员，并且其提出的关于义的规范就是这些士君子将引导全社会加以遵循的。正如我们在本章和上一章看到的那样，这些规范的要求并不高。它们就相当于不伤害他人，睦邻友好地分享知识、劳力和资源，捐出我们多余的一些资源给那些没有生活来源的人，以及依美德行事来对待我们自己的圈子。按照今天的标准，所有这些加起来大致等同于：成为一个体贴的家庭成员，负责任的社会成员，以及愿意扶贫助弱、正派而乐于助人的邻居。与当代自由民主社会广为接受的那些规范相比，墨家关于义的看法在要求上最多只是稍微高一点。比如，兼爱的一种表述要求我们"视人身若其身"（Mz 15/12）。但与这些表述相关的具体行为在今天的许多人看来，大体只算是基本在道德上得体。的确，造成墨家具有过高的道德标准这一名声的一个因素可能是，在一个以宗族为中心的准封建社会中，墨家率先强烈要求道德上得体的一般性标准应当适用于圈子之外的人，即那些并未以任何方式与我们产生关联的人。墨家所处的社会是一个传统的、以农业为主的社会，在其中，大部分人与他们认识的几乎所有人不是亲属就是邻居，行为规范主要由人们所具有的关系性的社会角色来决定。在这种背景下，我们应当关心外人这一看法可能听起来很激进。

　　正如之前提到的那样，墨家将"仁"看作比"义"要求更高的理想。"义"所要求遵守的只是那些如果总体上加以遵守就能兴天下之利的规范。"仁"有时候则可能要求采取直接的行为来兴天下之利。然而，是

"义"，而不是"仁"构成了墨家期待所有人满足的最低道德标准。没达到"义"就是做了错事并因此该受指责。与此不同，"仁"则达到了超出了"义"的基本要求的某种程度的道德善。如果有人的行为符合"义"但没做到"仁"，那么虽然他还有道德进步的空间，但并不该受指责。因此，即使"仁"的要求相对来说比较高，墨家伦理作为一个整体在要求上可能却是适中的，因为并不是每个人都被期待自始至终满足"仁"的要求。不仅如此，如果我们再考虑到"三论"的主要听众，墨家的意图可能在于向官员和其他有权力的人物呼吁"仁"这一美德，鉴于这些人所处的社会地位，对其来说，采取直接的行动来兴天下之利可能是一个合理的要求——确实，这可能也比基本在道德上得体在要求上高多少。对于并没有那么大影响力的人而言，可能仅仅通过遵循和促进墨家之道就可以满足"仁"的要求。

与《三论》不同，《墨语》的有些地方提倡以成圣为目标的修身理想。这相比而言要求更高。[1] 这些地方确实有迹象表明自我牺牲的极端主义，而根据《庄子》，在墨家运动的后期，许多墨者采取了这种极端主义。有一个章节提议说，"义"主要在于帮助他人。另一个章节暗指，如果义还未在全天下实现，那么人们只有更努力地使其实现（Mz 47/6）。还有一个章节提倡消除情感的影响、消除偏见得以形成的其他潜在根源，以及完全献身于义，以成为圣贤：

> 子墨子曰："必去六辟。嘿则思，言则诲，动则事，使三者代御，必为圣人。必去喜，去怒，去乐，去悲，去爱，而用仁义。手足口鼻耳，从事于义，必为圣人。"（Mz 47/19 - 20）

---

[1] 详情见 Fraser, "Ethics of the Mohist 'Dialogues.'"

"六辟"是情感态度或激情——喜、怒、乐、悲、好、恶。我们要拒斥以容易具有偏向性的情绪和偏好作为行为的依据，取而代之的是，应以仁德和客观、不偏不倚的义的规范作为指导。这一章节呼唤人们全力以赴致力于道。人们的每个想法、言论表达以及行为都应致力于仁义，而将所有其他事情置于一边。任何不具备积极道德价值——价值由兴天下之利而来——的行为都没有任何存在的余地。在此，道德不仅是对我们的行为或规范性地位的约束，而且是一种无所不包的目的本身。因此，这种圣人理想比《三论》的学说所提出的要求高得多，后者要求的只是每个人遵循那些如被共同履行便能兴天下之利的那些规范。

然而，这些章节，以及作为一个整体的《墨语》很可能针对的是与《三论》不同的听众。圣人理想针对的是那些忠诚的墨家追随者，他们为了墨家运动的理想而献身。考虑到墨家运动的宗教性特征，清除"六辟"和完全献身于道德这一训令相当于严格的自律，为虔信的宗教团体的信众所采取。这在今天相当于精英式的军团、禁欲式的宗教团体或其他机构的成员献身于苦行式的行为准则。可是，就像我们并不指望每个人都加入海军或耶稣会一样，墨家也并没有说他们期待所有人都追求成圣或加入墨家军。如果我们考虑到可能的听众，成圣的理想就很容易理解了。在一个充满了匮乏和动荡的世界，有些人可能献身于追求道德上更令人满意的状况，这并不奇怪。追求成圣的承诺确实可被视为对精神性或宗教性的一种深刻表达①。这种程度的献身在追随其他道的人看来，也并不是非同寻常的。儒者的生活也是艰辛的，要求经年累月学习经典的诗、史和乐，还要掌握指导生活方方面面的礼仪——包括姿态、仪容和仪表。按照道家的理想生活会要求人们具有

---

① Roman Malek 向我建议了这一阐释。

强大的献身精神。许多伦理宗教运动都对其追随者提出了更高的要求，而对其他人则允许只履行为温和适度的规范。

我认为，在有个方面，墨家的道可能的确对于除墨者之外的人来说要求过高了。但是，这种严苛性主要来自其经济学说，而只间接起因于其伦理学说。为了有助于确保在困难时期也有足够的资源，墨家提倡每个人过极其节俭、朴素的生活方式。正如第八章所解释的那样，这种节衣缩食在某种程度上是出自合理的经济考虑，在某种程度上也是由于其过于狭隘的关于利的看法。尽管在物质匮乏的时期，墨家的经济计划可以挽救生命，但在更繁荣富足的社会，人们几乎肯定会觉得它过于严苛了。

批判性评价

墨家伦理学认识到了不偏不倚性（impartiality）以及利或福利对于道德的重要性，这是值得赞誉的。墨家伦理理论的这两个特征对于任何一种可辩护的道德理论而言可能都是至关重要的要素。然而，与此同时，墨家伦理学的主要缺失也恰源自对这两个要点的处理。

首先，作为对第四章提出的一个要点的扩展，我认为，墨家伦理学中最终存在一种将道德所需的不偏不倚性（不偏不倚的辩护）与对兴天下之利的不偏不倚的承诺这一态度混为一谈的趋势。在第四章，我们看到墨家成功避免了将不偏不倚、神圣的天所具有的规范和态度与道德要求我们的规范和态度相混淆。墨家没有提倡说我们应当直接效仿天，而是提倡我们遵循天意欲我们遵循的那些规范。不过，墨家关于仁的看法表明，一个道德卓越的人的态度的确会类似于天本身的态度。这样的人"必务求兴天下之利"（Mz 16/1）。所以，墨家可能最终并没有足够清晰地区分不偏不倚的辩护与不偏不倚的动机。（当我在第六章讨论兼爱时，这个问题会再出现。）墨家的后果论可能使得他们易于造成同样的混淆。既然其道德标准是兴天下之利，他们可能倾向于将承诺于做道德上正确的事情看作时时刻刻承诺于促进所有人的利益。

墨家伦理思想的第二个主要缺点是其关于价值的看法过于狭隘。这种狭隘性不仅本身是一种缺陷，而且使墨家没能注意到和应对其他潜在的问题。《三论》和《墨语》以利作为道德价值的依据，而利只由物质财富、充足的人口以及有序和谐的社会关系构成。就算这些都是重要的善品，人们自然而然会认为，其他的善品也应当被算作利——比如，包括心理上的幸福、身体上的愉悦或者由有意义的事业而达到个人实现。《三论》聚焦于为数不多的几种善品，墨家合理地预设其听众都会同意它们是不可或缺的，由此回避了对其关于利的说法加以辩护的难题。我们可以承认，如果当前我们共同体的成员正在忍饥挨饿（不是他们自己的错造成的），保障他们的基本需求应当优先于资助我们其他人的娱乐事务。墨家在这一点上可能的确是对的：在任何社会，如果一些人的基本生活保障没有得到满足，而其他人则享受奢侈的生活，就是偏离了道的①。然而，假定墨家的政策确实得以付诸实践，并取得了辉煌的成果：社会大治、人民的物质需求得到保障、国防强大、经济前景稳定，以及共同体的财富稳步增加。如果社会已经实现了这些善，即便是最艰苦朴素的墨者也不得不回答，除了财富、人口和秩序之外，什么

---

① 墨家会如何回应我们社会之外的其他社会的贫困呢？如果我们的国家是繁荣的，而外国积贫积弱，我们应当将富余的资源捐赠给它们吗？由于墨家将我们与他人的关系视作由等级式的社会政治关系构造，他们可能会将外国的贫困主要视为一个外交议题。我们的国家应当充当其他国家的好邻居，在需要的情况下提供慈善援助，但繁荣国家的个体成员则并不被指望直接干预在外国扶贫济困。例外是《庄子》中所描述的后期墨家成员，他们明确效仿圣王大禹面向全天下的利他主义。

应当算作利这一议题。在这一议题上可能难以达成共识，因为批评者可能颇有道理地指出，享受奢侈品和音乐娱乐，或允许存在虽交叠但各自不同的多样的关于义的看法，都是有益于增进天下之利的，因为它们可以为更多的人提供更多的善品。①

除了这些问题之外，我认为墨家关于道德的观念也是过于狭隘的，仅仅以利作为道德价值的来源。当然，墨家关于利的看法是复杂的，由不同种类的善品构成。不过，仅凭借利的概念可能无法解释我们将不同事物看作道德上善或对的个中原因。的确，如果承认道德价值有不同种类，比如人际关系或个人尊严的内在价值，那么很可能可以更直接、更合理地解释墨家自身纳入利的范围的一些事物，比如，关系性的美德或防止剥削贫者、愚者和弱者。

怀疑利是否道德价值的唯一来源，自然也会促使我们质疑后果论是不是关于道德理论的一种正确进路。本书不宜对后果论展开详细批判，但在评价墨家思想的这一语境中，这个问题值得一提，即便此处的阐释可能过于仓促。我们不妨承认好或坏的后果——利或害——通常对于决定一种行为在道德上是否可辩护是有意义的。对于墨家和其他后果论者来说，困难在于将后果确立为唯一的相关因素。我们来看墨家自己提到的一个例子：奴隶制②。他们指出，奴役战败国的人民，与武力征服的其他方面一样，都是不道德的。他们正式给出的解释是，战争的这个后果与其他后果既不利天鬼，也不利人③。但是，奴隶制只是

---

① 《墨辩》转向了关于利的更广义的、心理学式的标准：利是"所得而喜也"（MB A26）。这一标准使得墨家将利的观念加以扩展，以包括更大范围的善好。然而，它更易于遭受此处已简要说明的批判性挑战，因为不同的仁可能因多种不同的善而感到愉悦。

② Mz 28/49-50. 这一章节在导论中有翻译。

③ Mz 28/34-43, 19/10-19.

错在它伤害了受害者吗？假如被奴役的囚犯来自贫困、犯罪猖獗的国家，在被掳之后，在有富有治的国家做奴仆，却能生活舒适。以墨家的标准来看，人们可以说，奴役使其受利了。然而，我们大部分人——可能包括墨家——会否认这种利能为奴役这些人进行辩护。对墨家构成挑战的是，如何解释为何不能做出辩护。不是墨家的人可以说，奴隶制是错误的，不仅因为它通常是有害的，而且因为它有悖于其他重要的价值，比如人们的自主、尊严或发挥个性化才能。墨家可能会回应说，践踏这些价值就相当于伤害人，这样墨家伦理学的确可以解释为何仁慈的奴隶制是错误的。然而，将这些价值划归为利和害似乎是多余的和不必要的，将那些穷其根本并非后果论的理由同化于后果论，是一种削足适履式的尝试①。的确，即使在墨家自己关于不道德的行为的解释中，有时候也会做出这种无用功。有个章节在解释偷盗为何错误时指出，被盗的物品是他人的劳动成果，因此不是盗贼的财产（Mz 28/57）。根据他们的道德理论，墨家关于偷盗为何错误的正式解释必须是，拿取不属于自己的东西的行为对于所有人而言是有害的。然而，对于后果论的批判者而言，这一解释似乎是多余的。在其他事情保持不变的情况下，盗贼拿取不是其所有物的东西，这一点本身就充分解释了这一行为为何错误。事实上，偷盗真对所有人有害这一点并不那么显而易见，同样不那么显然的一点是：假如偷盗真是有利的，那它就因此是对的。在此用不着对墨家式的后果论进行彻底批判，我认为一种更具说服力的伦理理论要承认道德价值具有不同种类，而不是将所有的道德价值

---

① 当然，这一简短说明是过于简单化的。相较于墨家，当代后果论者提供了关于人类福祉更复杂的阐释，并且提出了诸如对尊严或自律这样的善的阐释。然而，我认为这种论证思路，如果得以恰当阐释的话，即使对更复杂版本的后果论也能提供强有力的批判。

归为要兴的"利"这一单一的标签。

　　墨家关于价值的看法似乎过于狭隘的第三个方面是，墨家往往预设道德价值才是唯一的价值，或者说至少是唯一重要的价值。正如我已经评论指出的那样，他们漠视美学价值，极少关注个人幸福或个人实现、不太在意关于人的全面卓越这一观念。对于一个坚定的墨者来说，最好的生活是仁人或圣人的生活，一种完全献身于道德和兴天下之利（被其解释为物质福利、充足的人口和社会秩序）的生活。当他们指出对祖先的祭祀为人们其乐融融的聚会提供了机会（Mz 31/102），或者富有激情地将"辩"视为认知万物的途径（Mz 45/1）时，墨家的文本暗示了对其他价值的承认。然而，其文本，特别是《墨语》给我们的印象是，只有道德才是真正重要的。这种立场的问题是，道德可能并不是唯一重要的事，完全献身于道德的生活可能不是最好的生活。许多丰富我们生命的善品在道德上是中立的，比如美、知识、幽默还有在不同活动中表现出来的卓越能力。一种兴旺、全面的生活可能是那种重视追求或欣赏这些非道德善品的生活①。

　　因此，墨家伦理学与古希腊伦理学说以及包括比如儒家的《荀子》和道家的《庄子》等多个中国经典文本所体现出的主导倾向构成了鲜明对比。不论是在古希腊还是中国，大部分古代伦理思想都关乎个人美好或兴旺的生活。一个得到广泛认同的预设是，过一种道德上善的生活是个人为了自己好的事情，因为这样的生活对于我们作为个人来说是最卓越和最幸福的。道德上善的生活和明智审慎的好生活是趋于一致的：道德上最好的，恰好也是对于我们作为人而言从审慎意义上说

---

① 除此之外，还有一种重要论证，见 Susan Wolf, "Moral Saints," *Journal of Philosophy* 79, no.8 (1982)：419 - 39。

最好的①。相比之下，对墨家来说，我们求仁求义，只是为了成仁成义，而不是因为从审慎的意义上来说这是对作为个人的人而言最好的生活。墨家的伦理学说往往使作为特定个人的个人消失于对集体福利的献身之中，这在很大程度上就正如墨子本人往往消失在了其学说中一样。一个贯穿《三论》中下篇，重复出现的惯用表达，在某种程度上表明了墨家关于好的个人生活的理想。那些"中实将欲为仁义，求为上士，上欲中圣王之道，下欲中国家百姓之利"的人是不会不去省察和践行墨家学说的②。君子关于卓越生活的目标就是成为仁义的人，按照圣王之道来生活，并由此兴天下之利。这种生活是正当的，因为它效仿了最高的伦理之法——圣王和天。墨家并没有说这种生活对于作为个人的人而言是好的或令人满足的，也没有暗示表明一种令人满足的个人生活可能本身就是有价值的。

当然，支撑墨家关于义的看法的善品正是基本性的审慎的善品，比如物质财富、兴旺的家庭生活、稳定和谐的社会关系以及公共安全。那些承诺于墨家之道的人可以期望享有这些善品，并从同仁和上级那里得到褒奖和认可，还可能在其共同体中获得如"士"这样的尊贵地位。因此，墨家之道不会与追随者个人的物质利益相冲突，甚至还可能对其有所助益。问题在于，能起作用的关于审慎利益的看法是非常稀薄的。

然而，如果重述我在本章开头提到的一点，墨家的历史背景使得我们易于理解和体谅其关于价值的看法所具有的局限性。他们并不是通

---

① 慎思性价值指的是在既定目标和目的下主体的自利；道德价值指的是由道德考虑辩护的价值。两者有时候有分歧，比如一种似乎最公平或最诚实的行为与我们的物质利益背道而驰，在这种情况下，道德价值一般被认为具有优先性。最重要的是，针对不道德行为的谴责比起对不审慎的行为的谴责要严重得多。

② Mz 10/47, 13/58, 19/63, 25/86, 28/71.

过拒斥某种关于价值的整全式观点来支持自己的这种看法①。他们仅仅将其预设为显而易见的。墨家文本中所显示的经济和政治环境往往困难重重，而且满足穷人的基本生活保障是任何有良知之士的当务之急。不仅如此，《三论》首当其冲针对的是具有社会和政治影响力的君子，墨家认为他们可以担当重任，保障社会的需求。世事艰难，对于这些听众而言，献身于墨家狭隘意义上的仁义的那种生活，的确可能是具有正当理由的。然而，艰难困苦并不是人类生活的普遍状态或常态。一种恰如其分的"道"必须同样适用于更繁荣富足的那些情况。墨家关于价值的看法所具有的狭隘性，尽管是情有可原的，在为"仁义之道"做出一般性阐释时，仍然是一种缺失。

结语

墨家伦理学的基本结构简单却又深刻。其基础是对天下之利不偏不倚的关切这一观念，它集中体现于天的立场——天是平等关爱所有人福祉的仁爱而又不偏不倚的理想主体。从这一基础出发，墨家发展出了一种关于仁和义的后果论理论，以构成利或福利的一系列善品为依据来解释仁义。做法、政策和行为由于有效地兴天下之利而具正当性。这种理论在特殊关系的重要性和对所有人的义务两者之间找到一种平衡。它认识到，个人生活于社会关系网之内，这些社会关系在某种程度上界定了其认同和义务，而且健康兴旺的社会关系是人类福祉的重要部分。它赋予美德以指导行为和构成良好社会关系的角色。这一理论在阐释上并不精确，表达并不优雅，支撑性的论证未加充分展开、

① 这一点来自 Robins，"Mohists and Gentlemen"。

有时还显简单化。然而它所阐述的这种大致的后果论进路仍是当今伦理理论中的主要方案之一，而且易于加以调整和扩展，变得更精细。

墨家伦理学存在的问题主要源自其目标的宏大以及其片面性，两者对于我们更好地理解道德的本质颇具启发性。但凡墨家试图通过回溯到一个单一的"法"来解决所有的伦理问题，其进路就是不切实际、过于宏大的。它具有片面性，因为它坚持认为对于指导行为而言，只有利——而且是一种极其受限的利的观念——才是需被考虑的价值。针对这种片面性，孟子针对墨家提出了一种合理的批评。孟子指责墨子"举一"（天下之利）、"废百"而"贼道"（Me 13.26）。平心而论，墨家关于利的看法是复杂的，纳入了基于多种不同来源的价值。然而，墨家的伦理学说确实提倡由一种单一、最重要的"辨"来指导行为，这也就是利害之辨。孟子式的批评表明，"道"不是这么简单的。我们所认识的价值的范围、我们真正遭遇的限制如此多样且复杂，无法被归入任何一种单一的善，更不用说像墨家的利的观念那么狭隘的善了。

第 六 章

兼爱：为彼犹为己

墨子卷之一
親士第一
入國而不存其士則
賢無急非士無與慮
有此昔者文公出走
句踐遇吳王之醜而
功於天下也皆於其
有以成此之謂用民
非無足財也我無足
易而難彼君子進不
心彼有自信者也是

墨家最著名的道德之法是兼爱,即"爱人若爱其身"的态度。本章提出了对兼爱的一种诠释,解释了墨家对兼爱的论证,并考察了兼爱在多大程度上是可以得到辩护的。

人们在讨论墨家思想时,有时会将兼爱刻画为墨家伦理的核心原则[1]。实际上,墨家的论证清楚表明,兼爱奠基于兴天下之利这一更为根本的规范。即便如此,"兼爱"和"利天下"在概念上的关联,比墨家那些论证乍一看来所表明的要紧密得多,因为兼爱所有人的人,其所具有的特征恰在于他们往往利人如同利己。因此,兼爱是承诺于利天下的一种表现。墨家将其刻画为一种心理态度,支持和激励与他人以交相利的方式互动。正如我们将看到的那样,墨家预设的"爱"与"利"之间所具有的关联解释了为何在其伦理学中,爱必须是包括所有人在内而且甚至对所有人都平等的。

---

[1] 参见,例如,Fung Yu-lan, *A Short History of Chinese Philosophy*, ed. Derk Bodde (New York: Macmillan, 1948), 53; Wing-tsit Chan, *A Source Book in Chinese Philosophy* (Princeton: Princeton University Press, 1963), 211; 或 A. C. Graham, *Disputers of the Tao* (La Salle, Ill.: Open Court, 1989), 41。

有时人们误以为兼爱学说意味着我们应当对所有人感受到同样的或不偏不倚的爱，或者说我们对所有人——甚至是遥远的陌生人——都具有相同的义务①。这些误解促生了一种批评，即墨家伦理不切实际、要求过高，或者说与人们所具有的根深蒂固的倾向相冲突——人们对自己的圈子感受到更多的爱并将其圈子的利益置于他人利益之前。正如本章将解释的那样，兼爱实际上并不意味着我们应当对所有人具有相同的情感或者我们应当对所有人具有同等的义务。它的要求是适度的，而非过度的，而且它与我们对所亲近的人具有特别的情感和义务这一点是兼容的。事实上，兼爱对应于平等对待所有人或者平等考虑每个人利益的态度，在今天一些哲学家看来，这种态度对于道德来说是根本性的②。确实，它与我们基于某些道德观念所称之为道德态度的东西大致重合。

本章第一个主要章节探讨了墨家如何使用"兼"和"爱"这些词，以及"兼爱"一词对他们来说是什么意思。接下来的章节基于墨家对兼爱的主要论证来诠释兼爱学说。文本提出的并不是一种单一的兼爱学说，而实际上提出了不同的观点立场。为简便起见，我着力于阐明并批

① 参见，比如，蔡仁厚：《墨家哲学》（台北：东大图书，1978），44；Eric Hutton, "Moral Connoisseurship in Mengzi," in *Essays on the Moral Philosophy of Mengzi*, ed. Xiusheng Liu and Philip J. Ivanhoe (Indianapolis：Hackett, 2002), 179；JeeLoo Liu, *An Introduction to Chinese Philosophy* (Oxford：Blackwell, 2006), 110；David Nivison, *The Ways of Confucianism*, ed. Bryan W. Van Norden (La Salle, Ill.：Open Court, 1996), 133；Bryan W. Van Norden, *Virtue Ethics and Consequentialism in Early Chinese Philosophy* (Cambridge：Cambridge University Press, 2007), 179；以及 David B. Wong, "Universalism vs. Love with Distinctions：An Ancient Debate Revived," *Journal of Chinese Philosophy* 16, no. 3-4 (1989)：251.

② 例如，一本颇为流行的伦理学导论教科书将道德描述为要求"不偏不倚地考虑每个个体的利益"，并且暗示"自觉的道德主体是对所有受其所作所为影响的人之利益具有不偏不倚关心的人"（James Rachels, *The Elements of Moral Philosophy*, 3rd ed. [Boston：McGraw-Hill, 1999], 15-19）。

判其中最强的那个版本。第三节考察了墨家如何就兼爱面对的四种反对意见做出回应。本章最后对兼爱学说进行了批判性评价。

初步思考

"兼爱"一词有时被翻译为"universal love"，但更为贴切的翻译应是一种对将所有人包括在内的关心，或将所有人纳入其中的考虑。"兼"通常用作副词，释为"一起"或"共同地"；或用作名词，指一个集合或一个整体。在"兼爱"一词中，"兼"具有把所有人包括在内的含义，这样，我们"爱"的态度指向的是全人类。"爱"（关怀、爱、关心）具有丰富的语义，可以指强烈的情感，也可以指不动感情的关注。它可以指父母对孩子的爱、女子对容貌俊美的男子的爱或者对某人外表的喜爱。但它也可以指对财物遭浪费的那种舍不得、对牲畜健康的关心或对臣民的福祉的关注①。尽管"爱"可能伴随着情感，但它不一定必须涉及爱的感觉或其他情感状态。正如我们将看到的那样，在最弱意义上，"爱"可能只是指一个人对他人福祉做出承诺：如果他人是其圈子中的成员，也就是那些与之具有亲属或政治关系的人，那么他乐于善待他们；如果他人不是其圈子的成员，他也不伤害他们。"care"这个英文单词似乎与"爱"在语义范围上最为相似，在模糊性和歧义性方面也程度相当。与"爱"一样，"care"为爱的情感和一种弱得多的态度（差不多只是一种偏好）之间可能存在的混淆留有余地。因此，我会把"爱"翻译为"care"，将"兼爱"翻译为"inclusive care"。

———————————

① "爱"，作为父母之爱，见 Mz 27/39 以及 MB EC7；作为两性情感，见 MB 第 15 条；作为对美色的喜爱，见 Mz 9/36；作为对浪费了的资源的爱惜，见 Mz 31/103；作为对牲口的在意，见 MB A7；作为对臣民的关心，见 Mz 28/22。

要理解墨家的"爱"这一观念，就要了解它与其他几个经常与其并提或者相对而言的概念所具有的关系。墨家著作将"爱"与"利"紧密地联系在一起。兼爱学说的完整形式，就像《兼爱中》和《兼爱下》的文本所呈现的那样，是指人们要遵循"兼相爱交相利"之法（Mz 15/10, 16/48）。文本经常将"爱"与"利"并提，称为"爱利"，或称"爱利万民""爱人利人"以及"兼相爱交相利"①。显然，在墨家看来，"爱"的态度和与之相关的"利"，既有因果上的关联，也具有概念上的关联。他们把"爱"与其他一些态度和行为进行了对照，使这一关联更为凸显。"爱"的反面是"恶"，厌恶或者蔑视他人。"爱"的缺乏与伤害他人的作乱行为联系在一起，比如，军事侵略、宗族纷争、盗窃或抢劫、压迫、剥削和不履行关系性美德。因此，对墨家而言，"爱"并不与一种中立性的态度，即对他人没有（无论是积极还是消极的）偏好或倾向——构成对比。与之构成鲜明对比的是无视他人以及害人以利己的意愿。"爱"这一概念中嵌入的这种尖锐二元对立解释了为什么墨家提倡包纳性地甚至平等地爱所有人。考虑到他们对"爱"的理解，但凡考虑到他人，我们就必须"爱"他们。为了给人们以平等的道德考虑，我们必须平等地关心所有人。正如我们将看到的那样，这一独特的"爱"的概念解释了墨家伦理所具有的主要特征，但也引发了深层的问题。

有两段文本将"爱"的态度与将某人或某物作为手段的态度进行了对比。其中一段文本说，称职但没有得到足够俸禄的官员抱怨其统治者并不真正关心他们，给他们委以高职却不予其足够的俸禄，不过是借虚名来利用他们罢了（Mz 9/23）。根据墨家的说法，其结果是，人们不会相信这些官员——因为这些官员将需要找到增加收入的方法，而且

---

① 关于"爱利"，见 Mz 9/54, 13/23, 16/65，以及 18/23. 关于其他三种表述，见 9/55, 16/5, 27/45，以及 4/11。

他们也不会感到与统治者亲近。另一段文本来自《墨辩》，它解释说"爱己者，非为用己也。不若爱马"(MB A7)。我们关心马的福祉是因为我们将它当作交通工具。相比之下，具有道德意义的"爱"是为了他人自身而关心他们①。

　　基于"爱"与"利"之间的概念联系，我们可以将墨家的核心道德观念"爱"描述为这样一种态度，即致力于或具有积极的倾向去促进人们的福祉，为了其自身而不是将其作为手段，这样我们就关注了这个人的福祉，而且在其他条件相同的情况下，辨别到某事物对这个人有利往往会促使我们为了这个人自身的利益而追求它，而辨别某事物对这个人有害则往往会促使我们阻止或消除它。因此，兼爱意味着以这种方式致力于每个人的福利②。在将其称为一个"核心"道德观念时，我的意思是，"爱"也可能经常甚至很典型地与情感、欲望或其他状态联系在一起。然而，对于墨家来说，我所描述的那种关注和反应能力可能足以将"爱"归之于某个人。对兼爱的这一描述除了可以解释迄今为止所概述的"爱"和"利"之间的联系外，也与《大取》中的一个片段十分贴合，该文

―――――――――――

① 墨家的立场与将人作为目的本身，而非仅仅作为手段的康德式原则之间存在有意思的差异。康德的原则基于尊重每个个体作为自主、理性主体的尊严，从而是个人主义式的，而且体现了这一预设，即人的独特之处在于其具有理性主体性。墨家的观点是非个人主义式的，它基于对人类全体——其中每个个人只是作为部分——之福利的承诺。它主要诉诸人们学习和遵循一种得到了不偏不倚辩护的"道"的能力，而不是一种据信是内在的、自主的理性推理能力。

② "爱"和"利"在概念上的关联应该回应了当代儒家作者的一种忧虑，即对于墨家而言，兼爱只具有工具式的价值，而不是本身在道德上正确或可辩护的。兼爱不仅仅是兴天下之利的手段，它是致力于所有人福利并因此遵循"仁义之道"的主体所具有的态度。关于儒家的批评，可参见，比如，唐君毅：《中国哲学原论导论篇》(台北：台湾学生书局，1986)，113；Chan, *Source Book*，211；以及劳思光《新编中国哲学史》第三册(台北：三民图书，1984)，1：291–96。这些作者似乎将后果论误解为这样一种看法——道德是实现非道德之善的手段。依照他们的理解，后果论根本不能算得上一种真正的道德理论，因为它将我们一般认为是道德的东西转化为了某种审慎理性(prudential rationality)。

本片段表明，对于某一个特定的人的"爱"源自对这个人的"利"的考虑。也就是说，对一个人的"利"加以考虑的习惯在某种意义上产生了"爱"的态度①。根据我提出的解释，兼爱的态度源于惯常性地考虑所有人的利益，而不是仅仅考虑自己或自己的圈子。

在上述关于兼爱的描述中，"在其他条件相同的条件下"这一限定性的声明极其重要，因为大多数时候其他条件**并不**相同。各种各样的因素可能会压倒为我们所关心的人追求利益的倾向，比如，另一种更重要的善、我们视为具有优先性的一些人的利益或者与我们所关心的对象的距离。举例来说，根据墨家的伦理理论，孝和其他关系性美德是"天下之利"的要素。作为一种普遍的社会实践，兼爱并不能要求我们放弃这些善以增进陌生人的福利，以免它减少而不是促进了天下之利。此外，对他人的"爱"可能并不直接表现为，为每一个作为个体的他们谋求利益。它可以表现为遵循规范，如果这些规范得到共同实践，就能够促进天下之利。

因此，根据我已做出的诠释，墨家关于"爱"的观念大概相当于一种可靠的倾向，将我们关心的人的福利作为行动的理由。然而，与第二章概述的墨家知识论和逻辑学的含义相一致的是，墨家并没有就我们认识到的和由此行动的理由来阐释其立场。事实上，关于其伦理学说的一个有趣的问题是，为什么他们要用兼爱而不仅仅是我们在道德上有正当理由去做什么，来表达其规范性立场。我认为答案是，他们认为行动通常源于性情、习惯以及以特定方式辨别和回应事物的技能，而不是源于明确认识到的理由或深思熟虑的推理过程。大体来说，兼爱只是以墨家规范性理论所认可的方式造福他人的一种可靠倾向。墨家理论

---

① 这一残篇说："爱获之爱人也，生于虑获之利"（MB EC2）。

的重点是证明这种倾向的正当性，并在其听众中培养这种倾向，而不是提倡人们的行为应当遵循某些推理过程或某些类型的理由。

这种关于"爱"的刻画也有助于澄清墨家伦理中"爱"与"利"之角色具有的一个重要区别，"兼相爱，交相利"这一口号中两个部分的修饰词暗示了这种区别。墨家主张我们的"爱"的态度应当是包纳性的、包含所有人在内的。但利人的行为一般只针对与我们实际交往的人①。因为"爱"主要是指一种态度——一种对人们的福利的承诺，而不是实际行为，我们可以"爱"他人而并不实际上"利"他们②。因此，墨家认为，我们可以包纳性地关心所有人，而不必造福所有人或平等地对待所有人。

基于后果的论证

《墨子》一书提出了三个主要论证来为兼爱辩护。最主要的论证，我称为"基于后果的论证"，是《兼爱》三篇的核心。该论证认为，实行兼爱是对的，是因为它会产生有利的后果。它因此对应于墨家"三表"中的最后一表，这一点在第二章中介绍过。第二个论证是，兼爱符合"三表"中提出的其他两条标准："圣王之事"和"先王之书"。由于墨家在回答"基于不可能的反对意见"时提出了这一论点，我将在后面专门针对这一反对意见的章节对此展开简要讨论。第三个论证是，兼爱是天意。这一论证已经在第四章讨论过了，所以在此我不再赘述。基于后果的

---

① 与 Dan Robins 于 2001 年进行的讨论有助于我阐明这一要点。
② 《墨辩》中对 A8 的解释强调了这一点。《经说》中说，"义，利也。"《经说》补充说："义，志以天下为分，而能能利之，不必用。"也就是说，要成为义的人，一个人必须致力于利全天下，且有能力履行这一承诺。然而，这个人不必真正造福到每个人，因为这样做的机会可能不会出现。

论证将是这一节的焦点。

粗略来说，这一论证是说"天下之害"是由于将他人的"身""家""城""国"排斥在"爱"的范围之外而造成的。这种排斥会导致伤害、犯罪、暴力，以及无法实现关系性美德。假使人们施行兼爱，他们将会消除所有这些危害并兴天下之利。《兼爱》三篇提出了这一论证的三种不同版本，它们阐释了三种具有些许不同的兼爱观念①。这些差异体现在两方面：如何刻画兼爱的态度以及用什么例子来说明如何践行兼爱。对比三个版本，我们发现随着时间的推移，墨家的立场在要求上似乎变得有些越来越高了。

版本一：爱人

《兼爱上》很可能早于在《兼爱》中、下篇得到全面展开的墨家伦理理论，它没有提到兴天下之利，而这是大部分的墨家著作中提出的基本准则。此篇提出的基本善是"治"，而不是"利"。它没有使用"法"这一专门术语，而且与大多数《三论》不同，它的论证基于关于理想圣人的抽象典范，而不是仁人或历史上的圣王。它没有列出所有的关系性美德，而只提到了其中两种：下对上的"孝"和上对下的"慈"。墨家文本通常只将这两种美德与家庭性的关系联系起来，但在这里，它们同时涵盖了家庭性的和政治性的关系。在《兼爱》中、下两篇中，反对意见及答复占了大部分篇幅，而这篇文本则极为简短，在做出主要论证之后立即结

① 关于《兼爱》三篇之间的区别，参见 Chris Fraser, "Doctrinal Developments in MZ 14 - 16," *Warring States Papers* 1 (2010): 132 - 36。还参见以下文献中细致入微的讨论：Carine Defoort, "The Growing Scope of '*Jian* 兼': Differences Between Chapters 14, 15 and 16 of the *Mozi*," *Oriens Extremus* 45 (2005): 119 - 40，以及 Hui-chieh Loy, "The Moral Philosophy of the Mozi 'Core Chapters'" (PhD diss., University of California, Berkeley, 2006)。

束。耐人寻味的是，这一篇并没有将论证归于墨子，而是作为对归于墨子的一句名言——"不可以不劝爱人"——的解释(Mz 14/19)。

《兼爱上》认为，要使天下有治，圣人必须知道乱的起因，就像医生在治疗疾病之前必须知道病因一样。它声称，造成乱的原因是人们"不相爱"，这导致了人们为了追求自己的利益而伤害他人。第一章中我翻译的一段话(Mz 14/4ff.)声称，天下所有的作乱行为——人们没能善待自己的圈子、抢劫和盗窃、宗族之间的不和以及国与国之间的战争——都起于"不相爱"①。假使兼爱得以施行，乱就会消失：

> 若使天下兼相爱，爱人若爱其身，犹有不孝者乎？视父兄与君若其身，恶施不孝？犹有不慈者乎？视弟子与臣若其身，恶施不慈？故不孝不慈亡有，犹有盗贼乎？故视人之室若其室，谁窃？视人身若其身，谁贼？故盗贼亡有。犹有大夫之相乱家、诸侯之相攻国者乎？视人家若其家，谁乱？视人国若其国，谁攻？故大夫之相乱家、诸侯之相攻国者亡有。(Mz 14/12 - 16)

因此，"天下兼相爱则治，交相恶则乱"(Mz 14/18 - 19)。《兼爱上》总结说："故子墨子曰：'不可以不劝爱人者，此也'"(Mz 14/19)。

首先要注意的一点是，这个论证根本不是一个明确的道德论证。"仁"和"义"的概念都没有被提及。"治"被设定为一种基本价值，但文本表明，这个价值可能是审慎的，而非道德的。（同样，这些特征表明了此篇的创作时期较早。）

---

① 把所有形式的"乱"归咎于同一个原因，这是典型的墨家式夸张手法。在其他地方，墨家同样将"乱"归因于统治者未能做到尚贤(第 8 卷)，人们未能理解鬼神是赏贤罚暴的(第 31 卷)，以及在民众中普遍存在宿命论(第 35 卷)。

　　"兼相爱"以两种不同的方式得到了表述：一种是"爱人若爱其身"，另一种是视人之"身""家"、宗族和"国"，若己之"身""家"、宗族和"国"。对两者的解释由于这一论证所具有的假设性表述而变得复杂。文本并没有直接倡导像爱自己一样爱他人，而只是虚拟式地提出建议，"若使天下兼相爱，爱人若爱其身"。它所明确提倡的只是一种在较弱意义上鼓励"爱人"的学说。这里的"爱"可能主要是指为他人着想，而不是一种情感。当文本说人们伤害他人是因为他们"不爱人"时，意思可能并不是说他们缺乏对他人的情感，而是他们没有考虑到除了自己以外的任何人。

　　在《兼爱上》中，兼爱的实际要求完全不高。如果人们兼相爱，就不会伤害别人，就会善待自己的圈子："国与国不相攻，家与家不相乱，盗贼无有，君臣父子皆能孝慈"（Mz 14/17）。在行为方面，兼爱只要求我们不伤害他人以及履行关系性美德。利"天下"的理想尚未被提出。

版本二：兼相爱利

　　《兼爱中》的论证首先描述了"仁人"这一道德典范的行为。仁人以"兴天下之利，除去天下之害"作为宗旨（Mz 15/1）。"害"被认定为"国之与国之相攻，家之与家之相篡，人之与人之相贼，君臣不惠忠，父子不慈孝，兄弟不和调"（Mz 15/2 - 3）。关于这一论证的一个节选（导论中已作翻译）声称，这些以及其他的"害"都起于"不相爱"（Mz 15/4ff.）。人们只关心自己的"国""家"或"身"，因此不惜伤害他人。因此，仁人谴责不相爱的行为，以"兼相爱交相利之法"取而代之。《兼爱上》把兼爱刻画为"爱人若爱其身"，此篇则说"视人""若视其身"：

　　　　然则兼相爱交相利之法将奈何哉？子墨子言："视人之国若视

其国，视人之家若视其家，视人之身若视其身。"(Mz 15/11 - 12)

如果人们将此法作为行为指导，一切形式的伤害和虐待他人的行为就都不复存在：

> 是故诸侯相爱则不野战，家主相爱则不相篡，人与人相爱则不相贼，君臣相爱则惠忠，父子相爱则慈孝，兄弟相爱则和调。天下之人皆相爱，强不执弱，众不劫寡，富不侮贫，贵不敖贱，诈不欺愚。凡天下祸篡怨恨可使毋起者，以相爱生也，是以仁者誉之。(Mz 15/12 - 15)

仁人——"仁"和"义"的典范——试图兴天下之利、除天下之害。"兼相爱"对所有人有利，"不相爱"则有害。所以仁者赞赏兼爱而谴责不相爱。与《兼爱上》的论证不同，这显然是一种基于仁人之典范的道德论证。尽管这一论证并没有直接说兼爱在道德上正确，但该篇最后声称，我们必须实行兼爱，因为它将增加人们的财富，减少贫困，而且是"圣王之法，天下之治道"(Mz 15/41 - 42)。由于这个结尾提到了墨家关于"义"的几个标准，这意味着兼爱是道德上正确的。

这一版本所作出的重大进展在于，"爱"的理想现在被明确地表述为"兼相爱交相利"，"兼相爱交相利之法"既规定了"爱"的态度，也明确了相关的行为，即互利。每个人都要爱其他所有人，以使他们与他人的互动对双方都有利。"交相利"的种类在范围上也受到了限制，而且要求并不是特别高。与之前所说的一样，人们要对自己圈子里的人履行关系性美德，同时避免苛待外人。但这一版本超出了第一个版本的论证，它明确指出，除了侵略和犯罪之外，苛待还包括对弱势群体、少数群体、穷人、普通人和无知者的压迫与剥削。

诉诸仁人之典范,提出了"仁"与"爱"有何关系这一问题。仁人寻求兴天下之利,因此应该是爱所有人的。那么,有没有可能兼爱仅仅是"仁"这一态度的另一种说法呢? 或许墨家只是在阐明他们关于"仁"的观念,而不是将兼爱作为一种明确有别的道德规范提出。然而,我认为,"仁"和"兼爱"在几个方面确实是明确有别的。仁人寻求兴天下之利,而不管人们是否反过来也"利"他们。"仁"有时可能要求以一种利他主义式的自我牺牲来追求更大的善。相比之下,兼爱是一种互惠式的理想,而不是利他主义式的理想①,因此兼爱的要求明显要更低一些。它并不要求人们直接追求所有人的利益。它要求人们关心彼此,使得其互动对双方都有利。原则上,它并不要求人们经常为他人的利益而牺牲自己的利益。正如我们将在下文中看到的那样,墨家最终还指出,对于某些可能无法作出回报的群体(比如,年老的穷人),兼爱要求一种有限度的利他主义。但其核心思想在于让人们以互惠互利的方式对待彼此。与"仁"的另一个不同之处在于,兼爱确切而言是一种社会理想。"仁"的美德则可以由一个人独立于其他人来实现。相比之下,由于兼爱所具有的互惠性质,只有当一群人共同加以实践时,它才能充分实现。

版本三:"为彼犹为己"

从实质上讲,基于后果的论证的第三个版本与第二个版本相似。仁人寻求兴天下之利。兼爱促进天下之利,因此"是"(对)。其对立面

---

① Dan Robins 帮助我看到了这一点。参见 Chris Fraser, "Mohism and Self-Interest," *Journal of Chinese Philosophy* 35, no. 3 (2008): 448; Dan Robins, "Mohist Care," *Philosophy East and West* 62, no. 1 (2012): 60 - 91。

具有有害的后果，因此"非"（错）。然而，这两个论证在表述上存在有趣的不同之处，墨家学说在《兼爱下》中得到了更充分的发展，此篇可能创作于更晚的时间。"兼"是作为一个专门术语引入的，表示"爱人、利人"，而"别"则用来表示其对立面，"恶人而贼人"（Mz 16/6）。"为"这一更为抽象的概念，即"为了"或"代表"，取代了早期的表述"爱人若爱其身"和"视人之身，若视其身"。有人可能会说，视他人若视我们自己这一比方是令人困惑的，因为既然我们是不同的人，在逻辑上和心理上都不可能把别人看成"我们自己"。新的表述至少在一定程度上缓解了这个问题。"爱人利人"的态度现在被表述为"为彼"，或者说为了他人的利益行事，就像我们"为"自己一样①。这一版本的核心部分如下：

> 然即兼之可以易别之故何也？曰："藉为人之国，若为其国，夫谁独举其国以攻人之国者哉？为彼者由为己也。为人之都，若为其都，夫谁独举其都以伐人之都者哉？为彼犹为己也。为人之家，若为其家，夫谁独举其家以乱人之家者哉？为彼犹为己也，然即国、都不相攻伐，人家不相乱贼，此天下之害与？天下之利与？即必曰天下之利也。"
>
> "姑尝本原若众利之所自生，此胡自生？此自恶人贼人生与？即必曰：非然也，必曰：从爱人利人生。分名乎天下爱人而利人者，别与？兼与？即必曰：兼也。然即之交兼者，果生天下之大利

---

① "为"他人是承诺于将他们作为目的，正如一个父亲为了其儿子的利益而试图获取某物（MB EC7），或者一个官员对他所服务的那些人负有责任（MB A19）。"为彼犹为己"的说法可能在某种程度上是对道德利己主义代表人物杨朱的回应。杨的口号是"为我"。

者与。"

　　是故子墨子曰："兼是也。"(Mz 16/9 - 15)

　　与第二个版本一样，这一文本暗示，除了消除侵略和犯罪之外，"兼"还防止对弱势群体、少数群体、普通人群和无知者的苛待，并有助于人们实现关系性的美德(Mz 16/2 - 4)。结论部分再次表明，"兼"将促进公共安全，确保所有人得到充足的物资(Mz 16/83 - 85)。除了这些好的后果外，现在这一文本还声称，如果"兼"得以施行，"聪耳明目相与视听"，"股肱毕强相为动宰"，还有"有道肆相教诲"，而"老而无妻子者，有所侍养以终其寿"，"幼弱孤童之无父母者"将拥有生活必需的资源，从而长大成人(Mz 16/18 - 20)。换言之，人们将分享信息、劳动和专门的技能，而共同体为那些没有家庭和无法自己谋生的人提供帮助，可能主要通过政治领导人的努力。这一论证明确指出，"兼"会带来巨大的好处。言外之意是，"兼"因此是道德上正确的。

　　由此可见，基于后果的论证的这第三个版本展现出了两个主要进展。首先，"兼"现在被表述为承诺将他人作为目的，就像我们承诺于将我们自己当作目的一样。"爱人"或"视人""若己"的措辞转变为像致力于我们自己的福利那样，致力于他人的福利，文本明确指出，兼爱主要是指承诺于人们的福利，而不是对他们的情感依恋。"兼"与"别"之间的对比也清楚表明，"别"并不指所谓的"爱有差等"，即我们对他人的道德关怀应随我们与他人关系的密切程度而相应变化这种看法。文中明确指出，"别"是将他人的利益完全排除在考虑之外，以至于忽视了他们的需要(Mz 16/24)，并且不惜"憎恨和伤害"他们(16/6)。第二，与兼爱相关的行为标准在要求上有所提高。现在，除了履行关系性的美德和避免苛待外人之外，我们还要分享信息、劳动和专门技能，并帮助供养那些缺少家庭赡养或抚养的老幼。信息、劳动和技能方面的互惠可以说只是实现《兼爱中》所说的"交相利"的一种方式。但是，支援资助贫困的孤儿和老人这一要求是新的，而且是并不明确的互惠性的（尽管当然孤儿长大后可能会作出回报）。

《兼爱》三篇中对兼爱之实际后果的描述表现出了一个有趣的模式①。三篇都声称，兼爱可以防止战争、宗族纷争和犯罪，同时促进关系性的美德②。《兼爱中》补充说，兼爱将使对弱者、少数群体、穷人、地位低下者和无知者的苛待不复存在。《兼爱下》认为，它将给统治者带来安全，给人民带来物质上的充足（Mz 16/84）。它将引导人们互相帮助，最重要的是，它将确保社会中最脆弱和处于最不利地位的成员，如一贫如洗的孤儿和老人的福利。因此，从上篇到中篇，再到下篇，兼爱的具体后果所涉范围更广，而且目标越来越宏大。在保持对公共善的承诺的同时，墨家对穷人和无助者也表达了越来越多的关心。这样看来，随着时间的推移，他们关于兼爱的要求可能变得越来越高。起初，他们认为兼爱只要求我们不要伤害他人，即不对他们实施暴力或犯罪，并且具有美德地对待自己的圈子。后来，他们将伤害的概念扩展到包括了压迫、恐吓、羞辱和欺骗。最终，他们开始认为兼爱要求我们帮助圈外的人并与之合作，还特别要求我们支援资助那些没有其他谋生手段的人。

到底什么是兼爱？

从《兼爱》三篇中，关于墨家"爱"的学说，我们可以提炼出六种或更

① Defoort（"Growing Scope"）和 Loy（"Moral Philosophy"）都让人注意到了这一模式。

② 在《兼爱下》中，兼爱和诸美德之间的关联（Mz 16/84）是在结论部分，而不是在基于后果的论证中得出的。

多的不同表述或解释，有的简单且要求不高，有的则更为复杂和苛求。不同的文本甚至没有使用统一的名称来表达他们所提倡的观点。有时他们称之为"爱人"，有时称之为"兼相爱"，有时称之为"兼"。"兼爱"一词的使用似乎是一个渐进式的、相对较晚的进展①。墨家提出观点的方式多种多样，加上其立场随着时间的推移可能发生了变化，这意味着并不存在一个单一、确切的兼爱学说可供评估。有的只是一系列相互交叠的主张，其中有些比另一些更容易得到证明。

为行文简便起见，我们就集中讨论基于后果的论证三种形式中最强的那个版本。这一版本似乎是《兼爱》三篇中最晚的一个变体，因此可能代表了墨家思潮在巅峰时期的立场。我们可以将我称之为强版本的兼爱表述如下。

> 强版本的兼爱。我们要像"为"一样"为"别人，也就是说，我们要像致力于自己的福利一样，致力于他人的福利：
>
> - 我们不伤害、剥削或苛待他人；
>
> - 我们彼此共享信息、劳动和专门技术；
>
> - 我们援助那些没有谋生手段的人，比如孤儿和无子女的老人；
>
> - 我们对圈子里的人履行关系性美德。

一个共同体——宗族、城邦或国家——之内的个人应该彼此兼爱，而诸共同体及其领袖则对其他共同体施行兼爱。

---

① 我将这一观察归功于 Defoort，"Growing Scope"。"兼爱"一词只是在《三论》相对较晚的篇章中才开始使用——它在《兼爱下》出现了一次，在《天志下》出现了几次——然后在《墨语》《墨辩》以及《概论》中出现了几次。

兼爱有两个维度，一个是"为彼犹为己"的心理态度，以及由此产生的行为。与强版本的兼爱相关的行为规范在要求上也并不高。以今天的标准来看，它们大致相当于不占他人便宜，善待我们的圈子，做一个好邻居，慈善救助那些没有谋生手段的人。尽管我们要帮助有紧急需求的陌生人，但并不要求激进的利他主义。在一个兼爱得到广泛实践的社会里，我们通常首先关心的是我们的家人和自己，与邻居分享信息和劳动，并将多余的一些资源捐赠给其他有迫切需要的人。^① 赡养穷人的负担将在整个共同体中进行分配，因此可能并不会很沉重。唯一被期望直接为"兴天下之利"而工作的人是政治领袖，因为其职责在于造福全体臣民。相较于关于道德的最低限度要求的一种看法——按照这种看法，我们只具有避免伤害他人或侵犯他人权利的消极义务——兼爱的要求可能是更高的。但它似乎只比今天许多人视为的道德合宜性（moral decency）在要求上稍微高一些^②。

准确解释与强版本兼爱相关的心理态度是更难的。文本中用来描述我们对待自己和对待他人的态度之间所具有关系的词语——"若"和"犹"，可以表示平等或者相似的含义。因此，"为彼犹为己"这个短语可以指对他人的福利和对自己的福利具有完全相同的承诺，或者可指一种性质类似但程度不同的承诺。《兼爱》三篇之外的证据支持第一种更强的解释。《墨辩》残篇暗示，"爱"是对所有人都同等的，尽管我们对待他人的方式因我们与他人的关系不同而有所不同。在表述兼爱的特征

---

① "尚同"表明，当社会"乱"时，人们拒绝分享余力和余财（Mz 11/4，12/4）。这暗示着，在社会有治时，人们先满足自己圈子的需求，然后与外人分享财货或劳力。

② 我在以下文献中提出了这一看法：Chris Fraser, "Mohism," in *Stanford Encyclopedia of Philosophy*, http://plato.stanford.edu/archives/fall2009/entries/mohism（文章发表于 2002 年），sec. 7. Loy 得出了类似结论（"Moral Philosophy"）。

时,这些段落反复使用"相若"一词,而这一词在另外一个地方具体指的是"相等",就像圆周上的各点与圆心的距离相等(MB A54)。其中一个文本片段指出,"兼爱之有相若"(EC13)。另一个残篇表明,虽然我们为自己做的比为外人做的要更多,但我们应该"爱无厚薄"(EC10)。这些片段来自《墨辩》中文本破损最严重的一些章节,因此任何解释都只能是尝试性的。尽管如此,它们表明后期墨家把兼爱理解为对所有人的平等之爱。有一段对话也是相关的,在这段对话中,墨子的对话者巫马子认为兼爱不同于根据与他人关系的亲疏而程度不同地关心他人。墨子不加评价地接受了这一对比,这表明兼爱实际上指的是平等地爱所有人(Mz 46/52 - 60)。因此,"为彼犹为己"很可能是指我们对每个人的福祉都有同样强烈的承诺。这种解释也与"视人若己"或"视人若视己"的说法相一致。

如果这个解释是正确的,那么对墨家来说,"爱"实际上是一个专门术语,其含义与这个词的日常用法有所重叠,但又有所不同。在日常用法中,无论是在中文还是英语中,我们都会把更大程度的关爱与对家庭成员的爱、关心和奉献联系在一起,与之相伴的是诸如"慈"和"孝"这样的关系性美德。然而,墨家认为,关系性美德与对所有人之福祉的平等承诺——他们所称的"爱"——是相容的。对他们来说,对我们圈子内的人的特殊态度与对待,要么包含在关系性美德中,要么被视为程度上更强的"亲",而不是程度上更强的"爱"①。

按照墨家所理解的"爱"与行为之间的关系,为了避免不顾他人、伤

---

① "亲"用来指情感上的亲近,相关例子可参见 Mz 8/9, 35/26, 36/19, 以及 49/90。在墨者夷之与孟子的一个广受讨论的对话中,孟子拒斥爱无差等,原因是一个人对其邻居孩子的"亲"与对其亲戚孩子的"亲"程度不同。(Me 5.5)这一批评将同等的"爱"与同样的"亲"混同了,而墨家并没有提倡这一点。

害他人，我们就必须关爱他们。在其理论框架中，平等关心所有人所对应的是我们更熟悉的规范性态度，如承认人们的平等道德价值、对所有人的平等尊重或不偏不倚地考虑每个人的利益①。"为彼犹为己"是他们表达从不偏不倚的道德立场来看，每个人的福祉都同等重要这种观点的方式。对墨家而言，在道德语境中，"爱人"主要并不是对人有感情或依恋（尽管文本中并没有排除可能同时伴随有这种情感）。"爱人"采取了这样的规范性立场，即他人的福祉对于决定我们的行为而言很重要。兼爱是这样的态度，即每个人的福利同等重要。从墨家的视角来看，允许不同程度的关爱——更多关爱身边的人和亲近的人，对更疏远的人的关爱则相对更少——就等于对此加以允许：既然有些人比另一些人更重要，我们就有理由伤害那些不重要的人，使那些更重要的人受益。正如我们在第五章讨论墨子和巫马子的对话时所看到的那样，这种立场不可能是一种所有人都能加以常态化遵循的公开化的、社会性的道，因为它可能会导致互相伤害的自败式恶性循环。在墨家看来，唯一可持续的、恒常的道——以防止对所有人的伤害，促进普遍的利益，就是每个人平等地关爱每一个人。按照这种态度采取行动并不要求我们平等对待每一个人，而是要求我们共同遵循一种共同兴天下之利的社会性的"道"——这种"道"由墨家与兼爱相联系起来的行为规范表达出来。

如果我们接受墨家后果论式的前提并接受决定兼爱之内容的那些概念关联，那么基于后果的论证为他们倡导的行为规范提供了合理的依据。毫无疑问的是，可能存在类似或更合理的替代性规范，比方说与他们的方案类似的这样一种制度——根据这种制度，我们向贫困家庭提供更多援助，或者忽略对关系性美德的强调。然而，这些替代性的方

① Robins 的诠释类似："墨家的'爱'从根本上说是一种规范性的态度"（"Mohist Care," 76）。"为了某人是……给她的福祉赋予规范性意义"（80）。

案可能只会在一个相当有限的范围内与墨家的立场大致相似。如果说墨家立场存在任何严重弱点，可能都在于他们用于推动论证的这一隐含预设，即正确的"道"要促进所有人的利益，而"爱"这一态度是取代无视他人的唯一选择。如果正确的"道"并不是后果论式的，这个论证就失败了；如果"爱"不是对无视他人的唯一替代，那么这一论证可能就基于一个虚假的两难。但在进一步探讨这些问题之前，我们先看看墨家自己针对兼爱的几个反对意见所展开的讨论。

反对意见及答复

兼爱与人们深信的一些价值，如我们家人的福利，是否融贯呢？它是人们可以切实采纳和实施的吗？它甚至在实践上是可能的吗？《兼爱中》和《兼爱下》两篇处理了提出这些问题的四个反对意见。墨家回应的要旨在于，兼爱与人们已有的——至少那些在道德上正当的——价值观和动机是一致的，因此只要有一点鼓励，我们就已经有动力和能力去实践它。这些答复的主要目的并不是要证明兼爱在道德上是正当的。根据他们的预设，基于后果的论证已经做到这一点了。这些答复也没有试图表明兼爱比任何其他的"道"更能满足人们现有的价值观——如此沉重的论证负担远远超出了其论证范围。他们的目的仅仅是证明兼爱实际上可行，因为它符合人们已有的价值观和倾向。在此过程中，这些答复有助于我们了解墨家是如何理解兼爱的。

反对意见之兼爱难行

第一个也是最突出的反对意见是基于困难的反对：兼爱太难以实行了（Mz 15/15 - 29, 16/72 - 83）。墨家的回应是，兼爱并不太难行，因为根据历史记载，从前统治者让人们做过难得多的事情。文本讲述了晋文公的故事，由于他喜欢粗劣的衣服，他的朝臣们都穿着又粗糙又不舒服的衣服；楚灵王好细腰，他的朝臣们一直节食，直至饿到虚脱；越王勾践好勇，士兵们跳上着火的船去抢救据他说存放在那里的国宝。墨家声称，所有这些举动都比实行兼爱要难得多。然而，在统治者的激励下，人们却做得到。如果统治者加以鼓励，那么，可以很容易地引导每个人去实践兼爱。

《兼爱中》的回应进一步指出，兼爱并不难，因为它是有利的(Mz 15/16-17)，因为人们会对有利或有害的态度和行为做出切实的回应(Mz 15/18-19)。那些爱人助人的人，反过来也会受到别人——要么是受惠于其善意的人，要么是其他人——的爱助。那些恶人害人的人，自己也会受到厌恶和伤害。我们就将这种态度和行为模式称为互惠(reciprocity)吧。回应称，鉴于人们具有互惠的倾向，要将兼爱付诸实践，只需统治者将其作为政策，而普通人将其作为行为的基础。《兼爱下》中的回应认为，由于兼爱"有利且易为"(Mz 16/81)，统治者只需悦纳它，并通过适当的激励措施贯彻实施，人们就会欣然接受，"犹火之就上、水之就下"(Mz 16/83)。这一主张背后的一般性原则补充了关于"尚同"的理论："未逾于世而民可移"，人们践行兼爱，是因为他们试图与统治者一致(Mz 16/80-81)。

这样，《兼爱中》《兼爱下》两篇中的两个回应提供了四个理由来说明兼爱并不难实行。首先，它对每个人都是有利的，而且在其他条件相同的情况下，让人们遵循对自己有利的准则并不难。（问题的关键不在于自利促使人们实行兼爱，而是说与自利相结合使得这样做相对容易些。）第二，兼爱的具体要求并不是特别艰巨，或者至少比人们做过的许多真正具有挑战性的事情要容易得多。第三，人们倾向于服从领导者的意愿，如果这些意愿受到赞扬和激励，那就更加如此。最后，人们倾向于实行互惠，而这与兼爱的做法相吻合。所有这四个理由都是有道理的（第七章作了进一步讨论）。唯一可能引起质疑的说法是兼爱"易为"。与强版本的兼爱相关的行为规范在要求上或许有些高，但在一个对这些规范加以鼓励并广泛加以实践的共同体中，它们很可能是易于遵守的。从心理学上讲，对每个人的福利作出平等的承诺听起来是困难的，我在后面探讨了这个潜在的弱点。但墨家的回答暗示，对于共同体中的普通成员来说，兼爱仅相当于互惠式地关心和帮助他人的承诺，这大致上就是我们所说的做个好邻居。墨家把兼爱与一些实实在在的行为——节食，穿粗布衣服，跳进火中——进行比照，这种做法暗示了他们将兼爱主要理解为一种实践，而不是一种有意识的态度或感觉。

人们倾向于互惠，这一说法可能是墨家解释兼爱并不难的要点。在对基于困难的反对意见所作的第一个回应中，这一点是核心部分。它在第二个回应中没被提及，但可能已经被预设了，因为这是前一个论证中的关键性的前提，即兼爱与孝是融贯的（Mz 16/64 - 72）。它有助于解释为什么兼爱能给我们带来好处，从而在其他条件相同的情况下，解释为什么我们不太可能觉得它很难行。更重要的是，它指出，人们具有与兼爱相一致的前定倾向，这些倾向有助于他们发展和维系那些足以全面实行兼爱的态度和习惯。

既然人们具有这种互惠的前定倾向，那么为什么兼爱不是普遍流行的规范呢？"特君不以为政，而士不以为行"（Mz 15/19 - 20）。作为一种互惠的社会实践，兼爱取决于政治上的推行和全社会的采纳①。

---

① 参见 Fraser, "Mohism and Self-Interest," 448. 也参见 Robins 对兼爱是条件的这一性质的讨论（"Mohist Care," 73 - 76）.正如他评论的那样，兼爱不是为"一个个体主体在一个没人实践兼爱的世界"这种情形提出的。

只有当其他人以同样的方式做出回应时，人们才会倾向于参与交相爱利的良性循环。更重要的一点是，政治领袖必须确保兼爱得到广泛接受，因为在共同体内，如果没有足以使其自我维系的民众，那么实行兼爱可能有损于，而不是兴天下之利。设想一下，实行兼爱的少数人却被那些不想反过来造福任何人的大多数人所利用，由于这些少数人的福利可能会受到严重损害，总体利益就可能会减少，从而使得为兼爱所做的辩护失效。

反对意见之兼爱不可行

第二个反对意见是基于不可能的反对意见（Mz 15/29 - 41, 16/45 - 63），它是基于困难的反对意见的一个变体。人们在这里担心的是，兼爱是不可能实行的，就如"挈太山而越河济"（Mz 15/30）。墨家的回应是，兼爱确实是可能的，因为圣王确实曾经对其加以实践。文本引用了据说是历史上的例子和文献，以表明圣王的统治是公平、不偏不倚、兴天下之利的。禹实施了防洪工程，造福了包括外邦人在内的全天下的人民，他还打败了有苗，实现了天下的和平与安定。文王保护弱者、少数群体和农人的利益，确保鳏寡孤独皆有所养。汤武献祭自我，以此为其臣民的任何不当行为赎罪。文王武王公平分配财货、赏贤罚暴而不偏袒亲属。因此，"子墨子之所谓兼者""取法"于这六位圣王。再者，这些例子都涉及圣王代表所有人而采取的行动，而不是他们的情感或态度。他们可能感受到了相关的情感——比如对弱势群体的同情，但他们作为兼爱的典范，是因为其不偏不倚和仁慈的事迹，而不因为某种特定的态度或感受。

诉诸圣王，目的仅仅在于证明兼爱在实践上是可能的。然而，如果以"三表"作为参照的话，这一论证同样具有规范性的力量，因为圣王的事迹及其典籍是关于是非对错的指南。

批评者可能会拒绝墨家的回应，理由是圣王只是特例。作为"天下"的统治者，他们把所有的人——甚至外邦人——都算作其臣民，因此其特殊关系的圈子大至将所有人包括在内。这样，他们自然会致力于每个人的福祉。此外，他们拥有全天下的资源可供调配。兼爱对他们而言是可能的，却并不意味着对你我也是可能的。就这一点而言，对这一反对意见的答复似乎不如对基于困难的反对意见的答复那样令人信服。然而，只有当我们从个人的角度考虑兼爱时，这种担忧才成立。墨家引用圣王事迹意味着，兼爱主要是一种社会性的和政治性的"道"，而不是一种个人行为准则。圣王并没有说明一般人如何实践兼爱。他们说明的是作为国家政策而加以采用的兼爱。

反对意见之兼爱不可用

第三个挑战是基于应用的反对意见，与第四个挑战一样，在《兼爱下》才能找到。墨家的反对者质疑兼爱是可以加以应用的。这一反对意见有两种版本，一种针对社会同辈（Mz 16/21-34），另一种针对统治者（Mz 16/34-45）。第一个版本承认兼爱是一件好事，但却断定，"岂可用哉？"墨家通常以"用"这个词来指将教义、政策或计划付诸实践。一个突出的例子是，"用"是用以评价言论或学说的"三表"中的第三表：我们观察一下，如果它们作为政府行政和刑法典的基础加以颁布，是否会产生有利的后果（Mz 35/9）。因此，墨家在这里想要回答的问题是，既然兼爱是一件好事，那么我们真的可以把它作为一种社会之"道"来加以应用，并被所有人遵循吗？他们将此解释为一个挑战：即证明我们实际上可以选择兼爱作为与我们交往的其他人遵循的原则。（在他们看来，我们自己能否遵循兼爱的问题，在回答基于困难的反对意见时已经处理好了，而兼爱是否有好的后果这一问题在基于后果的论证中得到了处理。）其回答旨在表明，我们确实可以将兼爱作为这样一种"道"来加以应用，因为这样做符合我们对家庭福利所做出的承诺。

为了证明兼爱可"用"，墨家提出了"看护人"论证①，这是一个关于假想选择的论证，其目的在于表明，至少在某些情况下，即便那些口头上拒绝兼爱的人也会选择它作为与之交往的人遵循的"道"。这一论证假想了这样一种情形：一名兵士或特使在即将执行一项遥远而危险的任务时，他可以选择将其妻子、子女和父母托付给"兼士"或"别士"。这位"兼士"就像对待自己和家人的福利那样致力于同事及其家人的福利，因此他可靠地对需要帮助的朋友切实施以援手。"退睹其友，饥则食之，寒则衣之，疾病侍养之，死丧葬埋之"（Mz 16/27 - 28）。"别士"对这种关心他人的想法则嗤之以鼻，因此当与之交往的人面临困难时，不加任何帮助。墨家指出，很显然兵士或特使显然会选择将家人托付给"兼士"：

> 今有平原广野于此，被甲婴胄将往战，死生之权未可识也；又有君大夫之远使于巴、越、齐、荆，往来及否未可识也，然即敢问，不识将恶也家室，奉承亲戚，提挈妻子，而寄托之？不识于兼之有是乎？于别之有是乎？我以为当其于此也，天下无愚夫愚妇，虽非兼

---

① 这一名称以及"看护人"论证的名称来自 Bryan W. Van Norden, "A Response to the Mohist Arguments in 'Impartial Caring'," in *The Moral Circle and the Self: Chinese and Western Approaches*, ed. Kim-chong Chong, Sor-hoon Tan, and C. L. Ten, 41 - 58 (La Salle, Ill.: Open Court, 2003)。

之人，必寄托之于兼之有是也。此言而非兼，择即取兼，即此言行费也。(Mz 16/30 - 33)

墨家认为，在自己家人的福利不定的情况下，即便批评者也会选择以兼爱作为其得以托付家人的人所遵循的道。这意味着，基于一种强大的共同价值——我们的家人的福利，任何人都愿意接受"兼"而非"别"，作为与我们交往的那些其他人所奉行的"道"。因此，兼爱是可应用的；实际上，我们已经倾向于选择它作为一种社会之"道"。在拒绝兼爱这一点上，批评者确实有自相矛盾之嫌，因为其"行"与"言"不符。其观点不能被一以贯之地加以传播和实践。因此，不能"用"的是他们的观点，而非墨家的观点。

这一反对意见的第二个版本，质疑兼爱是否只适用于我们对"士"——我们身边的那些处于中间阶层的同辈——的选择，而不适用于我们对统治者的选择。兼爱会不会只是个人与个人之间相互实行的"道"，而不是国家对其臣民实行的"道"？墨家以第二个假想选择论证作为回应，而这一次的选择是在"兼君"和"别君"之间进行的。"统治者"论证与"看护人"论证相似，但有两个不同之处。首先，"兼君"把人民的福利放在自己的福利之前，而不是同等致力于两者(Mz 16/39)。因此，他所遵循的规范可能比兼爱的要求更高。然而，归之于他的行为——"退睹其万民，饥即食之，寒即衣之，疾病侍养之，死丧葬埋之"——则与"兼士"的行为相似。第二，该论证明确指出，这一选择不是在前景尚不明确时做出的，而是在灾难性的社会和经济情况下做出的："岁有疠疫，万民多有勤苦冻馁，转死沟壑中者，既已众矣"(Mz 16/42 - 43)。墨家再一次指出，在这种情况下，"天下无愚夫愚妇"：每个人都会选择做"兼君"的臣民。

总而言之，这些论证勾勒出了一些很容易想象到的情境，而在这些情境中，任何人都希望我们的同伴和政治领袖能奉行兼爱之道。这样，万一我们或我们的家人遭遇困难，我们可以指望他们施以援助。如此得出的结论是，人们能够而且会应用兼爱，因为它符合我们自己的及我们家人的福利。

一种自然会产生的批评是，这些论证造成了一种虚假的两难困境。假想的选择仅限于"兼"与"别"，但似乎存在其他的"道"——根据这些"道"，我们对他人的承诺处于"兼"与"别"两个极端之间，只是范围或程度上有异。比如说，比起一个兼爱所有人并与所有人分享资源的看护人，如果一个人主要关心自己的圈子，并且将大部分资源都用在自己圈中人的身上，对我们有些许关爱且给予我们部分资源，同时忽视其他所有人，他也许会使我们的家人过得更好①。关于兼爱基于虚假的两难这一指控可能是有说服力的，我稍后会回到这个问题上。然而，在这种特定的语境下，墨家可以回答说，批评者误解了他们关于"爱"的观念。正如我们已经看到的那样，"爱"是一种态度，即承认对于我们的行为而言，他人具有规范性的意义。我们要么考虑、要么不考虑他人，不存在中间立场。此外，这些论证只需要表明兼爱是可应用的，而不是说它比所有其他替代方案更可取。无论如何，支持兼爱并不能解决人们在特定的实际情况下给予他人多少关注或帮助的问题。正如兼爱允许我们

① Chad Hansen（*A Daoist Theory of Chinese Thought*［Oxford：Oxford University Press，1992］，112），Van Norden（*Virtue Ethics*，188），以及 Loy（"Moral Philosophy，" 283 - 84）都提到了可能的虚假两难困境，并且考虑了这一反对意见，即人们的首选可能是这样一个看护人，他偏向于自己的家人和朋友，包括兵士家人在内，而不是包纳性地关心所有人。我将不详述这一反对意见，因为我所作批评的要点是，这一论证的目的是有限的，它试图表明兼爱"可用"，而不是说它比任何与之竞争的规范更可取——而且即便我们接受墨家的假设性前提，排除了这样一个具有偏向性的看护人，这个论证的结论还是很弱的。

先满足自己圈子的需求，然后再对外人有所贡献一样，实行兼爱的看护人也有理由偏爱我们的家人——在他看来依赖于他的人，而不是他尚未答应去施以援助的外人。

更为严重的问题在于这些论证的假设式构架。在家人的福利承受风险这样一个狭义的假设性情境中，人们是更愿意选择将"兼"作为其同伴或统治者的"道"的。可是，这并不能真正证明"兼"在实际情况下是可普遍应用的这一点。即便这些论证确实表明兼爱在某些情况下是可以应用的，它们却并不能证明它可以作为常态化的"道"来加以应用。因此，它们只为兼爱可以作为一个普遍的社会性规范加以应用这一论点提供了一个弱的理由。也许最具同情性理解的看法是，这些论证生动地说明了这个有道理的观点，即兼爱的社会性实践补充了我们对自己和家人福利的承诺。如果墨家确信基于后果的论证已经为兼爱提供了道德上的理由，那么他们真正需要做的就是证明它与人们深信的价值观（比如家人的福利）是一致的。

对"看护人"论证和"统治者"论证的这一评价，依赖于我认为这些论证具有相对来说有限的目标这样一种解释。之前有些人解释说墨家在这些论证中是在诉诸共同的价值观——家人的福利——来证明兼爱优于其他可供替代的规范。这些论证被解释为是在主张这一点：采纳兼爱，会比儒家之"道"更好地服务于儒家式的将亲属福利置于其他人福利之上的"偏爱式"价值。然而，文本中并没有任何内容暗示这些论证是针对儒家的，也没有暗示其目的在于要驳斥一个偏爱式的"道"。如果我们注意它们所陈述的主题的话，它们并不是要表明一个偏爱式的"道"是不连贯的，也不是以一种并不直白的方式使其支持者致力于兼爱。文本确实追加了一点，对兼爱的批评者进行了指责，因为其言论与在假想中他们将采取的行为实际上是矛盾的。但这些论证本身针对的并不是一个与之构成竞争的伦理学说，其对兼爱所进行的辩护也并没有试图超出兼爱可应用这一点①。

反对意见之兼爱"害为孝"

第四个反对意见是，兼爱可能与父母的福利不符，从而妨碍孝道（Mz 16/64 - 72）。想必这里的担忧是：要么为父母追求福利可能有时候要求我们从他人那里攫取资源，从而伤害他们；要么更有可能的是，帮助他人会夺走我们原本可以奉养父母的资源。墨家的回答是，孝顺的子女希望别人爱利其父母，而不是憎恨和伤害他们。为达到这一目的，我们应当爱利别人的父母，促使别人作出类似的回应。（与回应基于困难的反对意见一样，墨家预设人们具有针对好或坏的对待作出回报的倾向。）因此，将兼爱广泛付诸实践与孝是相符的。假如兼爱的条

---

① Hansen 将"看护人"论证视为反对儒家"偏爱式道德考虑"的论证：将其视为集体性自败式的，也就是说，如果它被加以共同实行，比起不加以实行，会导向一种更糟糕的后果（*Daoist Theory*，112 - 13）。在他看来，"看护人"论证旨在为作为一种公共的"道"的兼爱作辩护，这一辩护基于其反对者也接受的立场，因此克服了道德改革的难题，也就是，向确信其传统习俗正确的那些听众，为新的道德规范作辩护这一挑战。

　　根据 Van Norden 的解释，"看护人"论证和"统治者"论证都是旨在反对儒家式或杨朱式（道德利己主义）立场的规范性论证（*Virtue Ethics*，184）。他尤其将"看护人"论证视为"向偏私者证明他应当不偏不倚"的失败尝试（183）。没有哪一位著述者提到这些论证是针对哪些反对意见的回应。Loy 也将这两个论证作为为兼爱所作的规范性论证（"Moral Philosophy，" 280）。关于这里提出的诠释，这些讨论尽管有其优点，但在很大程度上偏离了重点，因为它们对这些论证的理解脱离了文本语境。我自己在 2002 年处理这些论证时，解释了它们所处的语境，但却不准确、误导性地认为它们是在论证兼爱。（Fraser，"Mohism，" sec. 7）。Fraser，"Mohism and Self-Interest，"将这些论证与相关的反对意见更紧密地联系起来，而且将其目标进行了概括，表明兼爱与共同的价值观，比如人的福利是融贯的（451）。这一解读与 Robins 最近所作的处理一致（"Mohist Care，" 73）。

件都满足了，这一论证就是具有说服力的。① 这些条件是，兼爱是一种被广泛付诸实践的社会规范，而且并不要求人们做出很多的自我牺牲。因为大多数人都有足够的资源来赡养父母，同时也能分出一些资源来彼此互利。

这一回应与"看护人"和"统治者"论证的基本要点是相似的。三种论证都试图表明，兼爱作为一种社会实践，与诸如我们自己的福利、我们家人的福利以及孝顺这些基本的价值是一致的。对于证明这一点而言，"看护人"论证和"统治者"论证虽不完美，却是引人注意的尝试，它们诉诸假想式的场景，而在这些假想性的情况下，他人的帮助对于实现这些价值是至关重要的。然而，基于"孝"的论证是更有力的，恰恰因为它不是假想式的。它颇有道理地声称，在日常实际情况下，实行兼爱将支持而不是妨碍孝这一目的。

强版本的兼爱：一种批评

一旦我们了解到"爱"实际上是墨家的一个专门术语，在概念上与"利"和"害"紧密相连，并由此与墨家的伦理理论相联系，我们就很容易理解为什么他们认为兼爱是合理的。在他们看来，与兼爱不同的方案会认为，无视他人是可允许的，以致我们就可以伤害他人来利己。如果我们接受墨家关于"爱"的看法，以及它所嵌入的后果论式的框架，那么他们对兼爱的辩护就是很有力的。然而，阐明爱、利、害、义以及其理论中的其他要素之间所具有的推论性关系，有助于我们看到，即便出

---

① Van Norden 对这个论证的驳斥过于仓促了，因为他认为这一论证的目的是为了证明兼爱胜过偏私性的儒家学说(*Virtue Ethics*，193)。文本清楚表明的是，这一论证的目的仅仅是表明兼爱与孝是相容的。

于同情性理解，为何我们仍然可能不同意其看法——这并不是因为我们质疑其论证的这一个或那一个步骤，而是因为我们拒绝采纳支撑其立场的那一整套概念和预设。

兼爱是墨家用以表达所有人具有平等道德地位这一得到普遍认同的信念的独特方式。它是墨家对平等、不偏不倚地看待和考虑他人这一基本态度的表达。然而，强版本的兼爱，也就是我们应当平等地"爱"所有人，可能并不是表达这一信念的最适当方式，对此至少有两个原因。首先，假设我们同意每个人都具有平等的道德地位，这种地位不必直接反映为我们所具有的行动指导态度对每个人都平等对待或不偏不倚。我们只需使我们的态度和行为符合那些可得到不偏不倚辩护的规范，那些规范得到了不偏不倚的辩护的意思是说它们不会不公平地偏袒某些人而不是另一些人。在主张"为彼犹为己"时，墨家要求作为个体的主体平等地致力于兴天下之利。可以说，这一立场将道德辩护所具有的不偏不倚的特征误导性地落实于作为个体的行为主体所具有的行动指导态度，而不是落实于为所有这些态度辩护的"道"。墨家本可以只要求主体承诺于得到了不偏不倚辩护的"道"，或者是做正确的事。

第二个也是更深层的一点是，"爱"可能并不是用以表达尊重他人之道德意义的最合适态度。"爱"比仅仅尊重他人要强烈得多。它要求我们积极促进他人的福利，而不仅仅是将其作为值得道德考虑的人而加以尊重。基于后果的论证，其出发点就在于忽视他人会造成伤害这一点，对墨家来说，与漠视和伤害他人相反的立场就是爱利他人。但是，解决有害行为的办法不一定是每个人都彼此爱利。解决方法可以只是尊重他人的利益或目的，从而不伤害他人。因此，一种体现了尊重他人的不偏不倚的"道"并不必承诺去"利"他们。它可能只要求我们承认其利益，不去伤害他们，并以双方都能接受的方式进行互动。

这些反思表明，如果我们重新审视害、利与爱之间的关系，除了强版本的兼爱之外，还可以有其他心理态度对他人的道德意义加以肯定。因此，基于后果的论证最终可能会造成一个虚假的两难困境。墨家可能会回应说，所谓的两难困境是无关紧要的，因为兼爱显然比中立地尊重他人利益更有益于社会。在这里，墨家和我们假想的批评者似乎陷入了争论的僵局。对于后果论者来说，如果兼爱比其他的规范性态度能产生更大的利益，这就是一个决定性的理由。而对于那些质疑道德上尊重他人与利人等同这一点的批评家来说，这种后果论式的论证可能是没有说服力的，甚至是不相关的。

批评者可以基于墨家自己的理由来为自己的观点进行辩解，他们可以论证指出存在其他的承认人们之平等道德地位的方法，而它可能会产生与强版本的兼爱一样好甚至更好的结果。在阐述强版本的兼爱时，我明确指出了两种维度：心理态度，以及墨家与此态度联系在一起的行为规范。批评者会争辩说，其他的替代性态度——比如，尊重、公民意识和睦邻友好的一种结合——与"为彼犹为己"这种更强的态度相比，可能可以同样甚至更好地支持墨家所设想的行为模式。诸如此类的替代方案跟兼爱一样，可以防止对他人的伤害。它可以激励人们对贫困者施以援手，或为特殊事项提供互惠援助，就比如邻里之间互相帮忙收割、修建谷仓。最重要的是，它将消除墨家理论中对所有人的平等关怀和对我们自己圈子的不同对待之间在概念上的张力，从而形成一个更简单、更连贯、更易于践行的立场。因为归根结底，平等关心所有人的态度似乎与关系性的美德并不协调——即便我们接受"爱"与"亲"之间的区别，即使我们明白兼爱只意味着承诺有利于所有人的道，而不是平等对待所有人。值得质疑的是，我们是否可以做到全心全意地实践诸如"孝"或"慈"这样的美德，与此同时又不会对我们的父母或孩子予以更多的关心——按照墨家的说法，这里的关心指的是关注其福祉在意并倾向于使其得利。

墨家自己在概念上把"爱"与"利"联系在一起，因此，根据其自身的观点，可以说，如果允许"爱"相应于与我们被期望"利"人的程度而有不同，这一点就存在概念上的紧张。他们不能允许这一点的原因在于其后果论——他们坚信道德立场本身就要求对所有人的利益作出不偏不倚的承诺，因此我们必须"为彼犹为己"。对这种观点的一种最简要的批评是，我们根本不能完全像"为己"那样"为人"，因为我们终究是各自不同的人，处于彼此不同的关系之中。墨家敦促全人类彼此做出认同，以便我们平等地致力于所有人、家庭和共同体的福祉。但是，像关心我自己的"身""家"或共同体一样去关心他人的"身""家"和共同体，就是在损害我的"身""家"或共同体作为独特的"身""家"或共同体的身份。如果我像关心自己家人的福利一样去关心他人之家人的福利，那么我似乎并不是真的把我的家人当作我的家人①。同样的道理也适用于对我自己、我的朋友或我的共同体的关心。关于兼爱之心理维度的一个更为合理的立场，一个与墨家所赞同的由这种态度而来的实际行为规范更一致的立场，可以是主张我们根据自己与他人的关系而相应采取一系列有别的关心态度。

结语

兼爱是与给予所有人平等考虑或者承认每个人平等道德地位这样

---

① 这是孟子将兼爱等于"无父"这一控诉中的一点属实之处(Me 6.9)。

的道德态度相对应的墨家观念。就此而言，正如梅贻宝早就说过的那样，它的确是一种"划时代"的学说①。兼爱是世界上最早系统阐发这一根本性的、具有吸引力的观念——恰当的道德态度是在某种意义上，每个人都平等重要这一态度——的学说之一。墨家所提出的是，当我们承诺于一种不偏不倚地兴天下之利的"道"时，我们就恰如其分地承认了人们的道德地位。在他们看来，遵循这样一种"道"，我们才算得上平等地关心了所有人——也就是"为彼犹为己"。

墨家在这一点上肯定是对的，即道德涉及在某些方面同等对待他人与我们。除此之外，由于将这种"对待"阐释为"爱"，一种利人的倾向，他们提出了一种重要且引发争议的立场。一个完全不关心他人福利的人，比如，对事故受害者或无助、快要饿死的孤儿完全无动于衷而不施以援手的人，当然显得是在道德上有缺陷的。尽管如此，正如上一节所指出的那样，我们还是有理由质疑墨家所倡导的"为彼犹为己"。承认人们的平等道德地位并不意味着我们对每个人都采取平等的行动指导态度。此外，给予他人应有的道德考虑可能只需要承诺于尊重他们的利益，而不是为其谋利。"为彼犹为己"似乎夸大了道德所要求的，草率地将道德考虑与"利"，而非仅仅是尊重等同起来。

这些批评不一定是致命的。假设有一个当今的墨者，他或许会对兼爱的表述在程度上进行弱化，以此来解决人们认为兼爱过强了的这种担忧，从而使得兼爱他人只是包纳性的，而不是平等的。毕竟《兼爱上》的总结性口号只是敦促我们"爱人"，而不是平等地"爱"每一个人。墨家可以允许"爱"的程度根据我们与他人的关系以及我们期望为他们谋利的水平而相应变化。遥远的陌生人将得到基本的关怀，这相当于

---

① Yi-pao Mei, *Mo-tse, the Neglected Rival of Confucius* (London：Probsthain, 1934)，193.

承诺于尊重其利益和在紧急情况下为其提供帮助；而关系密切的人会得到更多。"伦列"学说（见第五章）可加以修订，从而在同样的后果论立场上允许不同程度的"爱"，这一后果论立场证明利人的程度有别是合理的，这样做将更好地促进所有人的福利。表述上的这些变化很可能只会促使与兼爱联系在一起的行为有些许变化。《兼爱》三篇中概述的行为规范，已经是"仁义之道"的一个相当有道理的备选。

更具挑战性的批评是，"爱"可能不是用以反映他人道德地位的恰当态度。道德可能主要事关尊重他人，而不是乐于利人。然而，这种批评反映了关于道德之本质的一个根本分歧，批评者不能回避这一本质分歧的情况下简单断言墨家的后果论立场错误。此外，我们应当记住墨家伦理包含的宗教性取向。墨家的后果论和"为彼犹为己"的理想归根到底可能反映了其宗教信仰，而不是试图对道德或"义"做出世俗意义上的解释。对墨家自身来说，兼爱可能不是一种伦理理想，而是一种宗教理想，对精神性或神圣性的一种表达①。兼爱是天自身的态度。通过努力做到"为彼犹为己"，我们就更切近地效仿了天。这种崇高的状态而非对道德的准确刻画，可能才是墨家的最重要目标。

① 这一想法得益于与 Roman Malek 的一次谈话。

第七章

动机："未逾于世而民可移"

墨子及其追随者在很大程度上自视为社会和政治改革者,致力于消弭战争、消除贫困、促进社会繁荣和秩序。因此,墨家伦理和政治思想的目的不仅仅在于阐明"道",也是为了引导整个社会遵循"道"。然而,尽管墨家具有这样的实践取向,人们一般认为他们关于人类动机的看法是贫乏而粗糙的,认为墨家在这方面的看法过于简单化,从而未能就如何引导人们将其"道"付诸实践做出合理解释①。本章阐明了墨家动机观的方方面面,并针对批评意见对其进行了辩护。本章的讨论利用了前几章提出的阐释,表明事实上《墨子》对道德的动机和审慎的动机所具有的各种来源作出了丰富而微妙的刻画。墨家可以合理地认为,这些动机足以引导人们将其核心伦理教义付诸实践。墨家具有可

---

① 比如,参见 David Nivison, *The Ways of Confucianism*, ed. Bryan W. Van Norden (La Salle, Ill.: Open Court, 1996), 96; Kwong-loi Shun, "Mo Tzu," in *The Cambridge Dictionary of Philosophy*, ed. Robert Audi (Cambridge: Cambridge University Press, 1995), 515; Philip J. Ivanhoe, "Mohist Philosophy," in *Routledge Encyclopedia of Philosophy*, ed. Edward Craig (London: Routledge, 1998), 6: 451 - 55; 以及 Bryan W. Van Norden, *Virtue Ethics and Consequentialism in Early Chinese Philosophy* (Cambridge: Cambridge University Press, 2007), 309。

行的方案以实施其社会改革，而且就像他们所说的，"未逾于世而民可移"（Mz 16/74）。

普遍看法却并不如此，这些看法产生的原因可能主要有两个。一是对墨家伦理到底要求什么存在误解，我将在接下来的一节中简要阐述这一点。另一个原因是未能理解墨家关于行为和动机的观念，我将在后面的章节对此进行阐述。造成这种不理解的一个原因可能是，研究文献往往关注的是对动机所做的孟子式和荀子式讨论中所凸显的那些概念，比如，自发的情感反应所具有的角色，或者说由人之"性"而来的欲望所具有的角色。由于墨家所采取的进路并不以情感或欲望为中心，所以就被认为是过于简单化的。然而，正如我将要说明的那样，一旦阐明了墨家关于行动和动机的观念，我们就可以看到他们关于动机的进路是复杂巧妙且可辩护的。

首先，我来澄清一下本章的基本概念和方法论。我所说的"动机"，泛指心理状态和性情，它们对于行动的产生起着（或可能起着）直接的因果作用。考虑到我在此的目的，我把信念和类似的认知状态也算作主体的动机状态，因为正如本章将要说明的那样，墨家自己似乎也是这么做的。除了这些状态和性格之外，对动机的处理通常还会涉及一系列与行动不太直接相关的其他心理特征和能力。我认为这一点是合理的，即对动机或人类心理其他方面做出论断，无需陈述不存在例外情况的普遍真理，而只需陈述有关人们倾向于如何思考、感觉和行为的可靠概括。所描述的特征不必是天生或自发的，也不必是人们固有倾向或天性的某些方面，无论我们如何理解"性"。就我目前的目的而言，这一点就够了：在常态化和普遍意义上来说，这些特征是成立的，并因此属于一种（比如墨家的）道德理论或改革方案能够或必须应对的条件——比如，这种理论或方案可将什么视为理所当然的，以及会面对什么障碍或约束。墨家刻画了在人们身上普遍观察到的一些特征,据此,我将这些特征纳入我关于其动机观的诠释中。

与《论语》《孟子》和《荀子》这三大经典儒家文集不同,《墨子》中专门关注动机的章节相对较少。一种可能的解释是,《墨子》的核心书卷大致相当于政治改革的小册子,主要目的在于说服统治者和官员采纳墨家的政策。它们既不是理论论著(《荀子》中的大部分如此),也不是道德导师日常教导或指示的记录(比如《论语》和《孟子》中的大部分内容似乎如此)。尽管如此,墨家在提出和捍卫其伦理和政治学说时,经常会提出与动机这一主题相关的,关于人类特征、倾向或行为的看法。要解释他们所做的其他论断,最好是将其归因于某些关于动机的并未言明的预设。我在这里的做法是,结合其中一些明确的论断和一些并未言明的预设,概述墨家对于如何激励人们实践其"道"有怎样的看法。

接下来的一节将介绍墨家伦理和政治计划的性质和内容,因为如果不考虑墨家希望引导人们做什么,我们就无法公正地评价其关于动机的看法。后面的章节对其行动观进行了重构,并将其与我们所熟悉的基于实践三段论和"信念—欲望"模式的观念进行了对比。其后的一节解释了关于行动的理解如何影响了其关于动机的进路。再接下来的两节考察了墨家运用的主要激励措施及其所依赖的动机来源。本章最后以简短的批判性评价作结。

墨家式的改革方案

墨家关于动机的进路与其伦理和社会政治改革方案交织在一起。为了理解和评估其关于动机的进路,我们需要回顾这一方案的性质以及他们希望人们追求的规范性理想。我在本节将着重介绍墨家伦理的三个方面，它们对理解墨家的实践目标至关重要。

首先，墨家关注的主要是社会改革，其次才是个人的道德生活①。这并不是说个人的道德发展对他们来说不重要；《墨子》的核心书卷确实涉及作为道德主体的个人，特别是各级官员。但其理论和实践的关注点是社会性的和集体式的。对他们来说，最核心的问题不是"我怎样才能为善"而是"什么是道"，以及"我们如何引导所有人共同遵循它呢?"在核心书卷中，他们指导人们实践道的方法强调政治政策和社会互动，而不是个体的反思和自我完善(个人道德发展在《墨辩》中是比较突出的主题。)这种取向的原因之一在于其所处时代道德话语所具有的性质。在他们看来，其主要受众不是社会的个体成员，而是政府官员——上至国君、下到低级官员，他们希望各级官员能引导全社会遵循道。另一个原因是墨家像大多数早期中国思想家一样，倾向于采用一种社群主义式的而不是个人主义式的观念来理解什么是人。他们主要将人看作社会团体的成员，特别是家庭或宗族以及政治共同体的成员，而不是原子式的个人。另一个原因是，墨家的核心规范性理想预设了对道的共同实践。比如，墨家关于社会秩序的理想，要求整个社会共同遵守一套统一的道德规范。兼爱这一规范显然是互惠式的：人们要"兼相爱交相利"(Mz 15/10 - 11)。因此，单独一个主体不可能独自实践兼爱；这一规范的实现，必须得到某个共同体中的大多数人的践行。其推论是，墨家用来解释人们如何能够实践兼爱的动机来源，比如，人

---

① 参见 Chad Hansen, *A Daoist Theory of Chinese Thought* (Oxford: Oxford University Press, 1992), 108。这一点以及接下来引用的其他要点是对 Hasen 著作中提出的重要观点——特别是他对"道伦理学"之结构，以及墨家关于主体性之看法的讨论——的发展 (140 - 43)。

们倾向于互惠，取决于他人是否也实践兼爱。基于所有这些原因，墨家关于动机的进路主要在于引导共同体遵循道。这种取向有助于解释为什么他们赋予了政治权威在激励和执行方面的核心角色。

第二点是，正如我们在第五章和第六章中所看到的那样，墨家试图用以改革社会所依据的伦理规范并不是特别苛求的。造成墨家道德心理学过于简单化这一印象的一个因素是这样一个预设，即墨家的伦理规范是英雄主义式、过于苛求的，以至于如果不加大量周密的训练，没人能达到这些标准①。例如，许多著者就认为，墨家伦理要求对待他人要完完全全地不偏不倚，也就是说，对于造福所有人而言，我们具有同等的义务，不论他们与我们有怎样的关系②。然而，墨家显然并不认为其“道”是要求过高的。尽管他们认识到，反对者认为兼爱很难，但他们坚持认为这是一种误解：与那些真正艰难的壮举相比，兼爱实际上颇易于实行（Mz 15/19,16/81）。事实上，正如第五章和第六章已经解释过的那样，墨家道德规范的要求似乎是适中的，充其量也只是稍稍超出了今天我们大多数人视为起码的行为准则。正如我们已经看到的那样，尽管从一些并非出自墨家的早期文献来看，后期墨家的派别中存在狂热的利他主义，这些团体类似于纪律严明的宗教团体或精锐军队，由狂热的墨家信徒组成。他们代表的并不是受墨家影响的社会中的典型成员。墨家期望每个人都能遵守的普遍行为准则是道德规范或者说是“义”，主要包括不伤害和压迫他人·邻里分享知识、劳动和资源，

---

① 关于这一预设的一个例子，参见 Nivison, *The Ways of Confucianism*, 131。
② 参见，比如，同上，133；唐君毅，《中国哲学原论导论篇》（台北：台湾学生书局，1986），115；蔡仁厚：《墨家哲学》（台北：东大图书，1978），44；David B. Wong, "Universalism vs. Love with Distinctions: An Ancient Debate Revived," *Journal of Chinese Philosophy* 16, no. 3–4 (1989), 251；JeeLoo Liu, *An Introduction to Chinese Philosophy* (Oxford: Blackwell, 2006), 110；以及 Van Norden, *Virtue Ethics*, 179。

履行关系性美德，以及帮助鳏寡孤独。这些几乎算不上难以承担的要求。

第三点是，也正如我们在第五章和第六章中所看到的那样，人们对家人和朋友有特殊感情和责任，这一自然倾向并不妨碍墨家伦理的实践，因为墨家支持我们对最亲近的人采取独特的态度和对待方式。人们常常认为墨家主张我们对每个人的关切应当是不偏不倚的，且因此不应给予我们自己的圈子以特别的关注和对待。考虑到兼爱的学说包含着对所有人在某种形式上的平等考虑，还有考虑到墨家关于兼爱的其他说法，它与给予那些与我们具有密切人际关系的人以特殊态度和对待这一点是兼容的，甚至对此作出了要求。因为墨家对兼爱学说所作的辩护在某种程度上就基于这一理由，即兼爱有助于实现关系性美德，也就是那些与君臣、父子、兄弟这样的核心社会关系相关的美德。他们认为，兼爱是对的，在某种意义上就是因为，比如，它促进了孝和忠（Mz 15/13, 16/85）。像孝和忠这样的美德通常被理解为需要给予那些与我们处于相应关系中的人以独特的情感、责任和对待，没有任何证据表明墨家不是这么想的。

所以，墨家在主张我们应当承诺于"为彼犹为己"时，并不意在改变传统的亲属关系和政治关系在社会和伦理生活的中心地位。他们的意思可能是，对于他人的福利，我们应当具有与关心我们自己的福利同等程度的考虑。"兼爱"就相当于这样一种说法，就是对所有人都采取这种平等考虑的主体所具有的态度和行为，这样的主体因此是把促进所有人福利的道内化了。与兼爱截然不同的并不是对家人和同辈具有特别关切这一点——如果没有对父母和同僚的特别关心，人们就无法孝或忠。与其构成鲜明对比的是这样一种态度，即为了追求我们的利益，其他人可以被忽视和任意伤害（Mz 15/12 - 15）。

墨家关于行动和动机的观念

理解墨家关于动机的进路,关键在于理解其关于实践推理以及行为之心理前因(psychological antecedents)的观念。他们关于如何让人们在心理上做好准备,以一种规范上正确的方式采取行动的看法,也就是关于如何教育和激励人们遵循道的看法,就以这种观念为基础。

正如我在第二章中所说的那样,西方思想中常见的关于行动的观念一直深受实践推理的论证式模式的影响。亚里士多德的实践三段论就属于这样一种模式;"信念—欲望"模式则是另一种①。这些模式促生了这样一种看法,即行为的心理前因是内容与实践推理的前提相对应的状态。比如,根据"信念—欲望"模式,行为的产生是由于实践论证中的一个前提所代表的认知状态(信念)与另一个前提所代表的意念状态(欲望或其他类态度)相结合。

墨家与亚里士多德、休谟和其他西方思想家相似,把关于行动结构的观念与其关于实践推理之结构的观念联系起来。然而,墨家关于推理结构的观念与亚里士多德显著不同,也与启发了"信念—欲望"模式的命题演绎模式有很大的不同。正如我们在第二章中所看到的那样,墨家的推理概念不是三段论式的,甚至不是演绎式的。它是类比式的,主要涉及术语,而不是命题。墨家将推理理解为作辨别或区分的过程,他们称之为"辨"。"辨"的进行,通常基于与"法"进行比较,看是否相似,从而产生一种认为某事"是"(这,对)或"非"(不是,错)的态度(Mz

---

① 可以说,"信念—欲望"模式本身就是实践三段论的扩展或普遍化。

35/6)。这些态度通常与一种特定语境中事物的"类"挂钩，这些"类"由通用术语表示，比如"牛"或"马"。它们在功能上对应于一个判断，关乎某物是否属于那个"类"，由此，这个"类"的术语可以被正确作为其谓语。"类"可以是相似的具体对象的集合，例如牛或马，也可以是具有某种抽象状态的事件或情形的集合，例如"义"。这样，具体的"是—非"态度的例子包括：针对某个动物的态度，即它是或不是牛；以及针对某一行为的态度，即它在道德上是否正当。除了暗指上下文中指定的"类"之外，"是"和"非"还可以用来泛指任何正确的、对的或明智的事物，另一方面，可以指任何不正确的、错误的或不明智的事物。因此，它们也可以被解释为一般性的赞成和反对态度。

与这种推理和判断模式相一致的是，墨家运用了我所说的"辨别—反应"行动模式①。按照他们的理解，行为的结构是行为主体通常依据某个"类"来辨别某个对象、情形或行为"是"或"非"，然后根据适合于与此类事物相互作用的规范对其作出反应。例如，一个主体可能会依据"牛"的类，将一只动物辨别为"是"，然后对其作出反应：称之为"牛"或用它拉车。或者，主体可能会依据"义"的类，将某些行为辨别为"非"，并以谴责它和不去做它的方式作出回应。推动行动的是这二者的结合：即"是—非"态度，以及由这些态度促使的由规范支配的对不同"类"事物作出的正面或负面反应②。有些反应可能是天生的，比如婴儿对食物的反应。而许多反应则很可能是习得的，就像我们学习礼仪或技能的方式一样。在最高、最抽象的层面，当上下文没有援引具体的

---

① Chris Fraser，"Action and Agency in Early Chinese Thought," *Journal of Chinese Philosophy and Culture* 5（2009）：217 – 39.
② 尽管并没有明确地详细讨论这种正面或负面反应，墨家似乎一般以一对术语——"取"和"舍"——来指称它们（比如，*Mz* 39/22）。

"类"时，"是"和"非"本身可以作为一般性的赞成和反对态度，从而直接
促成行动①。那么，除去偶尔无自制的（akratic）思想或行动的情形，认
为某事"是"，就是被激励去做、认可或促进它，而认为其"非"，则是被激
励去避免、谴责或消除它。

"是"和"非"并不是墨家认识到的唯一动机性态度。他们提到的另
一对突出的行动指导态度是"欲"与"恶"。例如，他们声称天的行为提
供了"欲"什么和"恶"什么的依据——它奖赏那些爱人利人的人，惩罚
那些憎人害人的人。"爱"和"利"的概念相配对表明，墨家同样认为
"爱"的态度会促使人们采取有利的行动，而相反的"憎"或"恶"的态度
则会促使有害行为。与"是—非"一样，这些其他的态度被概念化为二
元的、正负相对的，分别引起正面或负面的反应。一种解读是，它们实
际上可能是"是—非"态度的具体说明或特定情况。例如，"欲"和"恶"
可能是关于要追求或避免某个事物的一般性"是—非"或"赞成—反对"
态度的具体说明。另一种解读是，墨家可能认识到了多种相互不可通
约、作为行动指导的赞同或反对态度，包括此处提到的那些态度之外的
其他态度，其中每一种都可以通过"辨别—反应"的模式引起行动。然
而，在激励人们实践其伦理和政治学说方面，墨家最关键的态度似乎是
把事情看成"是"或"非"的。这很可能至少在某种程度上是因为，与
"欲"和"恶"、"爱"和"憎"的对比不同，"是—非"态度包含明确的评价价
值，表达了认可或赞同与不赞同或反对的对比。这也可能是因为墨家
预设了，对于许多或大多数听众来说，人们所"欲"或"爱"的通常与他们
所认为的"是"一致，而他们所"恶"的与他们认为的"非"一致。例如，在
所有墨家《三论》中，墨家反复敦促说，如果"王公大人士君子"真的"欲

① Hansen, *Daoist Theory*, 120.

为仁义"和"欲中圣王之道"，就应该仔细考察墨家的教义，他们会发现墨家教义与这些价值相符合①。起作用的预设似乎是，这些精英听众中的许多人已经认可仁义和圣王之道，且欲求或立志追求这些理想。因此，所需要的就是让他们相信，墨家的教义确实体现了仁义和道。

我所勾画的行动观念，已经通过墨家对自然状态的假设性描述（我在第三章中对此进行了考察）得到解释说明了。根据墨家的说法，自然状态中的人强烈甚至固执地承诺于其自身关于什么是"义"的看法。由于不同的人关于"义"的看法不同，这种承诺就导致了冲突。墨家描述人们的态度时说，"人是其义，以非人之义，故交相非"（Mz 11/2）。也就是说，他们认为自己关于"义"的观念或规范"是"，并在此基础上认为别人的"非"，从而陷入互相否定的模式。一个非常重要的观察是，人们视自己关于义的看法"是"而别人的"非"，这一态度伴随着依据其信念而行动的强烈动机，最终导向的是社会动荡。"是—非"态度与行为之间的关联在墨家政治理论中得到了强调，其政治理论在效仿作为道德典范的政长的"是—非"态度及其"言"，与效仿其"行"之间的紧密联系。

墨家认为"是—非"态度通常足以推动主体采取行动，这一观点在某些方面与当代一些颇具影响的作者的观点一致，他们认为理性的或道德的主体通常倾向于做他们认为最有理由去做的事情②。在其他条件相同的情况下，除了"辨"，也就是，除基于其认为具有说服力的理由

---

① 比如参见 Mz 10/47，类似的措辞出现在大部分墨家《三论》的结尾段落。

② 支持这种观点的包括 Thomas Nagel, *The Possibility of Altruism*（Princeton：Princeton University Press，1970），27 - 32；Christine Korsgaard，"Skepticism about Practical Reason," *Journal of Philosophy* 83，no. 1（1986）：5 - 25；以及 T. M. Scanlon, *What We Owe to Each Other*（Cambridge, Mass.：Harvard University Press, 1998），33 - 36。

认为某事"是"或"非"之外，道德主体不需要更多的动机来促使其采取行动①。他们有时不能按他们认为最好的方式行动，这一点只表明动机和行动之间发生了断裂，而不是说他们缺乏足够的动力。

"是—非"态度的理论作用在某种程度上对应于判断或信念的作用，墨家显然认为这些态度本身就足以激励行动。因此，他们的立场在某种程度上可以说是反休谟主义的②。然而，他们不一定认为单纯的认知态度就足以产生动机，无需意欲或情感态度的影响。毫无疑问，"是—非"态度通常有认知性的面向或成分。墨家认为，"是—非"态度是有说服力的推理塑造而成的，而且它们的确在墨家关于认知的看法中起着核心作用。把一个正方形的物体识别为正方形或把一头牛认作牛，就是将其辨别为就"正方形"或"牛"的"类"而言"是"。在某些情况下，"是—非"态度可能近乎纯粹认知性的。但在道德语境下，它们可以表达赞成或反对（例如，见 Mz 17/1），因此它们也可能有"意欲性的"（conative）面向，与其作为一般性的赞成和反对态度的紧密相连。它们也可能具有情感性的（affective）面向。当墨家谴责偷窃、谋杀、战争和剥削穷人的行为"非"的时候，其言辞带有道德上的愤慨（例如，Mz 32/22 - 23）。相反，当他们认可一种行为"是"的时候，其主张往往带有一种道德满足甚至是欢欣喜悦的语气（Mz 16/15）。在描述自然状态时，他们认为人们对待他人"非"的态度在动机上过于强大，从而会导致暴

---

① 在这方面，墨家的立场似乎与 Shafer-Landau 所说的"动机判断内在主义"一致，这一观点认为如果一个主体判断一个行动是对的，主体就因此有动力去行使它（Russ Shafer-Landau, *Moral Realism: A Defense* [Oxford: Oxford University Press, 2003], 142 - 45）。

② 这里我将休谟主义解释为这样一种观点，即信念和欲望是相互依存的状态类型，欲望对于动机而言是必要的，而且信念不足以使人产生动力。我将反休谟主义解释为这样一种观点，即信念——或者说在墨家那里，具有与信念的理论作用相交叠的状态——足以产生动力。

力。家庭成员彼此相"非"的态度激起了强烈的怨恨，足以压倒家庭内部的爱和尊重，使得他们"离散不能相合"（Mz 11/3）①。由于在道德堪忧的这些情形中，激情显然是与"是—非"态度相关联的，"是—非"态度可能要么内含了情感性的因素，要么与情感性的状态紧密相连②。最有可能的是，它们不是纯粹认知性的、意欲性的或情感性的，而是内含了所有三个维度，视情况而定③。由于墨家强调"是—非"态度所具有的动机性作用，他们很可能并没有忽视意欲性的和情感性的态度。相反，他们可能将这些都纳入"是—非"态度的范围之内了④。

墨家认为，能够恰当辨别是非并在此基础上采取行动，是一种技能或"知"，在某些方面类似于执行某种技能的能力。因此，对于某个主体没能恰当行事，他们的主要解释是，该主体缺乏相关的"知"。依其理

---

① Shun 将墨家自然状态下家庭的离散破裂视为墨家认为人们缺乏亲情的证据。（Kwong-loi Shun, *Mencius and Early Chinese Thought*［Stanford：Stanford University Press，1997］，34）但要解释家庭离散破裂的原因，他们只需要预设人们对冲突性的规范的承诺能够压倒他们的亲情，而不需要预设人们缺乏亲情。

② 因此，我认为墨家会拒绝 Nivison 所作的这一区分，即一种是一个人做他认为道德上正确的事情，一种是做某事而"内心感觉这是应该做的事情"（*The Ways of Confucianism*，131；强调标记由原文作者所加）。对墨家来说，相信某物"是"或"义"很可能就带有他所暗示的那种感受。Nivison 指责墨家忽视了"我以像我必须被真正感动的方式那样"去做正确事情的能力这一问题（同上，96）。"是—非"态度的作用使这一批评问题成为"乞问"：拥有适当的"是—非"态度正是被"真正地感动"。

③ 在当代伦理学中，Griffin 阐明了一个相关的观点，认为认知性的认识和情感性的反应是密不可分交织在一起的（James Griffin，*Value Judgement*［Oxford：Clarendon Press，1996］，20 - 36）。

④ 因此，墨家可能不太可能像 Wong 所说的那样，提倡用"无激情的理智"来指导行动（David B. Wong，"Mohism：The Founder, Mozi［Mo Tzu］，"in *Encyclopedia of Chinese Philosophy*，ed. Antonio Cua［London：Routledge，2002］，453），因为他们并没有明确区分理智和激情。Wong 引用来强调理智高于情感的章节——在第五章已做出翻译——事实上提倡用客观的仁义规范而不是个人的情感和偏好来指导行为，因为后者太容易产生偏见（Mz 47/19 - 20）。理智并未被提及。

解,这种失败通常不是由于动机不足,而是由于在区分是非方面无知或无能以及不能相应作出反应。墨家的文本描述了这种无知或无能的三种相互交叠的情形。第一种情况的产生是因为主体根本不知道如何恰当区分是非,比如,人们不能将侵略战争视为"非",甚至将其视为正当的(Mz 17/9 - 13, 28/50)。这些文本特别让人注意那些人们并非完全无能的情形,也就是说,人们在一些情形中恰当区分了是非,但并不是在所有相关情形中都能如此,比如他们正确地谴责了偷盗和谋杀,却错误地支持旨在掠夺他国财物和杀戮他国人民的无端战争。另一个例子是,他们在一些情况下恰当运用了像"使能"这样的规范,比如雇用专业的弓箭手修理弓,或者雇用兽医来治疗马,而在另一些情况下则没有运用这一规范,比如,任命一个缺少经验的官员(Mz 10/10 - 20)。这类案例代表着没能"知义与不义之辨"(Mz 17/13)。可能主体只在"小物"而不是"大物"上知道正确的辨别方法(Mz 49/25)。

第二种情况是,主体在口头上作出了正确区分,随后却未能采取正确的行动。主体可能会说出关于"义"的正确言辞,但缺乏实践之"知"切实地辨别是非并择"是"拒"非"(Mz 19/4 - 6, 47/23 - 26)。在这些情况下,主体的"行"未能符合他们的"言"。如果要算作拥有道德之"知",主体必须对是非之辨作出反应——不仅要说出恰当的"言",还要切实采取恰当的"行"。

第三种无能的情况是,主体赞同道并承诺依道行事,然而却没有做到。主体承诺于道,且很可能已经领会了它涉及的辨别和反应,但在执行时犹豫不决,这可能是因为对该做什么感到怀疑或困惑、缺乏自信,或缺乏动力。从墨家的理论体系来看,这种未能遵循自己所认可的道的做法类似于无自制(akrasia)或意志薄弱(weakness of will),因为它相当于一个人没有做其想做的,或在其看来最好的事。然而,墨家并没有把这个难题表述为，一个人没能按照自己的最佳判断行事，或者是没能实现自己做出某个行为的意图，而是把它看作是缺乏能力将自己已开始致力于的道付诸实践。《墨子》中的一段话谈到了这个议题：

> 为义而不能，必无排其道。譬若匠人之斫而不能，无排其绳。
> （Mz 47/20 - 21）

这段话强调了"能"，配上木工手艺作为类比，表明就像第二种情况一样，当人们说了正确的事情，却没能采取恰当的行为时，墨家将这种无自制式的失败归因于某种形式的无能，而不是动机不足。这种无能类似于缺乏某种操作技能，如锯一个直角。因此，在他们看来，解释无自制的失败，很可能就类似于解决技能上的笨拙：主体应该继续训练自己，以道为向导，恰当识别评价性的"辨"，并在此基础之上采取恰当的行动，直到能切实做到为止——就像新手木匠应该以"绳墨"为向导，坚持练习锯切技术，直到掌握了手艺为止。对木匠来说，最终的结果是熟练掌握技能；对于道德主体来说，最终的结果则是拥有美德①。

不应将"辨别-反应"模式与心理行为主义混为一谈，后者认为，行为无需诉诸心理状态就可以得到解释，只需调节条件就可以得到控制。"辨别-反应"模式并不意味着墨家认为主体只能有原发式、不经反思的赞成或反对态度以及条件性反应。要点在于，他们关于产生行为的心理状态和过程的观念，不同于与实践三段论或"信念-欲望"模式相关的那些观念。根据墨家的模式，我们最基本的心理运作是辨别事物的不同

---

① 这一简要说明应当足以反驳 Nivison 的这一主张，他认为，对于"无自制"，墨家除了将其解释为主体的"纯粹的乖张"之外，没有提供其他任何解释（*The Ways of Confucianism*, 84）。

"类",并采取相应的"是—非"态度。这些态度的内容和后果因情况而异。推理在于根据认识到的事物之间的类比关系,采取进一步的"是—非"态度。这种认知和推理模式至少在一开始是有道理的,因为辨别不同的"类"就是模式识别,它是一个基本的认知过程,是许多更复杂的过程的基础。

墨家关于行动的进路也并不只涉及关注对道的外在服从,而不关注发展出于高尚动机、旨在自觉追随道的品格①。墨家显然不仅仅关心改变人们的言行,他们也关切如何使人们发展出根本的"是—非"态度,从而激发恰当的言和行(Mz 11/9‑22)。如果说他们只关心行为,而不关心动机或性格,那就忽视了"是—非"态度的作用。拥有正确的态度就是拥有正确的动机,而培养可靠的道德之知就是培养一种高尚的品格。墨家的目标是让人们将相关的是非之辨和规范性反应内化,从而获得可靠的倾向,依据道对道德上相关的情况做出顺畅而直接的反应。当然,在发展出适当的"是—非"态度之前,如果人们的行为遵从规范,在墨家看来暂且也是令人满意的,因为它在某种程度上是一种次优结果,也是使主体习惯于正确态度的一种手段②。因此,正如我们将看到的那样,在某些情况下,他们诉诸审慎的而非道德的考虑,这要么有助于激励人们,要么表明那些还没有在道德上赞同墨家之道的人仍然有其他的好理由去遵循它,或者至少不反对它。但其根本目的是赢得人们对墨家之道的道德认同,并使人们的评价性态度和动机态度与之完全一致。这种立场在《墨子》的一些章节中得到了明显体现,这些章节将道德价值与指导行动的态度,如"意"和"志"联系起来,还与主体

---

① 关于认为墨家提倡"完全外在指向"的伦理学且不关心主体是否由正确动机做出行动的看法,参见 see Wong, "Mohism," 454, and Benjamin Schwartz, *The World of Thought in Ancient China*(Cambridge, Mass.: Harvard University Press, 1985), 147。

② 我感谢 Hui-chieh Loy 建议我纳入这一观察。

性格中坚定、稳定的那些方面联系起来①。

制定实践性的方案

墨家关于行为和动机的模式影响了他们制定实践性的任务以引导人们遵循道的方式。因为他们将"是—非"态度视为一种关键的、具有道德相关性的动机，所以他们将此方案视为引导人们正确辨别是非并采取相应行动的一种方式。

整个方案可分为两部分，首要任务是利用教育，包括说服和训练，来改变人们的是非之辨。在某些方面，教育可以被视为重新引导已有动机而不是开发新的动机的过程。其目的在于，使人们认识到他们以前不认可的行动的确为"是"，从而重新引导其已有的一般性的动机去做他们认为"是"的事情。它也诉诸了墨家预设所有人都共有的动机性态度，比如看重社会秩序，并试图引导人们以这些动机态度来实践墨家之道。在其他方面，教育可被看作能产生新的动机性态度，因为它能引导人们获得全新的辨别是非的习惯，其中一些可能是在他们以前没有注意到的行为领域。它还可能以多种方式重塑人们的动机性结构。例如，帮助人们认识到其有些是非态度是错误的，从而能消除不恰当的动机，这就像墨家试图向好战的统治者及其支持者表明侵略战争实际上为"非"，而非"义"（Mz 17/12 - 14）。或者，它可以向人们表明某些看似冲突的态度实际上与道一致，从而消除动机上的障碍，就比如墨家试图证明"孝"与兼爱相融贯（Mz 16/64 - 72）。

---

① 参见，比如 *Mz* 46/12 - 15，48/84，以及 49/36 - 38。更详细的讨论，参见 Chris Fraser, "The Ethics of the Mohist 'Dialogues,'" in *The "Mozi" as an Evolving Text: Different Voices in Early Chinese Thought*, ed. Carine Defoort and Nicolas Standaert，175 - 204 (Leiden: Brill，2013)。

由于"是—非"态度通常足以产生行动，成功的劝说和教育将足以引导大多数人在某种程度上切实遵守道德规范。然而，人们有时未能依照自己的"是—非"态度行事。因此，实践性方案的第二个主要部分就是促使人们切实将"是—非"态度转化为行动。抽象一点来讲，这项任务就是去加强人的品格。更具体而言，目的在于增进其道德能力或道德之知，使其更顺利、更切实可靠地采取行动，符合其"是—非"态度。这一部分的方案通过具体练习如何采取恰当的行动来实施，以道德指导为后盾——进行指导与鼓励、展示道德典范，对成功的实践加以表扬和物质激励，并对失败的实践进行批评和抑制（Mz 11/9 - 22,12/12 - 31）。这种指导可能来自社会上的在上位者、同辈或人们自身①。墨家认识到，增强人的品格和道德能力的过程是循序渐进而非一蹴而就的。他们声称的只是，引导人们践行兼爱比让他们从事更困难的事情——比如，节食以致饿死或穿着不舒服的衣服——要容易得多，过去的统治者"未逾于世"便能使臣民接受（Mz 16/80）②。

鉴于其关于实践性方案的看法，我们在评估墨家关于动机的进路的时候，要问的核心问题是，就人们如何能获得必需的"辨别-反应"倾向——美德，以切实践行墨家之道，他们是否提供了可信的解释。接下来的两节旨在说明确实如此。

---

① 比如，根据 *Mz* 16/26 - 27 的刻画，践行兼爱的人也进行一些自我指导。
② Nivison 认为对于墨家而言，"*不存在*需要内在心理重构或培育而使人道德完善这一问题"（*The Ways of Confucianism*，83；强调标记由原文作者所加）。与之类似，Wong 认为对于墨家而言，"人不需要性格转化以依正确价值而行动""（David B. Wong, "Chinese Ethics," in *Stanford Encyclopedia of Philosophy*, http://plato.stanford.edu/archives/spr2008/entries/ethics-chinese, sec. 3）。我认为，与此相反，墨家对教育和实践的强调表明，他们考虑了对于确保正确践行道而言至关重要的培育或转变过程。他们试图转变人们的是非之辨，依据"是—非"态度而行动的规范，并使其切实可靠地依据这些规范行事。

激励的方法

墨家运用了或者说建议运用至少五种相互关联的方法来教育和训练人们恰当辨别是非，并据此采取行动。我认为，人们普遍同意所有这五种方法都是指导和改变人们行为的有效方法。

这些方法中最为突出的是规范性的劝说和解释。由于"是—非"态度具有驱动性的力量，那么可信地论证或说明某种做法"是"或"非"，通常就足以促使主体恰如其分地履行或避免它。这一点在一定程度上解释了墨家伦理著作自始至终对规范性论证的强调。这一点也体现在许多墨家论述的总结性陈词中，在这些地方，他们敦促那些意欲行仁义之事的人，或者那些意欲将墨家伦理视为道德标准的那些善品的人，仔细"察"墨家学说(Mz 10/46,19/63,25/86)。其基本预设可能是，如果人们自己评判墨家教义的依据，试图加以理解并辨别它是否以及为何"是"或"义"，他们通常就会被引导去实践这些教义①。

———————————

① 在 Nivison 看来，墨家认为人们会通过改变他们的态度和行为来回应规范性论证的这一预设，说明他们承诺于一种唯意志论(voluntarism)，即，主体对其动机状态具有直接的、自愿的控制(*The Ways of Confucianism*，130；还参见 83，93)。Ivanhoe("Mohist Philosophy," sec. 2)和 Slingerland(Edward Slingerland，*Effortless Action* [New York：Oxford University Press，2003]，128–29)也都做出了这种解读("Mohist Philosophy," sec. 2)。事实上，唯意志论可能与墨家赋予规范论证的角色不符。假如墨家真是唯意志论者，他们就不能预设有说服力的论据是切实可靠的手段，可以影响人们将什么看作是或非并影响其行为了。因为如果人们的态度是在其自愿的控制之下，他们就可以随意忽略任何论证所具有的力量。Nivison 的观点似乎以这样一个预设作为前提：墨家的改革方案主要是为了改变人们的情感(*The Ways of Confucianism*，130)，而他似乎认为情感是道德上有价值的动机所具有的唯一可靠来源(99，142–45)。我则认为墨家主要关心的是改变人们的"是—非"态度及相关的行为模式。需要注意的是，在呼吁人们"察"其学说时，墨家并未言明地认可了这一点：改信墨家之道可能需要时日，并在心理上做出努力。

第二个相关联的方法是确立明确的"言"和"法"，人们可依此指导其行为。承诺以"言"或"法"作为行动指南，人们就会被激励去依其行事，而且如此加以反复，就会培养其依"言"或"法"所表达的价值观行事的能力。墨家间接提到了这种方法，他们指出对于指导行为而言有效的"言"应当"常之"，或者说应当经常被重复（Mz 46/37 - 38,47/18 - 19）。这体现在，他们关注评估某些特定的"言"——比如宿命论者（Mz 35/5）或主张厚葬久丧的人（Mz 25/12）的"言"——是对是错，以及因此是否应被作为行动指南。这也体现在，整个《墨子》将对行为的指导的评估比作清晰的度量之法，就像匠人之规、轮人之矩①。墨家提出的"法"，有一般性的善品，如"国家人民之利"（Mz 35/9）；有普遍的行动规范，如"兼相爱交相利"（Mz 15/10）；有具体的指导方针，如对葬丧规格的详细说明（Mz 25/83）；还有典范人物或榜样，如历史上的圣王（Mz 35/8）或"大人"（Mz 16/26）。由这些"法"来指导和考察一个人的表现，就相当于使主体习惯于遵循道的训练过程。

第三种激励人们依道而行的方法，与前面的方法交织在一起，就是效仿典范。墨家试图利用人们效仿受人尊敬的榜样——包括政治领袖、像圣王这样的典范式历史人物，以及像仁人或孝子这样的理想典范——的这一倾向。他们明确运用效仿典范的形式为其学说进行辩护（Mz 25/1 - 16），证明其可行性（Mz 16/47 - 63），并教育人们加以遵循（Mz 11/9 - 22）。我认为，在所有这三种情况下，它们也间接诉诸了效仿典范所具有的激励力量。人们很可能由于墨家之道是受人尊敬的领袖、英雄般的历史人物和理想典型所遵循的道，而受到激励去遵循它。

---

① 关于这一点，还可以参见 Hansen, *Daoist Theory*, 99 - 100。

第四种激励方法是来自社会的鼓励与压力，来自在上位者和同辈。墨家政治理论提出了一个针对全社会的道德教育和培养方案，在此方案中，有德的政治领袖充当道德教师，指导人们遵守一套统一的道德规范，并为他们树立良好的榜样，而社会成员则通过赞扬彼此的良好行为、批评错误行为对此加以正面或负面强化（Mz 11/9－13）。

第五种也是最后一种方法是物质上的激励和抑制。为确保人们即便没受到来自规范性考虑或社会压力的激励也能遵循道，政治制度还纳入了物质上的奖惩，以针对恰当或不当的行为。墨家明确表示，刑事惩罚的目的不在于报复，而是要使那些即便不认同政治领袖的人也遵守统一的道德规范（Mz 11/24－25,12/48－49）。

动机的来源

墨家确定了至少六种不同的动机来源，他们试图通过上述方法来使其发挥其作用。所有这六种动机来源都可能有助于使某个特定主体总的来说具有实践道的动机①。

对墨家而言，最重要的动机来源或许是人们的规范性态度。正如我们已经看到的那样，墨家认为"是—非"态度内在具有激励性。因为无论人们把什么视为"义"，他们通常也会将其视为"是"，"是—非"态度的激励性力量适用于"义"与"不义"之辨：人们通常被激励去从事、认可或捍卫他们认为正当的事，且避免、谴责或阻止他们认为不义的事。

---

① 因此，这一节反驳了墨家把自利作为人们的主要动机来源这一看法，这种观点具有不同形式，参见 Nivison, *The Ways of Confucianism*, 83；Schwartz, *World of Thought*, 145；Ivanhoe, "Mohist Philosophy," sec. 4；以及 Shun, *Mencius*, 35。对此的详细讨论参见 Chris Fraser, "Mohism and Self-Interest," *Journal of Chinese Philosophy* 35, no. 3 (2008): 437－54。

"仁"与"不仁"之辨所具有的激励作用相似,尽管可能更复杂一些。认为某事物"仁",这一态度可能会激励人们认可和捍卫它,而不必感到自己必须去追求它。然而,墨家的论证策略清楚表明,人们被期待将"仁人"所视的"是"或"非"作为自己将某物视为"是"或"非"的令人信服的理由,并相应受到激励(Mz 15/1 - 15,32/1 - 7)。

《墨子》中的许多章节阐明了这样一个预设,即辨别某事"义"或"不义",通常会促使主体相应采取行动。其中最为突出的是第三章中讨论过的对假设性的自然状态的描述。其他的一些例子包括这段文本——它声称人们会"争一言以相杀",因为他们将义看作高于一切的;还有一段文本声称,任何人都会对一个因负重而挣扎的劳动者施以援手,因为这样做是"义"的(Mz 47/1 - 3,43 - 44)①。特别能说明问题的是,墨家这么解释为什么好战的统治者及其支持者会发动不道德的征战:他们不知道这样做是不仁不义的,而"视攻战为义"(Mz 17/9 - 14,19/4 - 6,28/50 - 55)。墨家在这里的修辞策略基于这样一个假设,即人们对"义"与"不义"的辨别决定了其行为。这里旨在表明,与抢劫和谋杀一样,侵略战争也是不义的。假使统治者正确地认识到侵略战争不义,他们就会停止攻战。

根据墨家的说法,人们除了形式上承诺做自己认为义的事情外,还共有关于"义"的实质信念,这种共有的信念有助于激励他们遵循道。正如我们在第三章中已经看到的那样,墨家的政治理论预设,比如,人们都相信"义"由每个人都应当遵循的公共、客观的行为规范组成,这种

---

① 这些章节也反驳了一种怀疑,这种怀疑针对的是墨家是否认为人们具有任何道德上有价值的动机。Nivison, *The Ways of Confucianism*, 83, 以及比如 Ivanhoe, "Mohist Philosophy," sec. 4, 似乎认为对于墨家而言并不存在像高尚动机这样的事物。当代新儒家论者表达了类似看法(蔡仁厚:《墨家哲学》,台北:东大图书,1978,83)。

统一的规范是"治"的先决条件，而且只有使社会上的每个人都服从道德高尚的政治权威的领导，这些统一规范才能实现。

墨家诉诸的第二种动机来源是人们广泛共享的价值观，墨家认为墨家之道促进了这些价值。他们预设大多数人，尤其是政府领导人，都将社会秩序、经济繁荣和充足的人口视为重要的，他们认为这些善品构成了"天下之利"，是其判断什么在道德上正确的标准。按照其理解，社会秩序包含的一个要素就是对关系性美德的践行，而这些美德又是其预设大多数人都重视的东西。因此，他们似乎认为，人们原本就有的推崇这些善品的动机会延续下去，作为实践墨家之道的动机。

动机的第三个重要来源是审慎的自利，广义上指自己的利益，也指近亲的利益。自利是一种常见甚至普遍的动机这一点，在为兼爱之"可用"作辩护的"看护者"和"统治者"论证中已经被预先假定了（Mz 16/22,35），第六章已对此作过讨论。自利也是墨家的这一信念的基础，即社会性的和物质上的激励与抑制能够改变人们的态度和行为，尽管他们明确指出了只有满足这些条件的情况下才可以：人们认为奖惩的分配是公平的（Mz 12/52 - 55）、所有人机会平等（Mz 8/9 - 14），还要使人感到被关心，而不是仅仅用作手段（Mz 9/23 - 24）。墨家认为，自利与人们实践其伦理道德的动机是一致的，甚至对其具有促进作用，因为他们认为墨家之道与自利一致甚至有助于促进自利。一个人自己的利益算在作为基本道德标准的"天下之利"中。因此，道德上正确的做法被期望能促进一个人自己的利益，如同促进其他所有人的利益那样。

墨家伦理规范关注的另一个动机来源是，人们普遍具有对有利或有害的态度和行为作出回应的倾向（Mz 15/18 - 19,16/70 - 71）。"爱人者，人必从而爱之"，墨家用来描述这种倾向的抽象说法表明他们期望就一般情况而言，人们——不仅是我们以前直接有过交往的人——

像我们对待他们那样对待我们。因此,这种倾向是一个潜在的强大动机来源,它与兼爱的规范一致。因为正如我们所看到的那样,兼爱是一个互惠式的理想:它要求我们每个人都关心其他人,这样我们就能以有利于彼此的方式进行互动。因此,互惠的倾向意味着人们倾向于形成兼爱的那种态度和行为。当然,这种倾向只是一种形式上的倾向,即以同样的方式回应他人,不管他们对我们是好还是坏。彼此爱利并不是一种实质性的倾向。然而,它确实使人们倾向于坚持墨家之道所提倡的爱与利的良性循环①。

第五个重要的动机来源是人们尊重和追随领导者的倾向(Mz 16/72-81)。墨家认为,一个起作用的政治领导人能激励人们从事困难的甚至是危及生命的行为,更不用说去遵循并非特别苛求的道德规范以及兴天下之利了。然而,正如我们在第三章中所看到的那样,墨家认为这种动机是有条件的,即人们相信领导人是为公众利益而进行公平治理的。如果人们觉察到统治者不符合这些标准,就会联合起来进行反抗(Mz 12/53-55)。这样,领导者影响力所具有的激励力量是受限的,当政治体系正常运行时,这种动机又因第六种也是最后一种动机来源而得到加强,这就是人们寻求同辈认可的那种倾向。墨家强调,人们共同生活于共同体中,归根结底,共同体的赞成或反对对其行为的影响,比起一个在判断上遭到共同体拒斥的政治领导人所施加的任何奖惩要大(Mz 12/56-59)。

在理想的墨家式的政治社会中,统治者运用前一节所述的方法来

---

① 因此,我认为墨家关于互惠的主张回答了 Shun 的这一担忧——由于墨家不将其"道"视为"人类已经共有的某些倾向的实现",他们可能难以解释人们如何能实践它(Mencius,34-35)。互惠的倾向是一种共同的倾向,在实践墨家之道的过程中得到了实现。

进行治理，使所有六种动机来源汇聚在一起，以支持墨家之道的实行。他解释、示范并实施统一的行为准则，基于人们已经共有或很容易认同的价值，由此赢得他们的尊重和支持。他提出明确的"言"和"法"作为这些规范的指南，并发挥人们服从权威和寻求同辈认可的倾向。他公平可靠地执行这些准则，从而驱使不法之徒和搭便车者也采取合作，并防止他们损害道德自觉者的利益。由此，他确保人们对道的遵从与自利一致，而且人们彼此互惠的倾向朝着有利而非有害的方向发展①。

结语

墨家关于行动和动机的进路是合理的吗？我认为，墨家对行动之结构的理解至少在一开始是有道理的，事实上它可以为在行动哲学领域开展比较研究提供丰富的素材。墨家认为"是—非"态度具有内在驱动性的观点是令人信服的；我尝试归于他们的这一观点——这种态度可以包括认知和意欲或情感面向——也是令人信服的。从其文本中发现的五种激励方法，在我看来是被认为普遍有效的。当然，我们可能会质疑一些方法是否像墨家所说的那样有效。例如，对于受过教育的成年人来说，对政治领袖的效仿以及由其而来的激励可能不如墨家想象的那么有效。但是常识性的经验有力地表明，所有这些方法在一定限度（其中一些墨家明确加以承认）内都是有效的。

墨家所诉诸的动机来源可能确实是一个典型主体的动机系统所具

---

① 如本节所述，墨家的改革计划并不要求人们在动机作上做全面的改变，这一计划主要试图建立在已有动机的基础上，特别是人们对"义"以及对社会秩序、"孝"和自利等价值观的承诺之上。因此，那种认为墨家将人性视为"极端可塑"（Ivanhoe，"Mohist Philosophy，"451）或"高度可塑"（Van Norden，*Virtue Ethics*，195）的说法并不可靠。

有的真实特征。人们确实倾向于有动力去做他们认为对的事情。他们确实倾向于共享墨家所推崇的一些价值,而且有时显然倾向于追求自利。对权威的尊重和同辈压力确实可以对激励人们的行动发挥作用,而且人们可能确实倾向于对来自他人的态度和对待做出回应,尽管这种回应可能不如墨家所设想的那样始终如一。即便这些动机来源中没有任何一个单就其自身而言是完全可靠的,但它们加在一起可能会形成强大而可靠的倾向,使人遵循墨家之道。我认为我们可以得出这样的结论:墨家关于动机的进路是丰富、微妙、合情合理的,即使在某些方面它并不完善。

我认为,对于激励人们实践墨家之道而言,困难之处可能并不在于墨家关于动机之进路存在的缺陷,也不在于它未能为主体的性格发展提供动力,使其成为墨家之道的高尚而可靠的践行者。墨家的文本就性格发展概述了一个彻底而精细的社会性方案。动机上的障碍可能更多是由于墨家关于道的规范性看法存在实质性的弱点。毫无疑问,墨家伦理的许多方面都是有说服力的。我们有充分的理由认为,无端的侵略战争确实是错误的,我们在决定如何行动时应该将他人的福利算进来,社会应该帮助抚养孤儿,贫穷的农民不应该由于暴君消费奢侈品而被征税,这里所列举的仅仅是墨家道德主张的几个例子。但是墨家之道的其他方面就不那么令人信服了,比如其主张的极端的节俭。从墨家自己的观点来看,对于实践一种伦理教义而言,最严重的动机上的障碍是,存在有力的论证表明其不合理。如果很多人发现,对某些墨家学说所做的规范性辩护并不是完全具有说服力的,我们缺少实践这些学说的动力就可能是合理的了。

第 八 章

战争与经济

在导论中，我概括了构成墨家社会、道德和政治改革纲领的十个学说。其两大政治学说"尚同"和"尚贤"在第三章得到了讨论。其核心伦理学说"天志"和"兼爱"从第四到六章得到了讨论。其对宿命论的拒斥以及对鬼神之存在的承诺在第一章和第四章得到了讨论。我现在要仔细考察其余的四个学说。它们是反战理论"非攻"，以及三个经济学说："节用""节葬"与"非乐"。此外，由于墨家对儒家之道的批评主要聚焦于儒者之做法的经济后果，本章还有一节简述墨家对儒家的批评。

对当代读者来说，本章所讨论的学说在哲学上可能不如前几章所讨论的那些学说有意思。然而，对墨家自身来说，它们却是至关重要的。它们是墨家改革计划中首当其冲的实践性方案——它们是将其道德理想应用于社会和政治问题而得出的具体方案，而对于这些问题，许多富者和强者情愿视而不见。可以说，这些学说构成了早期中国思想史的重要组成部分，而且对全面刻画墨家而言也必不可少，因为它们属于墨家最具特色和最为人所知的立场。"非攻"是其最著名的两大学说之一（另一个是"兼爱"）；其对富贵者奢侈宴乐和铺张葬礼的反对，令包括儒者在内的上层守旧人士反感。这些学说也有助于解释墨家在汉代的衰落。其经济学说的一些细节是他们所有看法中最别具特色却又最缺少吸引力的部分，这两大经济学说及其反侵略的立场都随着中国帝国早期的经济和政治发展而最终变得过时。

非攻

墨家以极力反对军事侵略而著称。《天下篇》——我们在《庄子》中发现的汉代关于战国思想的一个回顾——说墨子"泛爱兼利而非斗"（Zz 33/18）。《墨子》第 50 卷刻画墨子行走了十天十夜，及时赶到南方的楚国劝阻了楚王攻打中部的小国宋。

墨家反对侵略战争的文本包含了世界历史上最早关于正义战争理论的一个版本。他们区分了三种战争：防守战争（"守"）、惩罚性战争（"诛"）和侵略性战争（"攻"）。在他们看来，"守"如果不可避免便是正当的。"诛"只有在满足了极严格标准的极少数情况下才是正当的。"攻"毫无例外都是不正当的。然而，与许多反战的活动家不同，墨家本身是军事事务热忱而专业的参与者，他们认为强大的国防是一个国家政治和经济实力的基础。由于国家可能需要进行"守"，或者也有可能从事"诛"，墨家主张维系高水准的军备，并对城防工事给予应有的关注。事实上，墨家作为防守专家的声誉似乎为其劝阻侵略者发动不义战争提供了外交影响力。

"守"

在墨家看来，正当的国家政策必须"兴天下之利，除天下之害"。这样，想必他们认为只要"守"能兴利除害，就是正当的，至少对于遭受攻击的共同体而言是这样。当然，与让自己的国家被侵略者和平吞并相比，"守"并不总是能兴利除害。任何战争都极有可能浪费生命和资源。与立即投降相比，一场失败的"守"可能会引发在后果上更严重的有害报复。与不抵抗而投降，将自己的国家拱手相让相比，如果"守"的代价太高，墨家的伦理理论应该会将投降证明为正当的①。然而，墨家把其所处时代入侵所带来的后果描述得十分可怕：征服者可能掠夺或摧毁战败国的所有资源，并且处决或奴役其人民（Mz 19/10 - 14,28/47 - 50）。对于一个受到攻击的国家来说，即使有失败的危险，"守"似乎也可能带来比和平投降更好的后果。

对墨家来说，"守"不仅包括自卫，还包括守卫其他国家，特别是盟国和被好战大国瞄准的"无罪"小国（Mz 19/12）。良好的经世济民之道要求与其他国家建立友好互利的关系，以便各国做好准备守望相助（Mz 19/57,5/1 - 2）。如果国内政治治理井然有序、外交关系互利互惠，那么一个国家便得以被认可为"无罪"，从而理应得到防御援助。

《墨语》中的一个对话表明，外交甚至在政治上屈服于强大的侵略者，有时可能比"守"更可取。由于担心来自强大的齐国的攻击，鲁君问墨子怎么才能解救自己的国家（Mz 49/1 - 4）。墨子举了四个圣王的例子，这四人通过"说忠行义"，在小的封地崛起，以至于统治天下；他还举了四个暴君的例子，这四人由于仇恨和暴力而失了天下。墨子指出，如果做到"上者尊天事鬼，下者爱利百姓，厚为皮币，卑辞令，亟遍礼四邻诸侯，驱国而以事齐"，就可以避免灾难的发生。这些话暗示了两条同时进行的外交路线：鲁国应发展与邻国的友好关系，以便它们会支援其防守；与此同时，如有避免战争的需要，在外交上应臣服于齐。这段

---

① Bryan W. Van Norden, *Virtue Ethics and Consequentialism in Early Chinese Philosophy* (Cambridge：Cambridge University Press, 2007), 176, 作出了这一观察。

话暗示，外交比"守"更可取，即使代价可能是成为大国的附庸。墨家的推理很可能是，无论外交征服带来什么危害，都不及战争带来的危害，至少与一场胜算极小、双方并不势均力敌的战争相比而言如此。尽管这一解读具有推测性，但这段话可能运用了胜算大小这一并未言明的标准来反对战争，或者它可能反映了这样一种观点，即"守"只有在不存在和平外交作为替代方案的情况下，作为最后的手段才是正当的。

"攻"

在墨家看来，"攻"总是不正当的。按照他们的理解，"攻"是对一个"无罪"之国的侵略性战争(Mz 19/12)。墨家的文本并没有直接阐明"无罪"的标准，但从他们关于正当的"诛"的叙事中可以推断出几个条件来。至少在某些情况下，他们认为"诛"是正当的，比如，当一个国家或其领袖陷入"大乱"(Mz 19/33)、"诟天侮鬼"(Mz 31/84)、攻打其他国家(Mz 49/16)，或"殃傲天下之万民"(Mz 31/89)时。这样，一个国家要想被称为"无罪"的，至少其领袖对待其他国家必须是讲规则、实诚而和平的，还要善待其臣民。在这个意义上说，如果一个国家是"无罪"的，那么侵略它就没有任何道义上正当的理由。

墨家为"非攻"既提供了道德论证，也提供了基于审慎的论证。其道德论证旨在表明，出于多种原因，"攻"在道义上错误。基于审慎的论证试图表明，这种战争也违背了侵略者自身的利益，因为代价大于利益。当然，在墨家伦理中，由于利害之"辨"决定了是非，证明某些行为的害大于利，就等于表明它在道德上是错误的。因此，基于审慎的论证也支持侵略战争不道德这一结论。有一个论证结合了基于道德的和基于审慎的考虑，声称即便统治者是出于在道德上值得称赞的目的发动战争，而这又与其个人利益相一致，侵略也是实现这些目的的一种拙劣手段。

　　道德论证出现在这三篇中：《非攻》上、下篇，以及《天志》下篇。这些论证共有的主题是，"攻"未能满足"兴天下之利"这一基本道德标准。本书第二章的倒数第二节引用了道德论证之第一个版本的大部分内容，引文来自《非攻》上篇（Mz 17/1 - 7）。其要旨是，无端的军事侵略不义，其原因正与偷窃和谋杀一样：因为它"亏人自利"。的确，战争比这些罪行都更严重，这就跟谋杀比偷窃更糟在道理上是一样的："亏人愈多，其不仁兹甚，罪益厚。"《天志下》有一个类似论证明确批评当时的统治者自相矛盾：在治理自己国家时，他们禁止杀人，但却把尽可能多地杀害邻国人民看作是正确的（Mz 28/66 - 67）。

　　《非攻下》提出了一个更详尽的道德论证（Mz 19/15 - 19）。每个人都知道造福宇宙中所有的存在者——天、鬼以及人——是善的或者说道德的（Mz 19/3 - 4）。但"攻"并不"利天"，与此恰恰相反：侵略战争"刺杀天民，剥振神之位，倾覆社稷，攘杀其牺牲"。它们也不能"利鬼"，因为其"灭鬼神之主"，使"百姓离散"。它们也不"利人"：显然，那些死去的人不能受利，而生者的大部分衣食之财都被糟蹋了。由于"攻"在这三个层面都是有害的，所以在道德上就是错误的。

　　"攻"违背了侵略者自身利益这一基于审慎的论证是《非攻中》的主题，并在《非攻下》再次出现。这一论证悉数列举了战争对侵略者带来的代价和危害：战争中断了播种和收割；它浪费了无数的武器、军需、车辆和牲畜；天气恶劣、食物匮乏、罹患疾病，还有在战斗中负伤，致使白骨露野。献祭者身亡，鬼神因此受苦。好战的统治者可能还会说，一战成名带来的声名和所掠财物弥补了这些所付的代价（Mz 18/10）。墨家的回答是，战利品永远不足以弥补战争的代价（Mz 18/11）。好战的国家并不缺领土，却浪费其所需的，也就是人的生命，去追求已经大量拥有的村庄、城郭和土地这些东西。以这种方式施政，有悖于国家的正当目的(Mz 18/15)。针对这一反对意见，即一些国家确实从侵略战争中获利，扩张了领土、增加了人口，墨家回应说，在无数的失败中仅有屈指可数的几次成功，表明侵略战争不符合正确的道，就像一个治疗很多病人但只治愈了其中少数几个的医生算不上真正会治病一样(Mz 18/18‑20)。(回想一下，对墨家来说，"道"必须是一种人人都能常态化地加以遵循，并且对所有人都有好处的方式。)针对这一反对意见，即如果领导卓有能力，那么侵略战争很可能是有利可图的，墨家举出了一些历史例证：一些有能力甚至是才华卓隽的将领，起初获有军功，但最终招致报复、身败名裂(Mz 18/27‑39)。

另一个反对"攻"的论证结合了基于审慎的考虑与道德上的关切。《非攻下》考虑了这样一种看法，即如果侵略者的动机不是物质利益，而是"欲以义名立于天下，以德求诸侯"(Mz 19/55)，那么"攻"就可能是正当的。出于基于审慎的和自利的原因，侵略者的目的在于获得令人钦佩的道德地位，并认为征战是实现这一目的的可靠途径。墨家同意，追求有义有德的美名的确是值得称赞的抱负，但以"攻"作为手段却是错误的。为了实现其目的，统治者应该做的是真心诚意地展开外交，慷慨地向他国提供军事和经济援助，并在自己的国家进行有德且富有成效的治理，也就是在加强自己国家实力的同时友好地对待其他国家。如果这么做，他给所有人带来的利就不可胜数，并且"天下无敌"(Mz 19/55‑61)。即便是出于值得赞扬的动机，"攻"也是不正当的。

"诛"

就时间顺序而言，《非攻下》是《非攻》三篇中最晚的一篇，其中就墨家的"非攻"主张提出了一个重要的反对意见。根据墨家所处时代人们广泛接受的历史记述,他们尊崇的作为道德典范的几位圣王,成功实施过进攻性(offensive)的军事行动。禹镇压了有苗部落,汤推翻了夏朝暴君桀,武推翻了商朝暴君纣。如果侵略战争如墨家主张的那样,是有害和不正当的,那么为什么圣王会发动这些进攻性的战争?墨家的回答是,这些战役不是"攻"。它们是"诛"(Mz 19/32-33),是一种与我们称之为人道主义干预具有部分重叠之处的进攻性战争。墨家认为,在实行惩罚性任务的情形下,进攻性战争有时可以是正当的。

为了证明这些战争是有理的,文本提出了一系列复杂的历史故事,这些故事中满是来自天的预兆和来自鬼神的造访。尽管这些故事主要相当于为圣王之战编造申辩,但它们共同解释了墨家著者认为惩罚性战争在哪些条件下才是正当的。有趣的是,尽管墨家的这一学说有着奇幻、神话故事般的外衣,但其隐含的有关正当的惩罚性战争的条件却与当今关于正义战争条件的主流观点有着惊人的重叠之处①。

为"诛"辩护的第一个也是最突出的条件是,所有这些战争据称都得到了神圣授权②。根据传说,上天通过不可思议的征兆来谴责这些被征伐国,包括天气反常、庄稼歉收、午夜出太阳、血雨腥风、鬼怪和动

---

① 当代正义战争理论提出了六条标准,如果要证明开战是正当的,这六条标准必须被全部满足:正当的理由,例如自卫或为保卫无辜者;正确的意图,或确切来说为正义的理由而战;成功的可能性,因为只有当战争很有可能达到其目的时,才能是正当的;相称原则(proportronality),或者说,所造成的损害不能超过正义之举的预期利益;作为最后不得已的手段,或者说,仅仅在所有可行的和平替代方法都已用尽之后,才发动战争;以及适当的权威,或者说具有发动战争的合法政治权威。正如我们将看到的那样,墨家的文本提到了其中的前三个,而且可以说暗示了接下来的两个。在其关于战争的评论中,只有第六个是缺席的,尽管我认为其关于神圣许可的要求也充当了类似的作用。

② 正如 Wong 和 Loy 强调的那样(Benjamin Wong and Hui-chieh Loy, "War and Ghosts in Mozi's Political Philosophy," *Philosophy East and West* 54, no. 3 [2004], 354-55)。

物厉声尖叫，以及出现奇异生物，比如一只长着人头的巨鸟。更重要的是，它派遣鬼神公开授权圣王出征。天的制裁与今天正义战争理论中所说的任何条件都不直接构成对应。然而，在墨家的哲学和宗教语境中，天命可以被解释为满足惩罚性战争的正当权威这一条件。《墨子》中的一段话将天惩罚发动侵略战争的人，与君主惩罚国中的犯罪行为进行了明确的类比（Mz 49/12 – 16）。这里的言外之意似乎言之成理，唯一可以合法地发起惩罚性任务的权威就是天本身。

就天批准惩罚性任务而言，墨家给出的理由符合当今通常提及的关于正义战争的几个标准。首先，天不会随意或武断地批准惩罚性战争。天如果这么做就是有充分理由的，而这些理由符合当代正义战争理论中的"正义原因"（just cause）这一条件。在墨家所举的每个例子中，被惩罚的国家据说都陷入了混乱。暴君桀纣"上诟天侮鬼，下殃傲天下之万民"（Mz 31/83 – 84, 89）。纣被指控"播弃黎老，贼诛孩子，楚毒无罪，刳剔孕妇"（Mz 31/89）。因此，正当的惩罚性任务旨在消除混乱和暴行，恢复和平与秩序。虽然得到天的批准是正义的惩罚性战争的一个主要标准，但天做决定的根本依据在于墨家后果论常说的那些善品：惩罚性战争应该会"兴天下之利，除天下之害"。第二，发动"诛"必须出于良善的意图。墨家解释说，它具体而言不应该是为了私利，而应该像禹对有苗的征战那样，是"求兴天下之利，除天下之害"（Mz 16/54 – 55）。每一场称之为正义的战争都是为了维护和平与稳定而发动的，这与现代正义战争理论中的正当意图条件相符合。第三，圣王有充分的理由相信他们发动的"诛"会成功，因为下令出征的鬼神明确保证了战争的胜利。虽然今天我们不考虑以所谓的神灵宣告作为期待胜利的依据，但这些故事的特点符合现代正义战争理论"可能成功"（probable success）这一条件。

人们自然会担心,关于"诛"的理论可能被用来为非法侵略开脱,借口说这是惩罚性战争,而不是侵略性战争①。然而,事实上可能没有一场所谓的惩罚性战争能够满足墨家提出的严格的辩护条件。他们期望天的命令能得到大量众所闻见的奇迹所证实,那么神圣许可这一标准实际上使得惩罚性战争的正当性永远无法得到证明②。如果没有奇迹般的征兆表明天给予了同意,有什么可以证明惩罚性战争是正当的呢?这个问题出现在一个对话中,其中,墨子驳斥了为惩罚性任务提出的一个辩护。

> 鲁阳文君曰:"鲁四境之内,皆寡人之臣也。今大都攻其小都,大家伐其小家,夺之货财,则寡人必将厚罚之。"
>
> 子墨子曰:"郑人三世杀其父而天加诛焉,使三年不全。天诛足矣,今又举兵将以攻郑,曰:'吾攻郑也,顺于天之志'。譬有人于此,其子强梁不材,故其父笞之,其邻家之父举木而击之,曰:'吾击之也,顺于其父之志',则岂不悖哉?"(Mz 49/16-20)

具有合法性的惩罚性战争不能仅仅是以犯罪国陷入混乱或犯了罪为理由,而需要更强有力的理由,比如明确的神圣授命。如果没有这样的依据,天对一个国家感到不满的证据——比如说这个国家正遭受经

---

① Wong 和 Loy 提到了这个问题(Benjamin Wong and Hui-chieh Loy, "War and Ghosts in Mozi's Political Philosophy," *Philosophy East and West* 54, no. 3 [2004], 347)。
② Van Els 用归于 Michael Nylan 的说法——"不可能的试验"来称呼这个标准。(Paul van Els, "How to End Wars with Words: Three Argumentative Strategies by Mozi and His Followers," in *The Mozi as an Evolving Text: Different Voices in Early Chinese Thought*, ed. Carine Defoort and Nicolas Standaert [Leiden: Brill, 2013], 91)。

济匮乏——同时也是天本身已经惩罚了它的证据。进一步施加惩罚就是多余的，而且缺少适当的权威，就像一个家庭的家长缺少权威去惩罚另一个家庭的孩子一样。

墨子在这段话中的评论涉及了对正义战争理论另一个条件的初步认识，即"正当战争的手段与目的相称的原则"（proportionality of the means of justified war to the ends）。如果目的在于惩罚郑国，那么鲁阳君的入侵就违反了相称原则，因为天已经给予了郑国足够的惩罚。这段话也可以理解为暗示了"不得已而为之"（last resort）这一条件，即只要和平的替代方案仍然存在，战争就不能成其为正当的。因为墨子之回应的一个推论是，只有当一个人先观望天本身是否会惩罚罪犯时，惩罚性的任务才是正当的。如果没有得到天的明确批准，仓促干预就绝不是正当的。假使即便没有军事干预，这个犯罪的国家自己也会遭受一系列不幸，那么这就已经足以构成对其行为的惩罚。

这样，考虑到墨子在这段话中的回应，我觉得墨家可能认为惩罚性战争实际上从来都不具有正当性。对墨家来说，惩罚性战争学说主要具有修辞功能，是对圣王出征做出的一种申辩。事实上，由于没有明确的众所闻见的征兆表明天发出了什么命令，任何所谓的惩罚性战争都不能被认为是对的。那么，没有任何形式的进攻性战争是正当的吗？即便没有天的命令，墨家的伦理原则上应该会承认，如果经权衡，进攻性战争能显著地促进所有人的利益，那么它也可能是正当的。然而，考虑到对目标国人民可能造成的伤害，这种理由很难成立。一个进攻性任务如果以道德上善好的目的为目标——比如，消除对人民福利已证实构成的威胁，或彻底转变被征服领土所受之害，那么它也许会是正当的。《墨子》的两段文本确实暗示了一种正当的矫正性进攻性战争（justified retributive offensive war）的看法，这种战争是为了解放被征服地区、消除侵略者未来会造成的威胁（Mz 49/5 - 8, 18/27 - 41）。然而,这种进攻性的战争很可能可被视为正义的防守战争的一个方面,而并非为进攻目的而进行的战争。此外,辩护标准是很严格的。只有在目标国发动了恶劣的侵略行径或暴行、只有靠战争才能实现预期达到的那些道义上的良善目的,以及如果不采取干预犯罪国就不可能遭受与其所造成的危害相称的不幸的情况下,进攻性战争才是正当的。这些标准如此严格,如非在极为罕见的条件下是不可能满足的①。

节用

墨家提倡三种以适度使用资源为基础的学说,三种学说包括关于节用的一个总的学说,涉及住房、着装、饮食、甲兵、交通工具、奢侈品和两性关系;还包括了这一学说的两个具体运用,针对的是在墨家看来尤为铺张浪费的精英式习俗,分别是厚葬和"乐",或者说奢侈娱乐。

一直到战国末期,在墨家的批评者眼中,墨家运动主要由于这些经济节用之说而著称。这些学说是荀子以及汉代文献——比如《庄子·天下篇》和《史记》——批墨的主要原因。这些批评的一个共同之处是说墨家的做法不承认"差等",对不同级别的贵族、士和平民一视同仁——而这是这些保守的精英阶层的作者无法容忍的一个推论。他们认为,墨家是在攻击精英所具有的地位和特权。在某种意义上,墨家的经济学说确实限制了对精英阶层赋权。然而,正如我们在第三章中所看到的那样,墨家自身提倡政治治理由贤能的精英来承担,并相信国家的正常运作取决于在上位和在下位者之间在地位、俸禄和权力上存在

---

① 关于《墨子》正义战争理论的详细展开,参见 Chris Fraser, "The *Mozi* and Just War Theory in Pre-Han Thought"（未发表稿件）。

显著的不平等。只要特殊地位和特权是基于贤能的，他们在原则上并不反对一种使少数人享有特殊地位和特权的社会制度。只不过，他们并不认为有必要依据他们所拒斥的那些习俗来做出这种地位区分。

因此，关于经济节用的墨家学说，其产生并不是由于从根本上反对前帝国时期在中原诸国盛行的社会政治制度，而是这些国家中谨慎的经济中下层人民面对的两种关切。墨家认为政治领袖也应该共有这两种关切：即确保总体的物质福利并维持国家的经济军事实力。这些理论的一个共同前提是，贫困所带来的威胁一直存在且迫在眉睫，它很容易在弱势群体中引发社会动荡。因此，当墨家拒斥上层阶级铺张浪费做法的时候，他们并不是在攻击精英特权这一理念本身或传统。他们只是坚持把保障老百姓的生活、维护社会秩序、保护社会免遭战火和经济困难放在首位。考虑到对这些善品的迫切需求，精英阶层应该远离奢侈之物、不为奢靡宴乐，因为这些并不能促进"天下之利"。如果经济上的情形真像墨家所暗示的那般艰苦——我认为我们应该接受他们所做的见证，即许多平民一直是挣扎度日的——那么他们非难国家开支无度和其他方面对资源的滥用，无疑是令人信服的。

从现存三篇关于"节用"这一总主题的文本所具有的中心主题可以清楚看出，墨家关注人民和国家的福利。《节用上》主张，消除无用开支、避免战争，一个国家就可以使其资源翻番。圣王统治时，"其发令、兴事、使民、用财也，无不加用而为者。是故用财不费，民德不劳，其兴利多矣！"(Mz 20/2–3)《节用中》解释说，圣王的做法出于对人民的深切关怀，避免"诸加费，不加于民利者"(Mz 21/4)。成文时间晚得多的《辞过》篇声称，在原始时代，人们还不知如何建屋织布，也不知如何烹食或建造舟车。在这些情况下，圣王发明这些物品都是为了人民之利。但是，"凡费财劳力不加利者，不为也"(Mz 6/3)。因此，文本并没有提倡苦行或吝啬,而是提倡消除无用或浪费的开支。

墨家所说的"无用"消费,主要指的是精英阶层的奢靡挥霍。他们举例所说的无用品一般都是只有贵族才能负担得起的东西——珠宝、饰品、珍禽异兽,而且他们直接批评贵族的穷奢极欲,比如,高官所用的车辇极尽装饰、统治者豢养庞大的后宫。《辞过》篇不遗余力地对这些奢靡挥霍的行为进行了控诉:

> 当今之主,其为宫室则与此异矣。必厚作敛于百姓,暴夺民衣食之财以为宫室台榭曲直之望、青黄刻镂之饰。为宫室若此,故左右皆法象之。是以其财不足以待凶饥,振孤寡,故国贫而民难治也……厚作敛于百姓,以为美食刍豢,蒸炙鱼鳖,大国累百器,小国累十器,前方丈,目不能遍视,手不能遍操,口不能遍味,冬则冻冰,夏则饰饐。人君为饮食如此,故左右象之,是以富贵者奢侈,孤寡者冻馁虽欲无乱,不可得也。(Mz 6/6 - 25)

这段文本批评了精英阶层在衣食住行和后宫等方面毫无节制。《墨语》中有一段具有类似主题的章节,它将精英阶层的挥霍消费与军事上的疲弱联系在一起。根据这一章节的描述,墨子敦促卫国的一个大臣用其后宫去换来一个兵团:

> 卫,小国也,处于齐、晋之间……今简子之家,饰车数百乘,马食菽粟者数百匹,妇人衣文绣者数百人,吾取饰车、食马之费,与绣衣之财以畜士,必千人有余。若有患难,则使百人处于前,数百于后,与妇人数百人处前后,孰安?吾以为不若畜士之安也。(Mz 47/36 - 40)

因此，墨家主要针对的是贵族的荒淫无度、挥霍浪费和轻率失仪。不过，他们对消费所做的严格限制不只是针对统治阶级的奢侈。这些限制的提出，完全具有普遍性、适用于社会各个层面。比方说，文本规定，衣服的功能是让身体冬暖夏凉，所以能满足这些功能、轻便而质地简单的朴素蓝灰色衣服装就够好了。食物应该是营养丰富、让人填饱肚子的，但不必特别美味，不应包括稀有的舶来原料。刀剑应锋利耐用，盔甲应轻而坚韧同时保持灵活性。车辆应坚固、安全、易于牵引。宫殿和房屋应避免受到恶劣天气的影响，应足够干净以用于宗教祭祀，并应有适当的隔墙来区隔男女。任何对这些物品的基本功能没有助益的特性都应该被去除。具体而言，文本对"利"或"用"的诠释，几乎排除了任何主要只具有审美价值的东西，包括住房、服装、盔甲、武器、船只和车辆上的所有装饰装潢。有段话甚至暗示说，对装饰精美的衣服的兴趣会使人们变得"奸邪"（Mz 6/19 - 20）。这样，总的来说，关于经济方面的文本提倡一种简朴、节俭的生活方式，几乎全力追求狭隘意义上的物质效用。人们应该戒绝任何形式的个人嗜好、审美享受或其他超越基本物质需求的活动。个人的自我表现不受鼓励，有段话甚至主张为了国家的利益而对人们的结婚年龄进行调整——男性20 岁，女性 15 岁，因为年轻人的生育能力是一种不应被浪费的资源（Mz 20/11 - 14）。

墨家肯定成功地确立起了他们的要点，即贵族剥削弱势群体为自己的奢侈买单是错误的。如果只是为这一主张进行辩护，那么他们的立场将是无可厚非的。但其论证使其持有一种关于善的狭隘而简单化的看法，对于这种关于善的看法，他们既没有加以明确承认，也没有为之做出辩护。这里的问题在于，他们运用了一种限制性很强的关于人类福利的观念，不承认除物质生活和社会秩序之外的任何形式的利益，而忽视了诸如审美价值和欣赏、自我表达、情感享受和感官愉悦等善好①。也许正是由于这种疏漏,他们没有看到在过度和吝啬之间存在中间地带,而将任何超出基本最低限度的支出都视为无法得到辩解的奢侈。此外,他们没有看到除匮乏之外还可能有其他的经济条件,甚至没有看到他们自己具有建设性的经济政策就长远而言能够产生的结果。他们从没有考虑过这种可能性,也就是环境可能得到改善,从而足以证明在非必需品上的适度支出具有合理性,也没有考虑过自行支配的支出也许有助于经济增长,从而最终为所有人提供更多的资源。然而,正如第五章中所提到的那样,他们并没有明确地反对一种更"厚"的关于善的看法,也没有明确地提供关于善的"稀薄"的看法。他们只是没有认真考虑除了物质生活、人口增长和社会秩序之外,是否还有其他任何的善好。他们关于善的狭隘看法是其整个社会政治计划的副产品,强调的是基本的公众福利,但并非其特意加以清楚说明和捍卫的一种经过深思熟虑而来的立场②。

鉴于墨家所处的社会历史背景,我们很容易理解为什么他们将关于善的如此"稀薄"的看法视为理所当然的。生活在一个古老的以农业为主的社会,作为非精英阶层的社会经济群体的成员,墨子及其早期追随者对于这样的经济环境——在其中在非必需品上消费是明智的——可能是闻所未闻的。就像许多艰难时期的幸存者一样,他们可能由于贫困而饱受创伤,因而习惯于一有余钱就都存起来。贫穷在他

---

① 这一缺点已广受关注。参见,比如,Hui-chieh Loy, "Mozi," in *The Internet Encyclopedia of Philosophy*, 2007, http://www.iep.utm.edu/m/mozi.htm, sec. 10; Van Norden, *Virtue Ethics*, 174; 以及 Dan Robins, "The Mohists and the Gentlemen of the World," *Journal of Chinese Philosophy* 35, no. 3 (2008): 394。

② 我把这一观察归功于 Robins ("Mohists and Gentlemen," 391–92)。

们那个时代可能太普遍了，以至于只有把所有剩余资源都用于扶贫防贫似乎才是理所当然的。考虑到他们所处的历史背景，这种见解似乎是合理的，战国时期的其他文本并没有批评墨家关于善的看法过于狭隘，也没有争辩说墨家所忽视的善如何重要，这一事实突出表明了其合理性①。

直接回应墨家经济学说的一位早期批评者是荀子，他毫无异议地接受了墨家对物质福利和社会秩序的强调，并基于这些善提出了自己的反驳理由。荀子提出了两个反对墨子的论证，一个意在表明节用是不必要的，另一个是说节用破坏了社会秩序。首先，在他看来，认为经济匮乏是一个普遍存在的问题这一墨家看法完全是错误的。自然提供了如此丰富的资源，只要对庄稼和畜群加以适当管理，衣食就总是有盈余的(Xz 10/48 - 51)。因此，节用是不必要的。当然，从早期墨家到荀子所处的时代，经济状况可能已经发生了足够大的变化，使得双方的看法可能都是合理的。墨家的节用学说起源于公元前五世纪的农工商和士兵阶层，这些人似乎主要生活在像鲁国这样又小又弱的国家。荀子是大约两个世纪之后生活于强大的齐国和楚国的高官。然而，即便在荀子所处的时代，经济前景真的更令人鼓舞，他对自然之慷慨过分乐观这一点也似乎是轻率和无知的，而且他完全没有领会墨家所说的平民遭受了剥削这一要点。即便自然资源从原则上讲是无尽的，人们的劳力却并非无穷的。此外，每年，人们的生活光景都会受到诸如歉收、洪水、干旱和疾病等灾害的影响——《墨子》中提到了所有这些忧患。作为一个享有特权的城市官员，荀子可能根本不明白农村穷人的经济状况有多么岌岌可危。

---

① 这一观察也是 Robins 的("Mohists and Gentlemen," 394)。

荀子的第二个论证是，节用的做法会导致社会混乱，从而导致贫困。他声称，如果物质奖励只是以节用的方式分发，那就失去了激励人民的力量，从而消除了统治者的主要统治手段。他接着声称，统治者要想卓绝有效地进行治理，就必须能够炫耀性地展示权威和财富，从而统一、控制和震慑人民。因此，繁复的音乐、盛装华服、宴会，从者如云，对于有效的治理来说是必要的(Xz 10/53 - 67)。这一论证的两方面都是牵强的。节用的政策不太可能妨碍通过奖惩来激励人们；奖赏也不是统治者鼓励合作的唯一手段①。诚然；有效的治理需要人民的尊重，而尊重又部分地依赖于对地位和权力的公共展示。(荀子似乎没有意识到墨家阐发了相同的观点，这一点我们在第三章中已经看到了。)但是荀子没有提供理由让人认为维系这种尊重需要奢侈而不是适度的财富展示②。他在此的论证最多相当于对统治阶层之放纵享受进行牵强附会的申辩。

因此，荀子对节用学说的反对意见并不是因为它采取了一种关于善的狭隘看法，也不是因为它使人们不得不过着节俭的生活；而在于，它可能会削弱统治者的权力，从而破坏社会秩序③。这种反对意见也体现在他一再抱怨墨家模糊了社会等级之间的区别④。当荀子对墨子做出广为人知的这一批评，即认为其如此"蔽于用"，以致"不知文"(Xz 21/21)时，也许他的看法并不是像对这句话的常见解释所说的，墨子对审美价值视而不见。考虑到荀子所做的论证，这里的重点可能是说墨

---

① 此外，正如 Robins 指出的那样 Robins ("Mohists and Gentlemen," 394)，荀子夸大了墨家所提倡的艰苦朴素的程度。他还错误地声称墨家要求统治者与人民一起劳作，从而削弱了地位上的差等(Xz 10/55 - 56)。

② 相关讨论在 Xz 6/5, 10/55 - 56, 11/60, 以及 17/51 - 52。

③ Robins 强调了这一点("Mohists and Gentlemen," 394)。

④ Xz 6/5, 10/55 - 56, 11/60, 17/51 - 52.

家没有充分承认外在文化形式或礼仪在产生效用方面所具有的作用，也就是说，为了达到像社会秩序这样的功利主义式的目的，仪式、音乐、宫殿、盛装和其他权力标识是必要的。

这样，总的来说，尽管墨家在其经济论证中运用了关于善的狭隘看法这一点可能会让我们觉得这是一个明显的缺陷，但这种看法在他们所处的社会背景中，却并不是不同寻常的，也并不特别有争议。事实上，它可能只不过反映了早期中国政治话语中的一些共同预设。

节用这个一般性学说是墨家另外两个经济立场的基础，它们分别是反对厚葬久丧以及反对他们不幸称之为"乐"的东西。

节葬

在墨家所处的时代，中原诸国的一些贵族和富人中形成了给已故亲属和官员举行铺张葬礼的一种风俗——一个人的社会地位越高，葬礼就越铺张①。死者长达三个月供人吊唁，在此之后尸体将被穿上数层精良的布料或裹尸布，放置于层层嵌套的棺材里（官员是两层，如此加码，君主则高达七层），然后埋葬在巨大墓穴的主室中，墓穴有多个墓室，从珠宝到小首饰，从衣物到武器和马车，各种丰富的陪葬品堆积如山。有时，妻妾、奴隶、侍从或艺人可能会为其男主人或女主人殉葬。陵寝上方会建造一座巨大的土墩，修建大型的纪念宫殿，其中有塔楼、庭院、大殿和房间。据某个同时代人的记述，这些建筑群宛如一座城市（LSCQ 10/3）。比如有一个建筑群是为战国时期的一个君主及其两位

---

① 我说"一些"贵族，因为《孟子》中的一段话表明关于久丧是有争议的：滕国的官员相信三年之丧与惯例相悖（Me 5.2）。

王后和两位妃嫔设计的，占地410米宽、176米长，四周筑有围墙①。死者在世的亲属将进行一系列繁复而旷日持久的丧礼，有时长达三年之久。（实际上，"三年"意味着"进入第三年"，因此"三年"的哀悼实际上通常是20至27个月。）按规定，服丧者要穿麻布丧服，住茅草屋，寝苫枕块，拄着拐杖走路，只吃薄粥。

这些习俗的起源很可能是贵族之间的攀比竞争，他们竞相炫耀性消费并公开展示美德——特别是孝。这些习俗往下蔓延到整个社会，人们通过厚葬久丧来展示其家庭的财富和其对死者的忠贞。除了人殉以外，这些习俗都得到了儒者的鼓励和维护，作为礼仪和仪式方面的专家，他们从中获利。《非儒》篇中有一段刻薄的话把儒者刻画成靠别人的劳动果实为生的人，"大丧是随，子姓皆从"。这段文本声称，富裕家庭死了人的消息让儒者欣喜若狂，因为对他们来说，"此衣食之端也"（Mz 39/15-17）。

墨家反对这些夸张的丧葬习俗，认为有害于国家和人民之利。他们提出了三个论证加以反对，所有三个论证都基于"三表"说。其中的主要论证基于"三表"中的第三表，即对社会有利。墨家观察到，那些支持和反对厚葬久丧的人都认为自己的立场体现了圣王之道，即第一表。因此，诉诸这一表并不能解决问题。在这种情况下，这个问题也不能通过经验观察来得到解决，因此第二表，也就是人们的所闻所见也必须被搁置一边。所以问题归根结底就看第三表了。我在第五章中曾翻译过一段话，其中墨家强调了这一表的意义，他们认为，正如一个孝子不遗余力地为父母追求"三利"——财富、人丁兴旺以及安定有序，仁者不遗

---

① Wu Hung, "The Art and Architecture of the Warring States Period," in *The Cambridge History of Ancient China*, ed. Michael Loewe and Edward L. Shaughnessy (Cambridge: Cambridge University Press, 1999), 712.

余力地追求繁荣、人口众多以及"天下之治"。既然厚葬被认为是对孝的一种表达，这一类比让听众确信，墨家是致力于孝的，但与此同时又暗示了孝并非唯一重要的价值。

第一个论证质问，厚葬久丧的做法是否能实现"富""众""治"（Mz 25/12-16）。墨家认为，厚葬久丧的做法对这些善品中的每一项而言，都会产生有害的后果（Mz 25/17-55）。它们使国家陷入贫困，因为它们致使大量财富被埋于地下，还使人们长期远离本职工作。它们不会增加人口，因为丧礼强加于人的不健康生活条件会导致人们生病或死亡，而已婚夫妇长期分居会中断两性关系。它们以多种方式干扰了社会秩序。它们使官员不履行职责，从而疏于行政治理与执法。它们干扰了普通人的工作，导致了经济上的匮乏。而经济匮乏反过来又使父母、兄长和统治者难以抚养他们的子女、兄弟姐妹和下属，而如果前者缺乏关系性美德，后者就可能会对他们产生怨恨。如果没有足够的食物和衣服，坏人就可能会走向偷盗抢劫。此外，由于这些习俗有害于经济繁荣、人口增长和社会秩序，就减少了可用于国防的资源。由此产生的贫困、人口减少和混乱甚至妨碍了向上帝、鬼神合乎时节和礼仪地奉上洁净的祭祀，从而无法得到它们的祝福，而它们可能会由此决定对人施加惩罚。

第二个论证处理了这一反对意见，即无论厚葬久丧是否有益于财富、人口或社会秩序，它们仍然是圣王之道。在这里，墨家不再搁置第一表，即圣王的事迹，并且声称，传说中，圣人尧、舜、禹施行的都是非常简单的葬礼（Mz 25/58-64）。

第三个论证对第一章讨论过的那个重要段落进行了总结，墨家在这一段话中区分了习俗和道德，指出一种做法并不因为是习俗性的就是正确的。这一段中列举了三种异域的丧葬习俗，这些习俗在中原诸国的人们看来是可憎的：抛弃已故祖父的妻子，抛弃死者腐烂的肉体、只埋葬尸骨，以及在露天火堆上进行火化。墨家认为，这些异域风俗过于薄陋，而中原诸国的风俗则过于铺张。有些做法不足，有些则过度，而需要的是适度。就像我们在使用衣服和食物时需要适度那样——这对活着的人有利；在葬丧做法上也需要适度——这对死者有利。因此，这段话似乎意味着对社会有利这一第三表的改良。既然不足和过度都是与仁义相悖的，文本暗示的是，正确的道是使人适度享受利益的道。文本继续声称，墨家的丧葬规范既没有忽视死者的利益，也没有忽视生者的利益（Mz 25/86），从而也暗示了对铺张葬礼的另一种批评，也就是说，它们称不上是不偏不倚的，更偏袒死者的福利而不是生者的福利。

《节葬》提出了取代厚葬的两种节葬之法，二者具有交叠之处，一个归之于圣王（Mz 25/55 - 57），另一个归之于墨子（Mz 25/83 - 85）。两种方法都与当今的普遍做法大致相似。这两种方法都认为，棺材应该有三寸厚，尸体被三层裹尸布包裹，埋葬深度既不能深至水层，也不能浅到让气味逸出。圣王那个版本的做法规定墓穴"棺三寸"，墨子的那个版本规定"垄足以期其所，则止矣"。圣王的版本规定"死者既以葬矣，生者必无久哭，而疾而从事，人为其能，以交相利也"。墨子的版本指示人们在往返葬礼的路上哭泣，但回来就应开始从事衣食财用的生产。之后，他们要定期举行祭祀仪式，以表达对死者的孝。这两种说法都没有明确规定葬丧仪式到底要持续多久，也没有明确规定服丧者要多快返回复工。《墨语》中的一段话说，标准的葬丧期为三天（Mz 48/42 - 43）。

反对铺张浪费的丧葬做法的并非只有墨家。《吕氏春秋》中可能受墨家启发的两篇文章认为，厚葬非但没有表达对死者的适当尊重和关心，反而伤害了他们，因为吸引了盗墓者（LSCQ 10/2 - 10/3）。对于这一论点,荀子则乐观地宣称,在圣王的理想治理之下,不会发生盗墓行为,因为所有人在物质上都是富足的,而且人们甚至为像捡拾他人丢失的财产这样的轻微不当行为感到羞耻(Xz 18/81 - 84)。(他没有解释这种说法与实际的非理想情形有什么关系。)《论语》后期的一段话考虑了这一反对意见,即由于三年之丧会带来不良后果,一年之丧应该就够了。这一反对意见被归之于孔子常常批评的一个弟子宰我。(宰我担心的不是它会减少总的福利,而是它会导致君子有失于礼乐。)但这一文本严厉驳斥了一年之丧就够了的观点:

> 夫君子之居丧,食旨不甘,闻乐不乐,居处不安,故不为也。今女安,则为之。宰我出。子曰:予之不仁也!予生三年,然后免于父母之怀,夫三年之丧,天下之通丧也。予也有三年之爱于其父母乎?(LY 17.21)

我们从这段话中可以提炼出为三年之丧辩护的三条可能路线。首先,君子行三年之丧是因为不这样做的话会使他悲伤不安,从而无法正常享受衣食住行。第二,三年之丧应该被遵守是因为它是一个普遍的习俗。第三,三年之丧认可和感谢了我们在婴幼儿时期所接受的来自父母的三年照顾。

墨家对习俗与道德之区分的处理表明了其将如何回应上述第二个论证。他们会指出,实际上,三年之丧并非一种普遍的习俗,然后解释说,即便它是,一种做法可以是习俗性的,却不是正确的。第三个论证的一个变体在《墨语》中被明确地提到了,在这一文本中,儒者发言人公孟子解释说,三年之丧象征着子女对父母的依恋,就像年幼的孩子由于与父母分离而深感不安。墨家的回应是尖刻的:

子墨子曰："夫婴儿子之知,独慕父母而已。父母不可得也,然号而不止,此其故何也? 即愚之至也。然则儒者之知,岂有以贤于婴儿子哉?"(Mz 48/44 - 46)

这种讽刺或许掩盖了其哲学要点。即便我们承认我们欠了父母一笔特殊的债,并为失去父母而感到特别的悲伤,但这些事实并没有证实哪种特定的行为方式是承认我们的特殊关系和情感的适当方式。如果有人提议说,即便只是象征性地,使我们的行动效法婴儿的行为(它们无法以其他方式采取行动)本来就是恰当的,这在某种意义上就是将自己降低到婴儿的认知和情感水平了。

三条论证路线中的第一条提出了一个更有趣的问题,我认为这个问题抓住了儒者为三年之丧进行辩护的主要伦理意义:如果情感对于决定伦理规范而言是有意义的,那么它应该具有何种意义?《论语》的这段话似乎意味着,一个有教养的君子会为他的父母守丧三年,因为从某种意义上说,他的情感让他别无他选。礼仅仅是其自然情感反应的一种外在成文化(codification)。这种观点的极端版本可能会声称,礼之所以合理,就是因为它是自然情感的自发表达。当然了,这种说法并没有什么道理,因为显然并非所有自发的情感表达在道德上都是可被允许的,更不用说是义务性的了。(设想一下,如果一个人对不同意他的人的自发反应是扇他们的耳光。)此外,说儒者所提倡的特定复杂的仪式代表了道德上体面的人对父母之死的通常具有的自发反应,这一点是荒谬的。不过,我们很容易设想出一种更合理的方式来展开这一基本的儒家观念。我们大多数人都会同意某些独特的情感,比如失去至亲的悲伤,是生活中不可避免的一部分。人们可以说,这些情感的恰当表达是善好生活或人类福祉的极为重要的组成部分。这样,人们可以争辩说，三年之丧——或其他一些被提出的规范——是合理的，理由在于，它是表达这些人类特有情感的唯一适当或令人满意的方式。这大体就是荀子采取的进路。他认为，古代的圣王将三年之丧确立为表达哀悼者对逝者的悲痛和思念的唯一适当、适度和有序的方式(Xz 19/93‐103)①。他说，虽然哀悼者的痛苦在 25 个月后仍然存在，但人们必须回到正常生活中，因为这个时间长度是介于立即忘记已故父母和无限期哀悼这两个极端之间的一个适度的中间值。有意思的是，这么说的话，荀子接受了墨家的建议，即恰当的哀悼仪式应是适度的，代表着过于简陋和过于复杂的做法之间的一种中间之道。他只是就什么算作适度而言有不同看法。

墨家并没有直接讨论这个第三条论证思路，它很可能是在其关于节葬的论述写完之后很久才提出的。从他们说过的话来看，他们很可能会同意丧亲是伦理规范必须考虑的生活事实。此外，恰当的规范应是适度的，在表达悲伤和尊重与罢手去做别的事的需要之间保持平衡。(正如我们已经看到的那样，他们自己的仪式允许三天之丧，然后是以定期祭祀的仪式来表达对死者的忠诚。)毫无疑问，对于荀子关于 25 个月是"适度"规范的说法，他们会恰如其分地将其斥为荒谬的。在更一般的意义上，他们可以同意伦理规范必须与人类特有的情感相兼容，但他们很可能会争辩说，情感本身并不能决定伦理上的对错，也不能直接证明任何特定风格或类型的礼是正当的②。从人们需要表达某种情感这一前提，根本不存在令人信服的论证来得出结论说履行某

---

① 根据荀子关于礼的理论，三年之丧提供了有序表达破坏性情绪的方式，而据称对维持社会秩序有效，并因此是正当的。
② 回想一下第五章讨论过的《墨语》中的一段话，它主张行动从仁义出发，而不是从潜在具有偏见性的情绪出发(Mz 47/19‐20)。

种特定类型的礼是正确的,后来《庄子》强调了这一点(Zz 6/65)。典型的人类反应和需求确实为可辩护的礼仪形式设置大概的限制,在这种意义上,墨家加以反对的异常冗长和繁杂的葬礼无疑是没有正当理由的。因为它们几乎不符合,甚至可能抑制大多数人对悲伤的自发心理反应,也不符合他们在认识到逝者已去的同时,生活还要继续的需要。

在汉代,墨家所反对的厚葬久丧的做法逐渐失势,更为适度的葬礼成为习俗。然而,它们仍然比墨家所提出的规范要繁杂得多。

非乐

墨家致力于节用的另一独特推论是他们称之为"非乐"的学说。从现存展现这一主题的一篇文本来看,这一学说并不是对音乐娱乐或表演的全面谴责。[①] 事实上,这一学说不幸被命名为"非乐",可能在修辞上有害于墨家的目标。这一文本并未表明他们反对比如像农人或家人在田间灶头唱着劳动的号子,或者以民歌自娱这样的做法。他们的谴责主要针对的是贵族用公共开支举办盛大的音乐演出的做法,特别是因为为此买单的纳税人是贫苦劳工,几乎难以养家糊口。墨家的批评还针对了战国政治思想中广受认同的一个预设,即将演奏仪式性音乐常态化是维持社会秩序的一种手段,并因此是政府的重要职能。

从墨家对这一术语的运用来看,"乐"通常不仅仅指演奏音乐,还指

---

① 这一点是公认的。参见,比如,Chad Hansen, *A Daoist Theory of Chinese Thought* (Oxford: Oxford University Press, 1992), 136; Whalen Lai, "The Public Good That Does the Public Good: A New Reading of Mohism," *Asian Philosophy* 3, no. 2 (1993): 137; Van Norden, *Virtue Ethics*, 173; 以及 Robins, "Mohists and Gentlemen," 390。

在雕梁画栋的露天剧场举行的富丽堂皇的音乐盛会。贵族和官员就坐于亭台楼阁，在丰盛的宴会上用餐，舞队在乐队的伴奏下表演，乐队由丝弦、管乐和巨大的钟鼓组成。在某些情况下，平民可能也得以观看这种演出。这些乐事制作不仅是一种娱乐形式，而且常常是国家典礼的一部分。恰当得体的音乐演出，据说具有心理改造的作用，有益于道德修养和社会秩序①。因此，对定期举行的合宜的音乐表演加以赞助，被认为是有序治理的一项要求，《墨子》指出，一些统治者和大臣认为建造乐器"为事乎国家"(Mz 32/7)。

墨家认为，这些奢侈的乐事建造不属于政府的职责，而且实际上，在道德上是错误的。他们的理由不是说音乐，也不是说奢华的演出、宴会或剧演本质上是坏的。相反，他们承认这些表演是令人愉快的。乐器之声悦耳动听，装饰美轮美奂，食物美味可口，亭台楼阁安逸舒适。然而，墨家援引"三表"学说，认为这样的娱乐既不符合圣王的事迹，也不符合人民的利益，因此是错误的(Mz 32/6 - 7)。（他们还引用了"先王之书"，列举了统治者、上帝或天由于音乐和舞蹈过度而施加惩罚的案例。）

在他们看来，问题在于，政府挥霍无度地资助音乐表演，就相当于"亏夺民衣食之财"(Mz 32/2 - 3)，来为精英阶层提供审美和感官之乐——而当此之时社会尚处于混乱。这些演出以及大钟巨鼓和其他乐器的巨大成本都是由挣扎度日的纳税人承担的。只要资金是用于兴天下之利，墨家是支持征税甚至是征收重税的。他们声称，圣王对人们征收重税，采办舟车，造福所有人(Mz 32/8 - 11)。但是音乐表演并不能

---

① 关于这一观点的主要表述在《荀子》第 20 卷《乐论》。相关观点可以在《论语》和《吕氏春秋》第 5 卷以及其他一些文本中找到。有关音乐在早期中国思想中之作用的详细研究，参见 Scott Cook, "Unity and Diversity in the Musical Thought of Warring States China" (PhD diss., University of Michigan, 1995), 以及 "Xun Zi on Ritual and Music," *Monumenta Serica* 45 (1997): 1 - 38。

满足人们对食物、衣服和从劳动中得到休息的基本需求(Mz 32/12 -
14)。它们耗尽资源,还使人们离开有用的工作,干扰了生产。乐团和
舞队招募表演者,使之远离了男耕女织这样的生产性活动(Mz 32/18 -
23)。定期赞助此类表演,滋生了一个对社会的生产性工作没有任何贡
献的寄生艺人阶层(Mz 32/28 - 29)。只有与大量观众同乐,这些演出才
是令人愉快的,但要参加这些节目的话,官员必须离开岗位、老百姓必须
离开生产劳动。如果每个人都发展对音乐演出的喜好,统治者和大臣就
会疏于听讼和从政,导致混乱;官员和君子就会疏于管理官僚机构和征
税,使国库和粮仓空荡荡;农民就会疏于耕种,粮食就会短缺;不仅如此,女
性就会疏于织纺,人们就将无衣可穿(Mz 32/36 - 43)。

关于音乐表演能促进社会秩序这一观点,墨家质问道:

> 今有大国即攻小国,有大家即伐小家,强劫弱,众暴寡,诈欺
> 愚,贵傲贱,寇乱盗贼并兴,不可禁止也。然即当为之撞巨钟、击
> 鸣鼓、弹琴瑟、吹竽笙而扬干戚,天下之乱也,将安可得而治与?
> (Mz 32/14 - 16)

这样,除了将"乐"拒斥为浪费的,墨家还拒斥了认为仪式化的国家
礼乐具有伦理和社会改造作用这一乐观看法。这一立场凸显了其与贵
族和儒者之间的文化和社会差异。我们可以理解,对于一个其成员认同
宫廷习俗,并在传统的礼仪音乐中找到平和感和归属感的一个精英式亚
文化而言,国家资助音乐演出促进了社会和谐这一观点为何似乎具有说
服力。但墨家对这种亚文化或其音乐却并没有深刻的认同感,因此他们
强调的一种常识性看法同样是可理解的,即无论音乐确实具有什么有益
的影响,都很难期望音乐演出能防止战争、犯罪和剥削。因此,他们得出

结论说，权衡而言，国家资助奢华的乐事并不能兴利，而实际上往往是有害的，因为它转移了用以满足基本需求的资源，干扰了经济生产和政治治理。既然"乐"既不兴利也不符合圣王的事迹，大兴音乐演出就是错的。

如果说，墨家关于演出成本高得离谱、纳税人的经济负担、普通百姓的经济状况、社会混乱的状态的看法是正确的——在很多情况下的确如此——那么我们很难反驳他们的结论，即以消耗公共开支为代价来举办此类表演在道德上是令人憎恶的。不过，他们在《非乐》中所持的立场——"为乐非也"——超出了其论证所能证明的范围。毕竟，根据他们自己的说法，音乐本身并没有错。问题在于剥削、浪费和疏于职守，这些与一种在特定情形下进行的、特定类型的音乐演出相关。人们自然而然会想到两种反驳，它们支持的是作为替代方案的、适度的音乐娱乐形式。首先，尽管墨家承认音乐带来享受，演出中的装饰装潢是美的，但他们从没有承认与音乐相关的审美、情感或社会性善好构成了利。我们可以承认，这些善好不如食物、衣服和住所那么不可或缺，后者应得到优先考虑。尽管如此，我们大多数人都同意它们是有利的，对人类福利是有助益的。假设一个国家足够繁荣，能够切实满足所有居民的生存需求，那么，只要适度的音乐演出不会造成沉重的经济负担或对工作造成太多干扰，有什么理由不被允许呢？

墨家忽视其他这些善好的一个原因可能是，欣赏音乐演出的主要是少数享有特权的人。驱动墨家这一立场的可能是一种并未言明的关于分配正义的看法，这种看法支持的是并不处于优势地位的多数人的利益，而不是少数精英的利益①。毋庸置疑的是，鉴于墨家致力于促进"天下之利"，他们在某些情况下会倾向于作为大多数的弱势群体的利

---

① Loy 建议按照这些思路进行诠释（"Mozi," sec. 10）。

益,而不是少数特权群体的利益。《节用中》着力说明了圣王是如何关心人民的,同时提出了一个口号,即"诸加费,不加于民利者,圣王弗为",这也表明墨家优先考虑的是老百姓的福利,而不是为统治阶级在非必需品上花费钱财。但墨家谴责精英阶层的娱乐,背后的主要原因可能是他们优先考虑某些类型的善好,而不是因为他们优先考虑弱势群体的利益。他们的抱怨具体来说并不是说穷人的利益应该比特权阶层的利益更重要,而是说在追求审美、情感和感官享受的过程中,贵族和官员剥夺了人们的基本生活必需品,这种做法是错的(Mz 32/2 - 3)。对墨家来说,基本的物质福利超过了所有其他善好:第一要务是确保所有人的衣、食、住有保障。这样来看的话,弱势群体的生存需求自然就优先于精英阶层的审美、情感或感官享受。然而,较不富裕者的利益不一定总是比较为富裕者的利益更重要。正如我们在前几章中所看到的那样,墨家主张资源的再分配只是为了救贫济困,而不是为了纠正不平等。

第二个反驳意见是,适度地享受音乐和其他娱乐活动并不一定会干扰经济生产,从而影响为所有人提供福利,甚至可能对其有助益。墨家本身是强调人们需要定期从劳作中得到休息的[①]。常识表明,得到了足够的休息和娱乐时,人们的工作效率会更高。那么,为什么不允许花费少的适度音乐娱乐作为正常劳逸结合的一部分呢?

针对这些关于适度音乐娱乐的看法,《墨子》后期文本的两段话暗示了可能的回应。《墨语》中的一篇(Mz 48/33 - 40)描述说,据墨子的观察,儒者的礼乐如此耗时,假使人们遵守所有的丧葬礼仪,练习所有的诗、歌和舞,君子将没有时间执政,平民没有时间工作。在为儒者的做法进行辩护时,公孟子回应说,当国家混乱或贫穷时,可以从事政治

---

① Mz 32/12 - 13, 9/51, 37/11.

治理和工作，而当国家治理良好和富有时，就可以从事礼乐。墨子回应说，国家只有在人们不懈地致力于治理和工作的情况下才能得到良好的治理并得富足。在情况一切都好的时候懒散懈怠，就会生出灾患。作为对公孟子的反驳，这一回应是足够令人信服的。然而，作为墨家就音乐而阐述的立场，它似乎暗示墨家在不懈的勤奋和鲁莽的疏忽之间看不到任何中间地带。他们忽视了这一可能性，即人们可以既追求工作，又在闲暇时间追求艺术、享受诗歌和音乐。

《概论》，也就是《墨子》前七卷中的一个晚期对话强调了这一要点。一位名叫程繁的儒者指出，在古代，社会各个阶层的人——从统治者到大臣、官员到农民，在劳累之时都会随着音乐放松下来，乐器多种多样，从统治者的钟鼓到农民的简易聆缶，因人而异（Mz 7/1‑11）。程繁问，墨家关于圣王不作乐的学说难道不是要迫使每个人忍受任何有生之物都无法承受的劳作和压力，毫无喘息之机吗？墨子回答说，从尧舜开始，一直到汤武到周成王，圣王的音乐越来越复杂，而其统治的效力却降低了。因此，"其乐逾繁者，其治逾寡"（Mz 7/8）。程繁坚持说，尽管如此，墨子必须承认，就像他自己刚才所说的那样，圣王确实是喜欢音乐的。墨子回答说，圣王力图减少过度；其音乐少到相当于没有。作为对反对音乐之立场所做的辩护，这一回应是令人失望的。它没有解决程繁最初提出的问题，也基本没有在音乐和无效治理之间建立起因果关系。然而，这一文本似乎不情愿地承认了程繁的观点：除工作外，音乐有其作用，而且圣王自己也享受音乐。因此，这篇后期文本的正式立场不是禁止音乐，而是劝阻过度。

今天的读者可能会由于墨家对音乐之审美价值的漠视而感到震惊。他们归之于音乐的价值是工具性的：它能带来享受，帮助人们放松。然而，墨家的功利主义式关注在其所处的时代也是常见的。即便是荀子,他是战国文献中唯一明确反驳墨家音乐观的人,也接受了他们的预设,认为音乐如果有任何价值的话,就在于其效用,而关于效用,他同样做了狭义的解释①。荀子攻击墨子的理由是,适当的音乐是维持社会秩序不可或缺的手段,因为它以建设性、有序的方式引导情感,并通过激发适当的情感和动机改变人的道德。这一论证的灵感当然可能就只是修辞性的。如果荀子是要证明宫廷音乐的定期演出以及所有繁复的装饰能为整个社会带来良好的后果,那么他就是基于墨家自己的立场为繁复的音乐表演进行辩护。值得注意的是,他仍然没有诉诸音乐的内在美,甚至没有诉诸音乐带来的愉悦来为其进行辩护②。或许他应该这么做,因为他所提供的后果论论证是很弱的。与其反对节用的论证一样,他没有清楚证明为何维护社会秩序需要奢侈的,而非仅仅是适度或节俭的音乐演出。他也没有清楚证明音乐在促进社会秩序方面比其他更为节俭的手段更加有效。事实上,我们可能可以从荀子所做的无效辩护中得到一个教训,那就是,对艺术的真正令人信服的辩护可能必须诉诸其内在价值,而不仅仅是其工具价值。

非儒

墨家主要在《公孟》(第 48 卷)和《非儒》(第 39 卷)两个文本中对儒

---

① 参见《荀子》第 20 卷。其他的前汉文本,如《吕氏春秋》第 5 卷简要提到了"非乐"的"世之学者",并且在回应中似乎暗示音乐满足了人们本性中不可改变的欲望(LSCQ 5/2)。但是这一论点没有被明确阐明。《庄子·天下篇》在批评墨子的时候,也暗示人有歌唱和作音乐的内在倾向(Zz 33/22 - 23),但这一文本也没有提及音乐的美学价值。

② 详细讨论,参见 Robins, "Mohists and Gentlemen."正如 Robins 评论指出的那样,考虑到荀子显然是喜爱音乐的,他很可能认为音乐具有内在有价值,但是这一点在其反对墨家的论证中没有起到任何作用。

者的观点和做法进行了批判。尽管这两篇所做的评论表明他们对最终纳入《论语》的材料很熟悉，但其讨论却表明，他们并不知道今天的诠释者一般视为《论语》主要伦理主题的那些内容，比如孔子对他人一以贯之的共情考虑（"恕"）或"己所不欲勿施于人"的"消极金规则"[1]。墨家也从没有批评据称是儒家学说的"差等之爱"或"爱有差等"[2]。墨家从未批评今天的诠释者所认为是儒家伦理思想核心的那些学说，比如，儒家对父慈子孝的家庭关系、仁或由礼修身的强调。墨家对儒家的反对几乎与伦理理论和道德心理学完全无关。不如说，墨家关注的是早期儒家亚文化的特征，这些特征在其所处的时代十分引人注目，而在今天被同情解读极力淡化了。

墨家提出了对儒的六种主要批评。其统一的主题是，他们所知道的儒家误导性地干扰了"兴天下之利"。儒家的学说和做法不是浪费物质资源，就是阻碍生产，或者浪费了利民和改善社会条件的良机。

《墨语》中的一段话总结了其中四种批评，声称广泛采用儒家之道将导致社会灾难（Mz 48/49-58）。首先，儒者是不虔诚的。他们将天视为无意识的、将鬼神视为无生命的，因而不尊重和触怒了这些灵性的存在。他们在否认鬼神存在的同时却前后不一地举行祭祀仪式（Mz 48/40-42）。既然他们对与鬼神和天的关系处理不当，就未能履行人类在宇宙的规范性秩序中应有的角色。第二，他们从事厚葬久丧，这些做法浪费、繁重而旷日持久，使服丧者自己因饥饿和疲惫而濒临死亡。这些做法浪费资源、干扰经济生产。第三，他们轻率地把时间浪费

---

[1] LY 4.15，5.12，12.2，15.24. 同样参见 6.30.
[2] 这一学说只在第 46 卷被提及，在那里，它被归于并非儒者的巫马子。《非儒》提到了远近亲疏不同的亲属应该得到有差别的对待这种学说（Mz 39/1）。文本并没有拒斥这一学说，只是嘲讽儒者没有一以贯之地对其加以诠释。

在音乐和舞蹈，而不是生产活动上。其音乐助长惰性，使人堕落（Mz 39/13,39/45）。第四，他们是宿命论者，把财富、寿命、社会秩序和人身安全视为命定的，从而滋生了懒惰、贫穷和混乱。这些批评的主旨在于，儒家之道是无用的甚至是有害的，而按照墨家的伦理标准来看，也就是不道德的。

除了这些要点之外，墨家发现儒家还具有另外两种倾向，在他们看来系统性地忽视了造福天下的机会。首先，儒者的反思传统主义（reflexive traditionalism）妨碍了他们积极寻求新的方式来造福社会。《墨子》曾两次反驳儒家关于君子"述而不作"的说法①。墨家做出的常识性回答是，为了增加总的善，一个人应传承过去的好东西，同时现在也应开创好的事情（Mz 46/51 - 52）。事实上，所谓君子之道"述而不作"这一主张导致了一种实际的矛盾。任何值得传承的东西一定是在过去开创的。如果君子不首创，那么我们传承的传统就是由小人首创的。这样的话，在传承这些传统的时候，君子实际上是在遵循小人的道，而不是君子之道（Mz 39/21）。

最后的批评是，或许是由于其宿命论，儒者满足于自我修养而不努力促进公共善。在墨家看来，这提倡的是消极被动甚至是疏于职守。儒者公孟子引用了这样一种说法，即君子就像一只钟：除非被敲打，否则将保持沉默（Mz 48/1 - 7）。相比之下，墨家认为，官员必须准备好在必要时发表意见，比如劝阻统治者不要采取可能有害的行动。不被问到的时候闭口不言，就等于隐瞒信息和不去努力，从而疏忽了造福统治者或父母的机会。这种行为有悖于关系性美德（Mz 39/28 - 31）。在另一个对话中（Mz 48/9 - 14），公孟子辩称，社会和政治活动是不必要

———————————

① Mz 39/19 - 21，46/49 - 52. 儒家的版本，参见 LY 7.1。

的。一个人只应专注发展自己的资历和能力。有能力的人自然会获得声誉，就像能干的算命先生吸引常客，而不是四处兜售贩卖自己的才能，或者就像美丽的少女不是靠炫耀自夸吸引追求者。墨家的回应是，这种立场忽视了我们能为他人做些什么。一个美丽的少女总是有很多追求者，但如果没有墨家的教化，就很少有人有机会了解善。不仅如此，积极能动比单纯的自我完善可以带来更大的回报。一个在家里工作的有才能的算命先生也许能挣到一笔可观的收入，但如果他出去寻找客户，则会赚得更多。

结语

本章考察了墨家十大改革纲领中余下的四个学说，从而为我对墨家思想的讨论作结。我试图说明了，墨家的正义战争理论原则性很强，而且其微妙之处令人惊讶，它在好几个方面都早于现代的正义战争理论。墨家在其经济学说中提出了令人信服的论证，反对浪费和剥削的行为。然而，其建设性的提议却往往超出了其论证所真正能加以辩护的范围。他们往往认定奢侈与过度节俭之间存在一个虚假两难，而不承认存在中间立场。其经济学说预设了一个关于人类福利的具有限制性的看法，其中重要的善品仅仅是物质财富、人口以及社会的和谐与稳定。鉴于他们所处的社会历史环境，其论证中的缺陷和其关于善的狭隘看法是可以理解的，而且可能在很大程度上是可以得到辩解的。墨家的方案实际上是一种难民伦理（a refugee ethic），产生于战争和经济匮乏的时代，把物质福利和社会稳定置于其他一切之上。在墨家所描述的那种岌岌可危的经济条件下，节俭是十分正当的，而且确保基本的物质福利可能胜过对其他善品的追求。此外，他们对物质福利和社会秩序的关注，虽然在我们看来显得不同寻常，实际上反映了墨家所处时代的政治话语的说法，对他们来说可能只不过是常识性的。

然而，令人费解的是，他们为何会预设，一个社会采用了墨家的经济政策之后，永远不会变得足够富裕，从而可以使其稍微放松立场，允许在非必需品上适度支出。令人沮丧的是，他们那么不愿意承认音乐以及由此引申而来的艺术和娱乐具有任何重要的价值。《墨子》从未承认说，既然音乐和其他文化活动也是可以增进福祉的善品，那么在更繁荣的条件下，两者应该被允许或鼓励。所以，墨家的经济学说呈现出的关于好生活的看法往往是贫乏、不具吸引力的。除战争或经济匮乏的环境外，它不适合其他任何环境。尽管他们在经济上所做的限制有着令人信服的动机，致力于满足所有人的基本需求这一点是令人钦佩的，但很难不让人觉得其立场是那种不苟言笑的道德圣人的立场，而对其而言，除了仁义之外，其他什么都不重要——在此仁义被理解为满足每个人生存需要的承诺。尽管其正式立场是适度而不是吝啬，但其关于经济困难是永久性的这一预设及其关于利的狭隘看法，可能会意味着大多数人要采取一种过于简朴而清苦的生活方式。在这一点上，墨家之道可能确实过于苛刻了。

有一些证据表明，在墨家运动发展的后期，他们开始承认更多种类的善品，与此同时仍然认为经济条件排除了对这些善品的追求。在汉代的《说苑》——可能是战国晚期或汉代的墨家著者的作品——的一段话中，墨子似乎承认美、快乐和其他非物质性的善品的价值。尽管如此，大多数人的经济状况过于不稳定，因而这些善品就都相当于奢侈品了，并非圣人的优先考虑。只有在充足的食物、衣服和住所得到保障的情况下，我们才能考虑追求美食、视觉美和音乐享受。圣人的职责是

"先质而后文"①。

墨家有时遭受指责，被认为只具有十分稀薄的道德心理学，忽视了道德动机的细微之处。正如我已经在第七章中已经解释过的那样，我认为这项指控是没有根据的。墨家的文本就如何引导人们遵守其道德观，提供了一个合理且相当透彻的解释。墨家之道如果产生了任何动机方面的难题的话，那么更多是因为其对"质"的单一强调，而永久性地延迟了"文"，并因此持续性地搁置或轻视了人们真正重视的很多东西。这些问题源自他们的规范性立场，及其对社会经济环境所持续作出的悲观评价，而不是由于对道德心理理解不足。（或者，我们可以说他们犯了一个心理学上的错误，即严重低估了人们对"文"的重视，而高估了他们对"义"的重视。）当《庄子》批评墨家"反天下之心"(Zz 33/24)时，它指向的是墨家过于简朴和节俭的生活方式，而不是其核心道德学说。在我看来，墨家之道没有被广为接受，其经济理论构成了主要障碍。

---

① 参见冯友兰：《中国哲学史》（扩展修订本）(1944，再印本，台北：商务印书馆，1994)，1：137–38。

后 记

　　墨家的许多重要哲学成就值得称道,它是中国最早的伦理和政治理论,历史上最早的后果论形式,它提出了细致入微而引人入胜的道德心理学,以及富有趣味、在很大程度上令人信服的语义理论和知识论①。他们对语言和知识的实用主义态度以及认知外在论,与支配现代西方哲学传统的具有代表性的实在论和内在论形成了有趣的对比。他们朝着对不偏不倚、可客观辩护的道德规范作出切实可行的解释迈出了重要的一步。诚然,他们的伦理理论具有重要缺陷,但其优点之一是,这些缺陷中的一些可以在不放弃其理论基本框架的情况下得到修正。墨家的洞见和错误都富有深刻的哲学意义。他们的论证在某些地方可能过于简单化,有时他们回避了一些棘手问题,而今天的批评者可能希望他们对此加以解决。然而,他们阐明了许多深刻的议题,在这些议题上采取了重要而有见地的立场,并且有趣且有力地推理捍卫了这

---

① 关于墨家语义学理论和语言哲学的讨论,参见 Chris Fraser,"Mohist Canons," in *Stanford Encyclopedia of Philosophy*, http://plato.stanford.edu/archives/sum2009/entries/Mohist-canons/(文章发表于 2005 年)。

些立场。除了所有这些，更不用说他们作为社会和政治改革者而产生的影响了，他们提升了社会的道德意识，致力于改善穷人的生活条件，反对无正当理由的战争。在其所处时代，以纪律严明、任人为贤的官僚体制来提供得力的政治治理这一观念正在兴起，而墨家在此过程中起到了促进作用。

墨家从未处于主导或正统地位，但在其处于鼎盛时期的公元前4世纪和公元前3世纪，没有任何一个学派比它更有影响力。其地位在像孟子这样有权威的人发出的"杨墨之言盈天下"（Me 6.9）的哀叹中得到了证明，在荀子为驳斥墨家经济学说所倾注的注意力中也得到了证明。尽管墨家的重要性在对中国思想充满儒家偏见的叙述中经常被忽视，但他们在阐明中国早期知识论、语言哲学、逻辑学、政治理论、心理学和伦理学的概念框架方面发挥了重要作用。他们的思想对孟子、荀子、道家和法家都起到了至关重要的推动作用，所有这些思想家要么借鉴了墨家的思想，要么在某种意义上在对墨家思想的回应中发展了自己的观点。墨家之地位的一个标志是，后来的战国批评家——以及汉代的文献——经常把墨家与儒家并提，称为"儒墨"，并列为致力于仁义理想的一对"道德教化"学派。《庄子》中一段有意思的话批评孔子，在这段话的刻画中，孔子是用墨家式的术语"兼爱无私"来解释仁义的要旨（Zz 13/49 - 50）。即便未加承认，儒家从墨家关于包纳所有人在内的道德关切这一观念中受益良多，这体现在比如孟子关于仁政和"推恩"的学说中（Me 1.7）。荀子也遵循了墨家的引导，一以贯之地为其伦理观点提供后果论式的辩护，把它们建立在"治"的好处之上，而这在墨家那里早已是十分显著的特点了。他的知识论、本体论和语言哲学都从墨家那里受益极多。《荀子》中的一段后期文本甚至赞许性地使用了墨家术语，称圣王尧"尚贤"和他的"氾利兼爱"(Xz 25/18‒19)①。到了汉代,在一座公元前 134 年的石碑上,我们发现儒者公孙弘——一位帝国高官——用明确的墨家式词汇将"仁"解释为"致利除害,兼爱无私"(HS 58,2616)。

除去少数例外,汉代以后的中国思想从墨家知识论、语义学和逻辑学的兴趣转向关注道德形而上学和道德心理学,从而绕过了可能是其主要遗产的东西。因此,墨家有时被描述为走入死胡同的运动,不代表中国的学术主流。然而,这样的描述不仅错误,还是时代错置的。墨家思想中许多合理或耐人寻味的东西,都体现了作为战国学术主流话语之要素的概念、假设和问题。

随着秦(前 221—前 207)统一中国,墨家运动逐渐衰落,最终在西汉中叶(前 141—前 48)完全消声匿迹。儒家在公元前 136 年赢得帝国的青睐之后,孔子被尊为中国最伟大的圣人。墨子及其学派的思想和文本被忽视、陷入寂寂无闻。对墨家的兴趣只是在清代(1644—1911)才得到了恢复,当时因与西方接触而受到刺激的学者试图在自己的传统中寻找尚未开发的智识资源,特别是与科学和逻辑有关的材料。

墨家在汉代的衰落和消失,可能是多种因素合力造成的,它们使得墨家运动失去了作为政治纲领和道德指导来源的那种吸引力②。几乎可以肯定的是,这些因素并不包括对墨家核心道德和政治学说的拒斥,比如其后果论,其对所有人福利的关切,及其对统一道德规范的承诺,

---

① 墨家式的口号"尊贤使能"在《荀子》中出现了多次,比如在 9/22‒23, 10/82,以及 12/12,还有其他章节中。
② 由于关于汉代墨家的史料很少,接下来的解释是推测性的。对汉代墨家思想的详细研究,参见 Michael Nylan, "Kongzi and Mozi, the Classicists (Ru 儒) and the Mohists (Mo 墨) in Classical-Era Thinking," *Oriens Extremus* 48 (2009), 1‒20。

这些规范由中央集权的、基于贤能的官僚制度加以实施。墨家的消亡也不是由于兼爱过于理想化，或者由于墨家哲学在某种意义上与中国早期文明的精神格格不入①。相反，这场运动衰落的一个重要因素可能是对其核心道德和政治主题——哪怕只是以随意、不系统的方式——的广泛接受和挪用②。具有讽刺意味的是，墨家成功地传播了他们最重要的伦理和政治思想，而这可能使他们的运动付出代价，相较而言丧失了吸引力。因为一旦这些思想被吸收到学术主流中，它们就不再是支持或认同墨家——而不是儒家或其他学派——的理由。墨家之道所保留下的独特之处在于关于经济和文化的一套苛刻而缺乏吸引力的观点，主要是极度的节俭和对礼乐的反对，不太可能吸引有影响力的支持者来支持这场运动的发展。这些观点的内容也可能变得不再相关了，因为政治统一和经济环境的改善可能使墨家所讨论的军事和经济问题好转了。

　　两汉的资料来源——《庄子·天下篇》和司马谈著名的《论六家要

---

① 关于墨家过于理想主义的说法，参见 Wing-tsit Chan, *A Source Book in Chinese Philosophy* (Princeton：Princeton University Press，1963)，212. 关于墨家对于中国文化而言异质的说法，参见 A. C. Graham, *Disputers of the Tao* (La Salle, Ill.：Open Court, 1989)，43. Wong 也将墨家的消逝归因为墨家的哲学风格属于"更典型的西方传统"(David B. Wong, "Mohism：The Founder, Mozi [Mo Tzu]," in *Encyclopedia of Chinese Philosophy*, ed. Antonio Cua [London：Routledge, 2002], 460). 关于墨家在某种意义上"非中国化"的看法忽视了墨家的概念框架、论证风格和理论关切被后来大多数思想家——比如荀子，《吕氏春秋》的作者，《庄子》中如《齐物论》《秋水篇》等文本的作者，法家，以及像宋钘、尹文和惠施这些人——吸收了。即便是被认为中国思想家典范的孟子也从墨家那里借用了概念和论证。(参见，比如，Me 1.7，7.1)

② 这种挪用的一个有趣的例子来自《史记·五帝本纪》第一章，该章使用了一串听起来墨家式的词组来赞美帝王高辛，说他造福天下，遵循天的道德规范，"取地之财而节用之，抚教万民而利之海""明鬼神而敬事之"(SJ 1，13)。（感谢 Nicolas Standaert 提供了关于这一条的参考意见。）关于其他更多精彩有趣的例子，请参见 Joachim Gentz,"Mohist Traces in the Early *Chunqiu Fanlu* Chapters," *Oriens Extremus* 48(2009)：55 - 70。

旨》——清楚表明,墨家的后果论和兼爱学说并非争议的焦点①。在这些文本中,墨家最突出的特征与荀子攻击的特征相同: 其苦行主义、节俭的生活方式,对精英文化实践的反对,以及由此导致的(在批评者看来如此)未能正确承认社会等级差异。例如,《天下篇》的作者批评墨子过分追求节俭和自律。他的主要抱怨是,墨子"毁古之礼乐";为所有人规定了相同的丧葬准则,不允许皇帝和仅仅是士大夫的人在葬礼方面有任何区别;墨子提倡的道"大觳"难行,要求难以忍受的自我牺牲和利他式苦工。墨家的纪律和苦行主义"反天下之心"。作者说,墨子的意图是正确的,但他的做法是错误的,尽管他仍然是"才士""天下之好"(Zz 33/16 - 33)。在谈到墨家的长处和短处时,司马谈只提到了墨家的经济学说,不出所料他抱怨说其葬礼不承认社会地位的差别。他说,墨家的方式"俭而难遵",尽管他也赞扬他们通过"强本节用"来确保经济上富足的洞见。他说,时代在变化,墨家的行为不能被普遍遵循,这也许意味着他认为墨家之道尽管并不与他自己的社会环境相适应,但与墨家当时所处的社会环境是相适应的②。因此,对这些汉代作家来说,主要是墨家经济学说之严苛,加上其对根深蒂固的精英习俗——特别是那些倾心于公开展示社会地位的习俗——的拒斥,解释了墨家在他们的时代为什么缺乏吸引力③。在这两方面,墨家的立场与史华慈所说的"根深蒂固的文化

---

① 汉代文献中的一段话确实指出,墨家的兼爱"不知别亲疏"(HS 301737 - 38)。然而,即使在这段经文中,墨家的苦行主义、节俭和对礼的反对也得到了更为突出的对待。《史记》中关于墨子仅有一句话的传记指出,他"善守御"和"为节用",但没有提到墨家的伦理学说(SJ 74, 2349 - 50)。

② SJ 130, 3290 - 91.

③ 在接下来的一个世纪的著作中,王充也将墨家的衰落归因于墨家的规范"难从"(LH 83/358/22)。

取向"所具有的"惯性力量"直接相冲突。[1]

在其他可能产生影响的领域，墨家过于简单化而又保守的民间宗教对汉代文人阶层来说很可能是没有吸引力的，因为这些文人对复杂的、自然主义式的关联性宇宙学体系着迷。后期墨家在语言、知识论、形而上学和科学方面的开创性研究，只保存在大多数读者几乎看不懂的艰深难懂的文本中。此外，到了汉代，这些文本很可能已经被严重损毁了。

除此之外，我们还可以补充几点关于秦汉时期社会和政治环境重大变革的观察。一直以来，墨家的标志性学说除了兼爱之外就是非攻。随着帝国的统一，这一学说在实践上变得多余，因为中原诸国之间的战争基本停止了。正如葛瑞汉（Graham）所指出的那样[2]，中央集权政权下的统一可能也使墨家——以及其他社会中间阶层的代表——在很大程度上丧失了先秦时期他们在那些较小国家所施加的政治影响力。作为一个次精英（subelite）运动，墨家在争取权势阶层的支持方面一直处于劣势。但在前帝国时代的小而分散的那些国家中，这种劣势在某种程度上由于它们对贵族所具有的用处而抵消了。由于墨家是防卫战术家、工程师和工匠，具有专业知识，小国的统治者可能会发现雇用他们、至少听取他们的一些经济和军事建议是明智的。在一个规模相对较小的政治社会中，一支纪律严明、组织严密的中间阶层改革者队伍自然会获得一些政治影响力。然而，统一之后，墨家在这些小国的作用及其政治影响力可能会减弱，甚至完全消失。不断变化的政治结构使他们必须在贵族阶层中寻找资助者，但其严苛的经济和文化学说无疑使这成

[1] Benjamin Schwartz, *The World of Thought in Ancient China* (Cambridge, Mass.: Harvard University Press, 1985), 172.
[2] Graham, *Disputers of the Tao*, 34.

为一项不可能完成的任务。此外，与儒者通过在礼仪、仪式和音乐表演方面起作用而自动附属于王亲贵胄的宫廷广厦不同的是，墨家似乎一直以来被组织为一种半独立的类军事组织，正如我们在腹䵍的故事中看到的那样，墨家甚至可能施行的是自己的法律。随着统一、中央集权的政治秩序建立起来，这些政府之外的组织不太可能长期存在或被容忍①。在一个权力分散、中间阶层有更大影响力的政治环境中，墨家运动可能可以一直进行下去。其消逝无疑反映了汉代的社会和政治环境，也反映了墨家式的生活方式不再具有吸引力。

到了汉代，与儒家的古典学问、仪式、音乐和诗歌，阴阳家的思辨形而上学，道家浪漫的自然神秘主义、诗歌和文学上的精巧相比，墨家几乎没有什么可吸引追随者——尤其是政治上有权势的追随者。尽管墨家在很大程度上开创了中国早期哲学的概念框架，但他们现在发现自己所提倡的道被认为是不必要的苦行主义的，因此与主流的关于美好生活的观念相悖，几乎不可能激励大规模的追随。由于不愿或不能改变其教义或发展新教义以应付不断变化的社会、经济和知识环境，墨家淡出了历史舞台，因为其改革主义的社会和经济纲领已经变得不再有吸引力且多余了。

---

① Schwartz, *World of Thought*, 169.

文 献

Ahern, Denis. "Is Mo Tzu a Utilitarian?" *Journal of Chinese Philosophy* 3, no. 2 (1976): 185 – 93.

Bengson, John, and Marc Moffett, eds. *Knowing How: Essays on Knowledge, Mind, and Action.* Oxford: Oxford University Press, 2011.

Brandom, Robert. *Making It Explicit.* Cambridge, Mass.: Harvard University Press, 1994.

Brindley, Erica. "Human Agency and the Ideal of *Shang Tong* (Upward Conformity) in Early Mohist Writings." *Journal of Chinese Philosophy* 34, no. 3 (2007): 409 – 25.

Brooks, E. Bruce, and A. Taeko Brooks. *The Original Analects.* New York: Columbia University Press, 1998.

Cài Rénhòu 蔡仁厚. 墨家哲学 [Mohist philosophy]. Taipei: Dōng dà, 1978.

Chan, Wing-tsit. *A Source Book in Chinese Philosophy.* Princeton:

Princeton University Press, 1963.

Chén Qǐtiān 陈启天. 增订韩非子校释 [Collated explications of the *Hánfēizǐ*, expanded and revised]. Taipei: Shāngwù, 1969.

Cook, Scott. "Unity and Diversity in the Musical Thought of Warring States China." PhD diss., University of Michigan, 1995.

———. "Xun Zi on Ritual and Music." *Monumenta Serica* 45 (1997): 1–38.

Csikszentmihalyi, Mark. *Material Virtue: Ethics and the Body in Early China*. Leiden: Brill, 2004.

Cuī Qīngtián 崔清田. 显学重光: 近现代的先秦墨家研究 [Eminent scholars return to the light: Modern and recent research on pre-Qin Mohism]. Shěnyáng: Liáoníng jiàoyù, 1997.

Defoort, Carine. "The Growing Scope of '*Jian* 兼': Differences Between Chapters 14, 15 and 16 of the *Mozi*." *Oriens Extremus* 45 (2005): 119–40.

Defoort, Carine, and Nicolas Standaert, eds. *The "Mozi" as an Evolving Text: Different Voices in Early Chinese Thought*. Leiden: Brill, 2013.

Desmet, Karen. "The Growth of Compounds in the Core Chapters of the *Mozi*." *Oriens Extremus* 45 (2005): 99–118.

———. "MZ 39: An Anomaly in the Mohist Ethical 'Core Chapters'?" Paper presented at the seventeenth conference of the Warring States Working Group, University of Leiden, 2003.

Ding, Weixiang. "Mengzi's Inheritance, Criticism, and Overcoming of Mohist Thought." *Journal of Chinese Philosophy* 35, no. 3

(2008): 403 - 19.

Duda, Kristopher. "Reconsidering Mo Tzu on the Foundations of Morality." *Asian Philosophy* 11, no. 1 (2001): 23 - 31.

Durrant, Stephen W. "A Consideration of Differences in the Grammar of the Mo Tzu 'Essays' and 'Dialogues.'" *Monumenta Serica* 33 (1977 - 1978): 248 - 67.

Fāng Shòuchǔ 方授楚. 墨学源流 [Sources of Mohism]. Shànghǎi: Zhōnghuá, 1989.

Forke, Alfred. *Me Ti*. Berlin: Vereinig, 1922.

Fraser, Chris. "Action and Agency in Early Chinese Thought." *Journal of Chinese Philosophy and Culture* 5 (2009): 217 - 39.

——. "Distinctions, Judgment, and Reasoning in Classical Chinese Thought." *History and Philosophy of Logic* 34, no. 1 (2013): 1 - 24.

——. "Doctrinal Developments in MZ 14 - 16." *Warring States Papers* 1 (2010): 132 - 36.

——. "The Ethics of the Mohist 'Dialogues.'" In Defoort and Standaert, *The "Mozi*," 175 - 204.

——. "Introduction: *Later Mohist Logic, Ethics and Science* after 25 Years." In Graham, *Later Mohist Logic*, xvii - xxxiv.

——. "Is MZ 17 a Fragment of MZ 26?" *Warring States Papers* 1 (2010): 122 - 25.

——. "Knowledge and Error in Early Chinese Thought." *Dao: A Journal of Comparative Philosophy* 10, no. 2 (2011): 127 - 48.

——. "Language and Ontology in Early Chinese Thought." *Philosophy*

East and West 57, no. 4 (2007): 420 – 56.

——. "Mohism." In *Stanford Encyclopedia of Philosophy*. Article published 2002. http: //plato. stanford. edu/archives/fall2009/ entries/mohism.

——. "Mohism and Motivation." In *Ethics in Early China*, edited by Chris Fraser, Dan Robins, and Timothy O'Leary, 73 – 90. Hong Kong: Hong Kong University Press, 2011.

——. "Mohism and Self-Interest." *Journal of Chinese Philosophy* 35, no. 3 (2008): 437 – 54.

——. "Mohist Canons." In *Stanford Encyclopedia of Philosophy*. http: //plato. stanford. edu/archives/sum2009/entries/Mohist-canons/. Article published 2005.

——. "The Mohist Conception of Reality." In *Chinese Metaphysics and Its Problems*, edited by Chenyang Li and Franklin Perkins, 69 – 84. Cambridge: Cambridge University Press, 2014.

——. "The *Mozi* and Just War Theory in Pre-Han Thought." Unpublished manuscript.

——. "The School of Names." In *Stanford Encyclopedia of Philosophy*. http: //plato. stanford. edu/archives/fall2005/ entries/school-names/.

——. "Táng Jūnyì on Mencian and Mohist Conceptions of Mind." *Contemporary Confucians of the Chinese University* (New Asia Academic Bulletin 19, edited by Cheng-yi Chung, Hong Kong: New Asia College, 2006): 203 – 33.

——. "Thematic Relationships in MZ 8 – 10 and 11 – 13." *Warring*

States Papers 1 (2010): 137 – 42.

——. "Truth in Moist Dialectics." *Journal of Chinese Philosophy* 39, no. 3 (2012): 351 – 68.

Fung Yu-lan [Féng Yǒulán] 冯友兰. 中国哲学史 [History of Chinese philosophy]. Expanded and revised edition. Vol. 1. 1944. Reprint, Taipei: Shāngwù, 1994.

——. *A Short History of Chinese Philosophy*. Edited by Derk Bodde. New York: Macmillan, 1948. Garrett, Mary. "Classical Chinese Conceptions of Argumentation and Persuasion." *Argumentation and Advocacy* 29, no. 3 (1993): 105 – 15.

Geaney, Jane. "A Critique of A. C. Graham's Reconstruction of the 'Neo-Mohist Canons.'" *Journal of the American Oriental Society* 119, no. 1 (1999): 1 – 11.

——. *On the Epistemology of the Senses in Early Chinese Thought*. Society for Asian and Comparative Philosophy 19. Honolulu: University of Hawai'i Press, 2002.

Gentz, Joachim. "Mohist Traces in the Early *Chunqiu Fanlu* Chapters." *Oriens Extremus* 48 (2009): 55 – 70.

Gettier, Edmund L. "Is Justified True Belief Knowledge?" *Analysis* 23 (1963): 121 – 23.

Graham, A. C., trans. *Chuang-tzu: The Inner Chapters*. London: Allen and Unwin, 1981.

——. *Disputers of the Tao*. La Salle, Ill.: Open Court, 1989.

——. *Divisions in Early Mohism Reflected in the Core Chapters of Mo-tzu*. Singapore: Institute of East Asian Philosophies, 1985.

———. *Later Mohist Logic, Ethics and Science*. Hong Kong: Chinese University Press, 1978.

Griffin, James. *Value Judgement*. Oxford: Clarendon Press, 1996.

Hampton, Jean. *Political Philosophy*. Boulder, Colo.: Westview Press, 1998.

Hansen, Chad. "Chinese Language, Chinese Philosophy, and 'Truth.'" *Journal of Asian Studies* 44, no. 3 (1985): 491–519.

———. "*Dào* as a Naturalistic Focus." In *Ethics in Early China*, edited by Chris Fraser, Dan Rob-ins, and Timothy O'Leary, 229–56. Hong Kong: Hong Kong University Press, 2011.

———. *A Daoist Theory of Chinese Thought*. Oxford: Oxford University Press, 1992.

———. *Language and Logic in Ancient China*. Ann Arbor: University of Michigan Press, 1983.

———. "Punishment and Dignity in China." In *Individualism and Holism: Studies in Confucian and Taoist Values*, edited by Donald Munro, 359–83. Michigan Monographs in Chinese Studies, no. 52. Ann Arbor: Center for Chinese Studies, University of Michigan, 1985.

———. "Term-Belief in Action." In *Epistemological Issues in Classical Chinese Philosophy*, edited by Hans Lenk and Gregor Paul, 45–68. Albany: SUNY Press, 1993.

Harbsmeier, Christoph. *Language and Logic*, vol. 7, part 1 of *Science and Civilisation in China*, by Joseph Needham. Cambridge: Cambridge University Press, 1998.

——. Review of *Later Mohist Logic, Ethics and Science*, by A. C. Graham. *Bulletin of the School of Oriental and African Studies* 43, no. 3 (1980): 617 – 19.

Heydt, Colin. "Utilitarianism Before Bentham." In *The Cambridge Companion to Utilitarianism*, edited by Ben Eggleston and Dale Miller, 16 – 37. Cambridge: Cambridge University Press, 2014.

Hsu Cho-yun. *Ancient China in Transition*. Stanford: Stanford University Press, 1965.

Hughes, E. R. *Chinese Philosophy in Classical Times*. London: Dent, 1942.

Hu Shih [胡适]. *The Development of the Logical Method in Ancient China*. Shanghai: Commercial Press, 1922.

——. 中国哲学史大纲卷上 [Outline of the history of Chinese philosophy, vol. 1]. Shànghǎi: Commercial Press, 1919.

Hutton, Eric. "Moral Connoisseurship in Mengzi." In *Essays on the Moral Philosophy of Mengzi*, edited by Xiusheng Liu and Philip J. Ivanhoe, 163 – 86. Indianapolis: Hackett, 2002.

Ivanhoe, Philip J. *Confucian Moral Self-Cultivation*. Indianapolis: Hackett, 2000.

——. "Mohist Philosophy." In *Routledge Encyclopedia of Philosophy*, edited by Edward Craig, 6: 451 – 55. London: Routledge, 1998.

Ivanhoe, Philip J., and Bryan W. Van Norden, eds. *Readings in Classical Chinese Philosophy*. New York: Seven Bridges Press, 2000.

Jenner, Donald. "Mo Tzu and Hobbes: Preliminary Remarks on the

Relation of Chinese and Western Politics." *Cogito* 2 (1984): 49 - 72.

Jochim, Christian. "Ethical Analysis of an Ancient Debate: Moists versus Confucians." *Journal of Religious Ethics* 8, no. 1 (1980): 135 - 47.

Johnson, Daniel. "Mozi's Moral Theory: Breaking the Hermeneutical Stalemate." *Philosophy East and West* 61, no. 2 (2011): 347 - 64.

Johnston, Ian. *The Mozi*. Hong Kong: Chinese University Press, 2010.

Kagan, Shelly. "Evaluative Focal Points." In *Morality, Rules, and Consequences*, edited by Brad Hooker, Elinor Mason, and Dale Miller, 134 - 55. Edinburgh: Edinburgh University Press, 2000.

———. *Normative Ethics*. Boulder, Colo.: Westview Press, 1997.

Knoblock, John. *Xunzi: A Translation and Study of the Complete Works*. 3 vols. Stanford: Stanford University Press, 1988 - 1994.

Knoblock, John, and Jeffrey Riegel. *Mozi: A Study and Translation of the Ethical and Political Writings*. Berkeley: Institute of East Asian Studies, University of California, 2013.

Korsgaard, Christine. "Skepticism about Practical Reason." *Journal of Philosophy* 83, no. 1 (1986): 5 - 25.

Lai, Whalen. "The Public Good That Does the Public Good: A New Reading of Mohism." *Asian Philosophy* 3, no. 2 (1993): 125 - 41.

Lao Sze-kwang [Láo Sīguāng] 劳思光. 新编中国哲学史 [New edition of

History of Chinese Philosophy]. 3 vols. Taipei: Sān mín, 1984.

Larmore, Charles. *The Morals of Modernity*. Cambridge: Cambridge University Press, 1996.

Lau, D. C. *Lao Tzu: Tao Te Ching*. London: Penguin, 1963.

Lewis, Mark Edward. "Warring States: Political History." In Loewe and Shaughnessy, *Cambridge History*, 587 – 650.

Lǐ Dísheng 李涤生. 荀子集释 [Collected explications of *Xúnzǐ*]. Taipei: Xuésheng, 1979.

Lǐ Shēnglóng 李生龙 and Lǐ Zhènxīng 李振兴. 新译墨子读本 [Newly paraphrased *Mòzǐ* reader]. Taipei: Sān mín, 1996.

Li, Yong. "The Divine Command Theory of Mozi." *Asian Philosophy* 16, no. 3 (2006): 237 – 45.

Liáng Qǐchāo 梁启超. 墨子学案 [A study of *Mòzǐ*]. Shànghǎi: Shāngwù, 1923.

Liu, JeeLoo. *An Introduction to Chinese Philosophy*. Oxford: Blackwell, 2006.

Loewe, Michael, and Edward L. Shaughnessy, eds. *The Cambridge History of Ancient China*. Cambridge: Cambridge University Press, 1999.

Lowe, Scott. *Mo Tzu's Religious Blueprint for a Chinese Utopia*. Lewiston, N.Y.: Mellen Press, 1992.

Loy, Hui-chieh. "Justification and Debate: Thoughts on Mohist Moral Epistemology." *Journal of Chinese Philosophy* 35, no. 3 (2008): 455 – 71.

——. "The Moral Philosophy of the Mozi 'Core Chapters.'" PhD

diss., University of California, Berkeley, 2006.

———. "Mozi." In *The Internet Encyclopedia of Philosophy*, 2007. http://www.iep.utm.edu/m/mozi.htm.

———. "On the Argument for *Jian'ai*." *Dao: A Journal of Comparative Philosophy* 12, no. 4 (2013): 487–504.

———. "On a *Gedankenexperiment* in the *Mozi* Core Chapters." *Oriens Extremus* 45 (2005): 141–58.

Lu, Xiufen. "Understanding Mozi's Foundations of Morality: A Comparative Perspective." *Asian Philosophy* 16, no. 2 (2006): 123–34.

Luán Tiáo-fǔ 栾调甫. 墨子研究论文集 [Anthology of *Mòzǐ* research]. Běijīng: Rénmín, 1957.

Lum, Alice. "Social Utilitarianism in the Philosophy of Mo Tzu." *Journal of Chinese Philosophy* 4, no. 2 (1977): 187–207.

Maeder, Erik W. "Some Observations on the Composition of the 'Core Chapters' of the *Mozi*." *Early China* 17 (1992): 27–82.

Makeham, John. Review of *The Original Analects*, by E. Bruce Brooks and A. Taeko Brooks. *China Review International* 6, no. 1 (1999): 1–33.

Mei, Yi-pao, trans. *The Ethical and Political Works of Motse*. London: Probsthain, 1929.

———. *Mo-tse, the Neglected Rival of Confucius*. London: Probsthain, 1934.

Móu Zōngsān 牟宗三. 墨子 [Mòzǐ]. In 国史上的伟大人物 [Great figures in Chinese history], edited by Zhāng Qíyún 张其昀.

Taipei: Zhōnghuá wénhuà, 1954.

Munro, Donald. *The Concept of Man in Early China*. Stanford: Stanford University Press, 1969.

Nagel, Thomas. *The Possibility of Altruism*. Princeton: Princeton University Press, 1970.

——. *The View from Nowhere*. Oxford: Oxford University Press, 1986.

Nivison, David. *The Ways of Confucianism*. Edited by Bryan W. Van Norden. La Salle, Ill.: Open Court, 1996.

Nylan, Michael. "Kongzi and Mozi, the Classicists（Ru 儒）and the Mohists（Mo 墨）in Classical-Era Thinking." *Oriens Extremus* 48 (2009): 1–20.

Perkins, Franklin. "Introduction: Reconsidering the *Mozi*." *Journal of Chinese Philosophy* 35, no. 3 (2008): 379–83.

——. "The Mohist Criticism of the Confucian Use of Fate." *Journal of Chinese Philosophy* 35, no. 3 (2008): 421–36.

Plato. *Euthyphro*. Translated by G. M. A. Grube. In *Plato: Complete Works*, edited by John M. Cooper, 1–16. Indianapolis: Hackett, 1997.

Puett, Michael. *To Become a God: Cosmology, Sacrifice, and Self-Divinization in Early China*. Cambridge, Mass.: Harvard University Asia Center, 2002.

Rachels, James. *The Elements of Moral Philosophy*. 3rd ed. Boston: McGraw-Hill, 1999.

Rawls, John. *A Theory of Justice*. Rev. ed. Cambridge, Mass.:

Belknap Press, 1999.

Robins, Dan. "Mohist Care." *Philosophy East and West* 62, no. 1 (2012): 60–91.

——. "The Mohists and the Gentlemen of the World." *Journal of Chinese Philosophy* 35, no. 3 (2008): 385–402.

Scanlon, T. M. *What We Owe to Each Other*. Cambridge, Mass.: Harvard University Press, 1998.

Schwartz, Benjamin. *The World of Thought in Ancient China*. Cambridge, Mass.: Harvard University Press, 1985.

Sellars, Wilfred. *Empiricism and the Philosophy of Mind*. Cambridge, Mass.: Harvard University Press, 1997.

Shafer-Landau, Russ. *Moral Realism: A Defense*. Oxford: Oxford University Press, 2003.

Shun, Kwong-loi. *Mencius and Early Chinese Thought*. Stanford: Stanford University Press, 1997.

——. "Mo Tzu." In *The Cambridge Dictionary of Philosophy*, edited by Robert Audi, 515. Cambridge: Cambridge University Press, 1995.

Sidgwick, Henry. *The Methods of Ethics*. 7th ed. Indianapolis: Hackett, 1981.

Slingerland, Edward. "The Conception of *Ming* in Early Confucian Thought." *Philosophy East and West* 46, no. 4 (1996): 567–81.

——. *Effortless Action*. New York: Oxford University Press, 2003.

Soles, David. "Mo Tzu and the Foundations of Morality." *Journal of*

Chinese Philosophy 26, no. 1 (1999): 37 – 48.

Sūn Yíràng 孙诒让. 墨子闲诂 [Interspersed commentaries on *Mòzi*]. 2 vols. Běijīng: Zhōnghuá, 2001.

Sūn Zhōngyuán 孙中原. 墨学通论 [A comprehensive study of Mohism]. Shěnyáng: Liáoníng jiàoyù, 1993.

Tán Jièfǔ 谭戒甫. 墨辩发微 [A detailed study of the Mohist dialectics]. Běijīng: Zhōnghuá 1964.

Tán Yǔquán 谭宇权. 墨子思想评论 [A critical study of Mòzǐ's thought]. Taipei: Wénjīn, 1991.

Tang Chun-I [Táng Jūnyì] 唐君毅. 中国哲学原论导论篇 [Origins of Chinese philosophy: Introduction]. Taipei: Xuéshēng, 1986.

——. 中国哲学原论原道篇（卷一）[Origins of Chinese philosophy: Origins of Dao]. Vol. 1. Taipei: Xuéshēng, 1986.

Taylor, Rodney L. "Religion and Utilitarianism: Mo Tzu on Spirits and Funerals." *Philosophy East and West* 29, no. 3 (1979): 337 – 46.

Tseu, Augustinus A. *The Moral Philosophy of Mo-Tze*. Taipei: China Printing, 1965.

van Els, Paul. "How to End Wars with Words: Three Argumentative Strategies by Mozi and His Followers." In Defoort and Standaert, *The "Mozi,"* 69 – 94.

Van Norden, Bryan W. "A Response to the Mohist Arguments in 'Impartial Caring.'" In *The Moral Circle and the Self: Chinese and Western Approaches*, edited by Kim-chong Chong, Sorhoon Tan, and C. L. Ten, 41 – 58. La Salle, Ill.: Open Court, 2003.

——. *Virtue Ethics and Consequentialism in Early Chinese Philosophy*. Cambridge: Cambridge University Press, 2007.

Vorenkamp, Dirck. "Another Look at Utilitarianism in Mo-Tzu's Thought." *Journal of Chinese Philosophy* 19, no. 4 (1992): 423 – 43.

Wáng Zànyuán 王赞源. 墨子 [Mòzǐ]. Taipei: Dōng dà, 1996.

Watanabe Takashi. *Kodai Chūgoku shisō no kenkyū*. Tokyo: Sōbunsha, 1973.

Watson, Burton, trans. *Mo Tzu: Basic Writings*. New York: Columbia University Press, 1963.

Williams, Bernard. *Moral Luck*. Cambridge: Cambridge University Press, 1981.

Wolf, Susan. "Moral Saints." *Journal of Philosophy* 79, no. 8 (1982): 419 – 39.

Wong, Benjamin, and Hui-chieh Loy. "War and Ghosts in Mozi's Political Philosophy." *Philosophy East and West* 54, no. 3 (2004): 343 – 63.

Wong, David B. "Chinese Ethics." In *Stanford Encyclopedia of Philosophy*. http: //plato.stanford.edu/archives/spr2008/entries/ethics-chinese.

——. "Mohism: The Founder, Mozi (Mo Tzu)." In *Encyclopedia of Chinese Philosophy*, edited by Antonio Cua, 453 – 61. London: Routledge, 2002.

——. "Universalism vs. Love with Distinctions: An Ancient Debate Revived." *Journal of Chinese Philosophy* 16, no. 3 – 4 (1989):

251 - 72.

Wu Hung. "The Art and Architecture of the Warring States Period." In Loewe and Shaughnessy, *Cambridge History*, 651 - 744.

Wú Jìn'ān 吴进安. 墨家哲学 [Mohist philosophy]. Taipei: Wǔnán, 2003.

Wú Yùjiāng 吴毓江. 墨子校注 [Collated annotations on *Mòzǐ*]. Běijīng: Zhōnghuá, 1993.

Xú Fùguān 徐复观. 中国人性论史 [History of Chinese theories of people's nature]. Taipei: Shāngwù, 1969.

Xú Xīyàn 徐希燕. 墨学研究 [Research on Mohism]. Běijīng: Shāngwù, 2001.

Yáng Jùnguāng 杨俊光. 墨子新论 [A new study of Mòzǐ]. Nánjīng: Jiāngsū jiàoyù, 1991.

Yates, Robin D. S. "The Mohists on Warfare: Technology, Technique, and Justification." *Journal of the American Academy of Religion* 47, no. 3 (1980): 549 - 603.

Zhāng Chúnyī 张纯一. 墨子集解 [Collected explications of *Mòzǐ*]. Taipei: Wén shǐ zhé, 1982.

Zhang Qianfa. "Human Dignity in Classical Chinese Philosophy: Reinterpreting Mohism." *Journal of Chinese Philosophy* 34, no. 2 (2007): 239 - 55.

Zhōng Yǒulián 钟友联. 墨子的哲学方法 [Mòzǐ's philosophical method]. Taipei: Dōng dà, 1986.

名词索引

人名索引

译后记

方克涛教授生于加拿大,在魁北克和马萨诸塞州长大,自 20 世纪 80 年代以来长期在华语区生活工作。他曾执教于香港中文大学哲学系,2009 年以来在香港大学执教,曾任哲学系教授兼系主任。他自 2021 年担任多伦多大学哲学系和东亚系"利铭泽黄瑶璧中国思想与文化讲座教授(Richard Charles and Esther Yewpick Lee Chair in Chinese Thought and Culture)",现为香港中文大学校长访问教授。

方教授在中国哲学研究领域造诣极深,是当今国际墨学研究领域的泰斗。《墨子的哲学——最早的后果论者》一书 2016 年由哥伦比亚大学出版社出版,它从哲学而非思想史的角度对墨家展开了系统、广泛又深入的讨论,可以说,在很大程度上填补了相关研究领域的空白(在此之前对墨家作系统哲学性研究的专著寥寥无几)。值得指出的是,英文原书中所引《墨子》文本的英译都是方教授自己翻译的,实际上,他几乎翻译了《墨子》全文,为《墨子》文本提供了高质量的英译本。(参见, *The Essential Mozi: Ethical, Political, and Dialectical Writings*, Oxford University Press, 2020;以及 *The Mohist Dialectics: A*

Supplement to The Essential Mozi: Ethical，Political，and Dialectical Writings，Oxford University Press，2020。)

　　第一次阅读此书适逢我转入研究墨家一两年。此前,在教学过程中,生平第一次比较系统完整地阅读了《墨子》文本,而不再是只依赖于哲学史书籍中相关的只言片语,从而对墨家产生了巨大兴趣,颇有些体会到梁启超所说的为墨"狂"的感受。不仅如此,当时还对常见的中国哲学史书籍中关于墨家的常见"定论"产生了些许质疑,认为有必要忠于《墨子》文本,重新进行一番思考。于是,我也开始着手写一些有关墨家道德政治观念的文章。2017 年读到这本书时,我颇为激动地看到,国际学界突破了很多根深蒂固的"定论",在墨家研究方面已经取得了丰硕的成果,而此书更可被视为"新墨学研究"的典范。

　　我有幸在 2018 年中英美暑期班认识了方教授。当时沉迷于墨家研究的我,很幸运在暑期班跟随国际墨学研究泰斗方教授以及戴卡琳(Carine Defoort)教授学习,当时得以大量阅读以及聆听他们亲自讲授自己关于墨学最新的研究,还可以加入小组研修讨论,尽情向他们提问。这段时光是我研究生涯中最充实美好的片段之一。也是在此期间,我萌生了想要翻译这本书,使更多人看到当今墨学研究领域卓越成果的想法。于是,在一次课后,我向方教授表达了这个想法,并有幸得到了许可。我深知,学术翻译是极为繁难的工作,而且在高校的绩效评价体系中也并不被视为"成果",但从事自己深信有价值的事,本身就是莫大的酬劳和福报。在繁重的教学科研任务之外,能够完成此书的翻译,我感到十分欣慰。我衷心希望,读者们能通过阅读此书和《墨子》文本,重新发现墨家这个在很大程度上被低估、忽视却伟大的传统。

　　在寻找出版社的过程中,要特别感谢黄勇教授、东方出版中心领导刘佩英以及浙江工商大学的刘旭。他们给了我莫大的信任和支持。